普通高等教育体育与健康教程

# 球类运动

张枝梅　　冯明新　　主编

王庆庆　　张华岳　　唐天龙　　李庆功　　耿子轩　　副主编

第二版

化学工业出版社

·北京·

本书包括体育概论篇、篮球篇、排球篇、足球篇、网球篇、羽毛球篇、乒乓球篇、荷球篇共八大部分，体育概论篇为体育常识性内容，包括体育概论、体育运动卫生与保健、体育竞赛与欣赏、《国家学生体质健康标准》测试。篮球篇、排球篇、足球篇、网球篇、羽毛球篇、乒乓球篇、荷球篇，分别从项目的起源与发展、基本技术动作分析及练习方法和错误纠正、战术配合、竞赛规则等方面作了介绍。

本书可作为高等院校体育普修球类教材，也可作为体育专业参考书籍，还可作为广大球类爱好者的自学读本。

#### 图书在版编目（CIP）数据

球类运动/张枝梅，冯明新主编 . —2 版 . —北京：化学工业出版社，2017.5（2019.2重印）

普通高等教育体育与健康教程

ISBN 978-7-122-29330-5

Ⅰ.①球… Ⅱ.①张…②冯… Ⅲ.①球类运动-高等学校-教材 Ⅳ.G84

中国版本图书馆CIP数据核字（2017）第 059641 号

---

责任编辑：李彦玲　　　　　　　　　　　　装帧设计：王晓宇
责任校对：宋　玮

---

出版发行：化学工业出版社（北京市东城区青年湖南街13号　邮政编码100011）
印　　装：三河市延风印装有限公司
787mm×1092mm　1/16　印张 17¾　字数 490 千字　2019 年 2 月北京第 2 版第 2 次印刷

---

购书咨询：010-64518888　　　　　　　　　售后服务：010-64518899
网　　址：http://www.cip.com.cn
凡购买本书，如有缺损质量问题，本社销售中心负责调换。

---

定　　价：35.00 元　　　　　　　　　　　　　　　　　　　版权所有　违者必究

# 第二版前言

学校体育是我国教育事业的重要组成部分，也是我国体育工作的战略要点。高等学校体育在培养德、智、体、美全面发展的社会优秀人才中肩负着重任。为了更好地落实中共中央、国务院《关于加强青少年体育增强青少年体质的意见》，以及教育部颁发《全国普通高等学校体育课程教学指导纲要》的指示精神，并结合当前体育教学改革实际和高等院校体育工作的需要，我们组织编写了这本书，力求满足不同性别、不同体质，以及将来从事不同职业的学生的需求，突出学生的个性发展和能力培养，成为学生在校学习篮球、排球、足球、网球、羽毛球、乒乓球、荷球和终身体育锻炼的指导性用书。同时，该书也是郑州工程技术学院教学质量与教学改革工程项目之一。

我们在本书的编写过程中，从高等院校学校体育工作的实际出发，结合高等院校体育教学特点，吸收已有教材的优点和一些体育科研的新成果，采用主编负责制进行分工编写。该书理论篇贯彻"实用为主、必须和够用为度"，基本知识采用广而不深、点到为止的编写原则；实践篇力求实用、易学易练，基本技术贯穿始终；集"篮球"、"排球"、"足球"、"网球"、"羽毛球"、"乒乓球"、"荷球"专项内容为一身，图文并茂，以图代文，以图解文，形象直观，突出了体育教材的特点。

本书由张枝梅、冯明新担任主编；王庆庆、张华岳、唐天龙、李庆功、耿子轩担任副主编；史国轻、于洋参与了部分章节的编写。具体分工如下：张枝梅（前言、目录、体育概论篇第一章第一节、第二章至篮球篇第二章）、冯明新（篮球篇第三章至排球篇第二章第四节）、王庆庆（体育概论篇第一章第二节、足球篇第一章至第三章）、张华岳（排球篇第二章第五节至第四章、荷球篇第三章第三节）、唐天龙（乒乓球篇第三章、荷球第一章）、李庆功（羽毛球篇第二章第三节至乒乓球篇第二章）、耿子轩（网球篇第二章第二节至羽毛球篇第二章第二节）、史国轻（足球篇第四章至网球篇第二章第一节、乒乓球篇第四章）、于洋（荷球篇第二章至第三章第二节、参考文献）。

另外张梯、李洪、王伟、王献福、王宁涛、张阳、李月华参与了本书资料的整理工作，他们为本书的完成，倾注了大量的心血；本书在编写过程中得到了学校和学院领导的关心指导、得到了化学工业出版社的大力支持，在编写过程中，我们参考有关书籍和资料的相关作者，在此一并表示衷心的感谢。

在本书的编写过程中，我们虽然在主观上做了最大努力，但由于经验、水平、时间所限，缺点在所难免，尚祈读者予以批评指正。

编者

2017 年 2 月

# 目 录

## 体育概论篇

| 第一章 | Page |
|---|---|
| 绪论 | 1 |
| 　第一节　体育的概念与功能 | 1 |
| 　第二节　我国的大学体育 | 2 |

| 第二章 | Page |
|---|---|
| 体育运动卫生与保健 | 5 |
| 　第一节　常用健身方法 | 5 |
| 　第二节　运动处方的制定 | 11 |
| 　第三节　体育锻炼的卫生、保健和营养 | 13 |

| 第三章 | Page |
|---|---|
| 体育竞赛与欣赏 | 21 |
| 　第一节　体育竞赛的基本知识 | 21 |
| 　第二节　体育欣赏 | 25 |

| 第四章 | Page |
|---|---|
| 《国家学生体质健康标准》测试 | 27 |
| 　第一节　《国家学生体质健康标准》测试内容与权重 | 27 |
| 　第二节　《国家学生体质健康标准》测试的操作方法 | 28 |
| 　第三节　《国家学生体质健康标准》测试指标评分表 | 30 |

## 篮球篇

| 第一章 | Page |
|---|---|
| 篮球运动概述 | 34 |
| 　第一节　篮球运动的起源与演进 | 34 |
| 　第二节　篮球运动发展趋势 | 35 |

| 第二章 | Page |
|---|---|
| 篮球技术 | 37 |
| 　第一节　移动技术 | 37 |

|  |  |  |
|---|---|---|
| 第二节 | 运球技术 | 41 |
| 第三节 | 投篮技术 | 44 |
| 第四节 | 传接球技术 | 47 |
| 第五节 | 个人突破技术 | 50 |
| 第六节 | 抢篮板技术 | 52 |
| 第七节 | 防守技术 | 54 |

## 第三章
### 篮球战术 — 58

| | | |
|---|---|---|
| 第一节 | 攻防战术基础配合 | 58 |
| 第二节 | 快攻与防守快攻 | 63 |

## 第四章
### 篮球裁判知识 — 66

| | | |
|---|---|---|
| 第一节 | 篮球比赛基本通则及一般规则 | 66 |
| 第二节 | 部分篮球裁判手势图解 | 67 |

# 排球篇

## 第一章
### 排球运动概述 — 72

| | | |
|---|---|---|
| 第一节 | 排球运动的起源和演变 | 72 |
| 第二节 | 排球运动发展概况 | 74 |

## 第二章
### 排球技术 — 77

| | | |
|---|---|---|
| 第一节 | 准备姿势与移动 | 77 |
| 第二节 | 传球 | 80 |
| 第三节 | 垫球 | 83 |
| 第四节 | 发球 | 87 |
| 第五节 | 扣球 | 92 |
| 第六节 | 拦网 | 95 |

## 第三章
### 排球战术 — 98

| | | |
|---|---|---|
| 第一节 | 排球战术的基本理论 | 98 |
| 第二节 | 排球个人战术 | 100 |
| 第三节 | 排球集体战术 | 102 |

## 第四章
### 排球竞赛规则与裁判工作 — 106

| | | |
|---|---|---|
| 第一节 | 排球竞赛主要规则与裁判方法 | 106 |
| 第二节 | 裁判员主要工作职责与工作方法 | 110 |

# 足球篇

## 第一章
### 足球运动概述 — 114
- 第一节 足球运动的起源 — 114
- 第二节 中国足球运动的发展 — 115

## 第二章
### 足球基本技术 — 116
- 第一节 颠球 — 116
- 第二节 踢球 — 117
- 第三节 停球 — 123
- 第四节 运球 — 127
- 第五节 头顶球 — 129
- 第六节 抢截球 — 131
- 第七节 守门员技术 — 132

## 第三章
### 足球基本战术 — 136
- 第一节 个人战术 — 136
- 第二节 局部战术 — 137
- 第三节 整体战术 — 139
- 第四节 定位球战术 — 139
- 第五节 比赛阵型 — 140

## 第四章
### 足球竞赛规则与裁判法 — 141
- 第一节 足球竞赛规则简介 — 141
- 第二节 足球裁判法简介 — 149

# 网球篇

## 第一章
### 网球运动概述 — 155
- 第一节 网球运动的起源与发展 — 155
- 第二节 国际重大网球赛事介绍 — 157
- 第三节 网球运动礼仪 — 158

## 第二章
### 网球运动基本技术 — 160
- 第一节 网球必备的基本装备 — 160
- 第二节 网球运动技术 — 162

| 第三章 | Page |
|---|---|
| 网球基本战术 | 173 |
| 　　第一节　单打战术 | 173 |
| 　　第二节　双打战术 | 175 |

| 第四章 | Page |
|---|---|
| 网球竞赛规则 | 177 |
| 　　第一节　基本准则介绍 | 177 |
| 　　第二节　网球单打规则 | 181 |
| 　　第三节　网球双打规则 | 183 |

# 羽毛球篇

| 第一章 | Page |
|---|---|
| 羽毛球运动概述 | 184 |
| 　　第一节　羽毛球运动的起源与发展 | 184 |
| 　　第二节　羽毛球运动基本知识 | 185 |
| 　　第三节　羽毛球运动重大赛事简介 | 187 |

| 第二章 | Page |
|---|---|
| 羽毛球运动的基本技术和练习方法 | 189 |
| 　　第一节　握拍法 | 189 |
| 　　第二节　发球与接发球 | 190 |
| 　　第三节　后场击球技术 | 192 |
| 　　第四节　前场击球技术 | 196 |
| 　　第五节　中场击球技术 | 201 |

| 第三章 | Page |
|---|---|
| 羽毛球基本打法及战术介绍 | 203 |
| 　　第一节　羽毛球打法的类型 | 203 |
| 　　第二节　羽毛球战术及战术选择的决定因素 | 206 |

| 第四章 | Page |
|---|---|
| 羽毛球比赛主要规则 | 209 |
| 　　第一节　竞赛通则 | 209 |
| 　　第二节　羽毛球比赛场地器材要求 | 212 |
| 　　第三节　裁判员的手势和术语 | 213 |

# 乒乓球篇

| 第一章 | Page |
|---|---|
| 乒乓球运动概述 | 215 |
| 　　第一节　乒乓球运动的起源 | 215 |

| | Page |
|---|---|
| 第二节 世界乒乓球运动的发展 | 216 |
| 第三节 世界著名乒乓球大赛 | 217 |

## 第二章
### 乒乓球基础知识

| | Page |
|---|---|
| | 219 |
| 第一节 乒乓球运动器材 | 219 |
| 第二节 球拍的选择 | 220 |

## 第三章
### 乒乓球运动基本技术

| | Page |
|---|---|
| | 221 |
| 第一节 握拍技术 | 221 |
| 第二节 基本姿势、站位和击球点 | 222 |
| 第三节 基本步法 | 223 |
| 第四节 发球技术 | 227 |
| 第五节 接发球技术 | 234 |
| 第六节 推挡球技术 | 235 |
| 第七节 攻球技术 | 238 |
| 第八节 搓球技术 | 240 |
| 第九节 削球技术 | 242 |
| 第十节 乒乓球日常技术练习 | 244 |

## 第四章
### 乒乓球竞赛基本规则

| | Page |
|---|---|
| | 248 |

# 荷球篇

## 第一章
### 荷球运动概述

| | Page |
|---|---|
| | 254 |
| 第一节 荷球运动的起源与发展 | 254 |
| 第二节 荷球运动的场地与器材 | 255 |

## 第二章
### 荷球运动基本技术

| | Page |
|---|---|
| | 258 |
| 第一节 进攻技术 | 258 |
| 第二节 防守技术 | 261 |

## 第三章
### 荷球竞赛规则与裁判执法手势

| | Page |
|---|---|
| | 263 |
| 第一节 荷球人员规则 | 263 |
| 第二节 荷球比赛规则 | 264 |
| 第三节 裁判执法手势 | 269 |

## 参考文献

| | Page |
|---|---|
| | 265 |

# 体育概论篇

## 第一章

## 绪论

> **学习提示**
> 
> - 了解体育的概念
> - 了解体育的功能

### 第一节 体育的概念与功能

#### 一、体育概念的出现

体育虽然有悠久的历史,但"体育"一词却出现甚晚。在古希腊,体育活动往往用"体操"来表示。但其含义不同于现在的体操,它包括当时进行的所有身体操练,如拳击、跳跃、奔跑、投掷和角力等。在我国古代,类似体育活动的事物用养生、导引、武术等名词标记。

#### 二、体育的概念体系

依据我国于1995年颁布的《中华人民共和国体育法》对体育事业组成部分所作的法律界定,体育体系的构成可分为学校体育、社会体育、竞技体育三部分。

学校体育:即狭义的体育,是指以学生为对象,通过学校教育进行的有计划有组织地对受教育者的身体方面施加一定的影响,为培养合格人才服务的一种教育过程。包括各类学校的体育教学、课外体育活动、课余体育训练和体育竞赛。

社会体育:是指公民自愿参加的以增进身心健康为主要目的的群众性体育活动。社会体育也称群众体育或大众体育。

竞技体育：是指在全面发展身体，最大限度地挖掘和发挥人在体力、心理、智力等方面潜力的基础上，以提高运动技术水平和创造优异运动成绩为目的的有计划有组织的训练和竞赛活动。

## 三、体育的功能

**1. 体育具有全面发展人的功能**

体育是一种以人的身体活动为基本手段的社会实践，它将实践的主体与客体集于人一身，体育这种独特复杂的社会现象决定了体育具有多种属性。多种属性必然导致其功能的多元化，因此，体育能够对个人产生生物和文化的双重影响，本质上对人的身体和心理全面发展都具有积极的促进作用。

**2. 体育对社会发展的价值**

体育对社会的价值是指体育作为一种社会文化活动对整个社会的良性运行和协调发展所具有的作用。体育的社会价值不仅是与社会对体育的需求直接相关，而且还反映出体育的发展规律。体育同一定社会的政治、经济以及其他文化形态的相互关系，构成体育发展的外部联系。弄清体育的社会价值，让体育更有效、更自觉地为我国社会主义现代化建设服务，具有十分重要的意义。

# 第二节　我国的大学体育

## 一、大学体育教育的目的

大学体育教育的目的就是与其他教育共同为国家培养高素质的全面发展的专门人才。同时还必须认识到，在培养高素质专门人才的过程中大学体育具有一些特殊作用。

大学体育教育包含着两个属性。一个是大学教育的属性——育人；另一个是大学体育的属性——育人。体育和教育共同的属性都是育人。

### （一）情商（EQ）与大学体育

情商是指人对情绪的表达能力和处理能力。情商是情绪能力，是个人在情绪方面的整体管理能力的一种综合概念。

在大学体育中，学生通过参加体育活动，从中可以接触和体验社会上所能遇到的各种情景，如竞争与拼搏、痛苦与欢乐、悲观与希望、指责与赞赏、挫折与奋斗、避让与信任、失败与成功、处罚与奖励、孤独与共处，以及角色和角色的不断转换等，从而不断地从中调控自己的情绪，提高自己对情绪的管理能力，使自己获得较高的情商，适应社会的发展。

### （二）智育、德育与大学体育

毛泽东主席在《体育之研究》中还写道："要身体好，没有比体育更重要的。体育对于我们实在占第一的位置，身体强壮了，学问道德的进修才会快，收效才会深远。"这里毛主席进一步阐述了健康的身体对学习和道德培养的促进作用。

大学体育教育，是智力性教学和非智力性教学交叉进行的。在体育教学中，我们经常对学生说的一句话是："学习体育要有三性：记性、悟性和德性。"记性是要求学生要记住技术动作的方法、要领、技术动作的关键（也包括战术的方法）。悟性是要求学生要深刻领会技术动作的内涵，更快地学会、掌握它，并进一步变成自己的特长和绝招。德性是要求学生学会的技能和本事是要为人类服务的，不能光考虑自己的得失，不能去做违反道德的事，更不能做犯法的事。体育这种特殊的教学形式把青年人的体格锻炼与思想品德素质培养、心理素质的培养、智力的培养相互渗透在一起，在潜移默化中促进了大学生个性的发展和成熟，使他们的各项素质得到全面的提高。

## 二、大学体育教育的任务

大学体育的任务就是坚决贯彻中共中央、国务院在《决定》中提出的"学校教育要树立健康第一的指导思想"和在体育教育中贯彻"使学生掌握基本的运动技能"，让学生"养成坚持锻炼身体的良好习惯"，"培养学生的竞争意识，合作精神和坚强毅力"的精神。

### （一）贯彻"学校教育要树立健康第一的指导思想"

中共中央、国务院提出"学校教育要树立健康第一的指导思想"，是对应试教育最大的挑战！贯彻"学校教育要树立健康第一的指导思想"首先是搞教育的各级政府部门和教学管理部门、教师、家长及全社会都要深刻理解"树立健康第一的指导思想"这句话的含义，转变思想转变认识，全社会达成共识。否则老抱着应试教育的理念不放，对树立健康第一的思想又想不通，这怎么会去贯彻呢？必须以国家利益的角度考虑，从培养和造就我国21世纪一代新人，以及提高国民素质、民族素质的高度上，站在培养全面发展、高质量的人才的角度认识理解这句话。

### （二）使学生掌握基本的运动技能

学生掌握了基本的运动技能，才能对一个运动项目感兴趣。有了兴趣，才能提高其参与运动的自觉性和积极性。学生在学习、掌握运动技能的过程中，实际上是一个了解认识本运动项目的过程，是培养对本运动项目兴趣的过程，也是对自己运动能力的认识和增强自信心的过程。当一个人对一个运动项目由不了解到了解，技术动作由不会做到基本会做时，对自己的运动能力得到了肯定，对自己的自信心得到了肯定。因为很多人不是因为所学的技术动作难而不会做，而是因为不敢做，不敢放开做才不会做的。当敢做而又放得开时，说明对自己有了自信心了。

### （三）养成坚持锻炼身体的良好习惯

对于大学生来说，养成坚持锻炼身体的良好习惯，会多年受益。特别是随着社会的发展，体育也在社会化，人们的体育观念和健康观念有了很大的改变，由过去的为了挣钱而牺牲健康开始转变为拿钱买健康。大学体育教育的性质也发生了转变，特别是注重体育与健康知识的传播，按学生的爱好开设选项课、选修课，这些都为学生养成坚持锻炼身体的良好习惯创造了条件，打下了基础。

### （四）培养学生的竞争意识、合作精神和坚强毅力

现代社会是一个充满合作的社会。规模化的生产，可使得最大限度地降低成本，追求最大的利润。如果没有合作精神，不会与人共事，那么也将无法立足于社会。在现代社会中，面临着高科技的挑战及城市生活节奏的加快。社会生态环境和自然环境人为的破坏，使得社会公害日益严重，人的精神过度紧张，如果没有良好的心态和坚强的毅力，是很难适应现代社会发展的。大学体育的任务，就是利用体育的特点，在增进学生健康的同时，提高学生的心理健康水平和社会适应能力，提高学生的竞争意识、合作精神和坚强毅力。

### （五）奠定终身体育基础

终身体育是指一个人在整个生命历程中都要持续不断地参与体育活动，使体育成为日常生活的一部分，通过体育活动提高生活质量，它由学前体育、学校体育和学校后体育组成。大学体育是一个人接受学校体育教育的最终阶段，对大学生体育意识、兴趣和能力的培养具有重要

的作用。通过大学体育，培养终身体育的意识、养成终身体育的习惯，形成终身体育的能力。

## 三、大学体育学习的途径

大学体育学习的途径有以下几个方面：体育课程（包括技术课和体育健康知识课）、课外体育活动、体育竞赛、保健课和运动训练。

### （一）体育课程

大学体育课程是以"身体练习为主要手段，通过合理的体育教育和科学的体育锻炼，达到增强体质，增进健康和提高素质的目的为主要目标的公共必修课程；是学校课程体系的重要组成部分；是高校体育工作的中心环节"。大学体育课把发展身体、思想品德教育、文化科学教育、专业技能教育和心智的开发等与人体活动有机结合，是全面培养人才的重要途径。

体育课程分为技术课（在运动场进行，以身体活动为主）和体育健康知识课（在教室或多媒体教室进行，主要是讲授、传播体育理论知识、健康知识和体育文化科学知识）。

### （二）保健课程

保健课是专为有身体残疾的学生或体弱多病不能完成体育课任务的学生而设置的课程。保健课的内容主要是练习太极拳、各种保健操、打乒乓球、按摩等活动。

### （三）课外体育活动

课外体育活动是指学生在课外时间里，运用各种身体练习的方法，以锻炼身体、增强体质，增进健康、提高运动技能和运动水平、丰富业余文化生活为目的的体育活动。它包括早操、课间操和其他课外时间的活动。

课外体育活动是大学体育的重要组成部分，是实现大学体育教育目标的重要途径。要完成大学体育的任务，完成大学体育育人的目标，完成"每天锻炼1小时，健康工作50年，幸福生活一辈子"，完成"养成坚持锻炼身体的良好习惯"，等等，仅仅靠每周一次2学时的体育课时间是不可能的。所以大学体育必须充分利用课外体育活动的时间，完成实施全面培养人才所赋予大学体育的任务，抓好课外体育活动工作。

### （四）体育竞赛

大学体育竞赛是一种组织形式，也是一种活动方式。在大学里，通过体育竞赛能培养学生的各种能力，提高学生的各种素质，促进大学体育的发展，同时体育竞赛也是大学文化生活的重要组成部分。

### （五）运动训练

运动训练这里指的是大学各项目代表队的训练。学校成立体育代表队的目的应该有三个：一个是代表学校参加比赛；二是进行表演；三是促进本项目在本校的开展。

代表学校参加比赛，使它具有竞技运动的属性——争取优异成绩，宣传学校和加强对外交流。

表演也是为了宣传学校，加强对外交流和开展校园文化体育生活。

促进本项目的开展主要是开展校园文化体育生活。抓好学校的运动训练，将对学校的发展和培养全面发展的人才起到积极的作用。

**思考题**

1. 体育的起源有哪几个影响因素？
2. 体育的功能有哪些？
3. 我国大学体育教育的任务是什么？

# 第二章 体育运动卫生与保健

**学习提示**

- 了解和掌握一些常用的健身方法
- 掌握运动处方及其制定
- 熟悉体育锻炼中的注意事项及常见运动损伤的保健
- 熟悉体育锻炼的营养保健

## 第一节 常用健身方法

健身锻炼的方法很多,根据不同的原则有不同的分类。我们在参与体育锻炼的过程中,一定要掌握科学的健身方法,并且正确使用健身方法,才能获得健康。本节主要是针对大学生的体育价值观和实际需要进行介绍,以便大学生进行日常健身活动。

### 一、有氧锻炼的方法

有氧耐力是指肌肉组织长时间大量地供应氧气,而不引起显著的乳酸堆积的锻炼。有氧锻炼对人体的心肺功能起着促进作用。由于一个人的有氧代谢能力取决于他的最大吸氧量,而最大吸氧量又取决于人体吸入、运输氧以及利用氧的能力,所以凡是能提高上述三方面能力的锻炼都能提高人体的有氧耐力。锻炼中一般采用强度较低、持续时间较长的练习,持续时间最少应该在 5 分钟以上,一般多在 15～60 分钟,心率一般控制在 110～150 次/分钟之间。

此外,每周锻炼的次(天)数对锻炼的效果也有明显的影响。一般认为以锻炼 3～4 次为宜。

常用的对提高心肺功能有益的、能提高有氧耐力的锻炼方法有以下几种。

#### (一)健身跑

目前健身跑作为一种"心肺健康之路"而流行于全世界,它是提高人的体力和心肺功能的较好的锻炼方法之一。

健身跑的特点是要消耗大量的氧气。跑步时吸入的空气量比安静时高出数倍,使肺部得到充分活动,能提高人体携带氧以及利用氧的能力。

健身跑要选择良好的时间和地点。

健身跑主要有以下几种方法。

**1. 常规健身跑**

是指按照个人的体力情况而进行的长于 1000 米的慢跑，先从 1000 米开始，待适应后，每月或每两周增加 1000 米，一般增加 3000～5000 米即可，速度先掌握在每 6～8 分钟跑 1000 米，以后即可按照心率的要求进行调整，这种跑宜每日或隔日进行一次。

**2. 慢速长跑**

心脏和肺是人的关键性器官，大多数女性的心肌和呼吸肌力量较弱，往往很难迅速适应突变或恶劣情况。增强心脏和肺部活力，有效提高心肺功能，最好的办法是坚持慢速长跑。

坚持慢速长跑，可以增大心脏的重量和容量，使毛细血管增多，使心脏跳动缓慢有力，供血充足，有利于提高心脏的工作和应变能力。

坚持慢速长跑，能使膈肌的收缩和放松更加协调，肺的功能得到改善，并且是防止心血管疾病的重要手段；能有效地消耗体内多余脂肪，保持身体最佳体形，提高机能水平。

初练者可根据自己的身体状况进行走跑交替运动，即慢跑到感觉跑不动时转入行走，行走到感觉身体机能调整恢复后转入慢跑。

经过一段时间的练习，随着身体机能的增强而逐步过渡到全程慢跑。

女生可根据个人身体状况，每次慢跑控制在 30～60 分钟，每周至少 3 次。在跑步时应注意呼吸的节奏，出汗而不气喘。呼吸节奏可以两步一呼、两步一吸，或者三步一呼、三步一吸，要尽量用腹式深呼吸。

慢速长跑可一个人跑，也可两个或多人结伴跑。

**3. 变速跑**

变速跑是慢跑与中速跑交替进行的一种跑步法，变速跑可有效提高心肺功能及速度素质。

锻炼者可根据实际情况随意改变跑速，并随锻炼水平的提高慢速跑的距离应有改变，运动量也不断变化。

**4. 定时跑**

这种跑法有以下两种：一种是不限速度和距离，只跑一定时间；另一种是有距离和时间的限制，并随锻炼水平的不断提高缩短锻炼时间，从而加快跑步的速度，相对延长跑的距离。这种跑步法，对提高体质较弱的女生的耐力、体力有很大好处。

**5. 后退跑**

人们面向前方朝前跑是常态，而背向前进方向倒着跑则是反常态。倒退跑有许多好处，它可以预防、矫正含胸、驼背等一些不良姿态，还对经常处于低头、弯腰及坐着学习、工作、劳动的学生，有放松肌肉、缓解病痛的作用。

倒退跑可以使腰部肌肉有规则地收缩与放松，从而改善腰部血液循环，促进腰部组织新陈代谢，对功能性腰疼（腰肌劳损）有着很好的保健治疗作用。倒退跑改变正常姿态向前运动时的肌肉用力感觉，使腿部及腰背部都要用力挺直，锻炼了肌肉与韧带。倒退跑要判断运动方向，掌握平衡，这就锻炼了主管平衡作用的小脑，也增加与提高了身体的灵活性与协调功能。

倒退跑时，要求挺胸抬头，双目平视，双手握拳屈肘于体侧腰上部。先左腿屈膝收小腿向后迈，身体重心后移。右脚前脚掌积极地退后，左右脚交替跑步，注意重心积极后移，高抬小腿。

倒退跑应根据个人实际情况进行，如感觉疲劳或难以控制平衡就改为正着跑，如 50 米倒跑、100 米正跑、80 米倒跑、200 米正跑。

健身跑对运动负荷的控制主要体现在运动强度上，具体可在跑步 5～6 分钟时采用测量脉搏的方法来测定。对于每一个年龄段，其适宜的跑步运动强度有一个相应较佳的脉搏数区间来表示它（见表 2-1）。

表 2-1　跑步时心率控制对照表

| 年龄/岁 | 较佳脉搏数区间/(次/分钟) | 年龄/岁 | 较佳脉搏数区间/(次/分钟) |
| --- | --- | --- | --- |
| 20 | 140~170 | 45 | 123~149 |
| 25 | 130~165 | 50 | 119~145 |
| 30 | 133~162 | 55 | 116~140 |
| 35 | 130~157 | 60 | 112~135 |
| 40 | 126~152 | 65 | 105~128 |

### (二) 健身操

健身操就是具有"有氧运动"特点的健身操。是在音乐的伴奏下能够锻炼全身的健身运动。运动持续时间至少 12 分钟。它是一种能够增进健康、培养正确体态、塑造美的体形、陶冶美的情操的有氧运动。其特点是活动时间长、强度适中、能有效控制体重、提高各种身体素质,对场地要求不高,一年四季都能开展,对人体的心肺功能、耐力水平都有很大的促进作用。

健身操的形式主要有健美操(这里主要指健身性健美操)和搏击操。健身性健美操是集健身、娱乐、防病于一体的群众性普及性健身运动。搏击操是一种新兴的运动形式,是集武打动作、舞蹈、健美操于一体,在激烈的音乐伴奏下,进行的身体活动。健身者在出拳、踢腿过程中,随着音乐挥动双拳,动作刚劲有力,使健身者尽情地发泄,尽情地出汗,并在不知不觉中减掉身上多余的脂肪。因此很受当代大学生的欢迎。

## 二、发展力量、改善体形的方法

### (一) 健美胸部的主要方法

发达的胸肌不仅有助于肋骨上提,扩大胸腔,增强呼吸功能,而且能构成挺拔的体态,给人以体格健壮、雄浑有力之感。发展胸部肌肉的锻炼方法有:屈臂扩胸、仰卧飞鸟、卧推杠铃、弹簧棒胸前内收、侧向拉拉力器、俯卧撑等。

### (二) 发展背部肌肉的主要方法

发达的背肌会给人以背宽腰紧、身强力壮的感觉,发达而宽厚的背部不仅可以扩大胸围,增强呼吸系统的功能,还可使躯干形成最为美观的扇形。发展背部肌肉的主要锻炼方法有:提拉杠铃耸肩、直臂扩胸(哑铃)、直臂拉开弹簧拉力器、卧拉、俯卧两头起等。

### (三) 发展腹部肌肉的主要方法

腹部的肥大,不仅使人行动迟缓,给人以笨拙之感,而且还会影响消化系统以及泌尿系统的机能。因此,加强腹腔部肌肉的锻炼,对人体的体形健美、改善消化系统和泌尿系统的功能都很重要。发展腰腹部肌肉的主要锻炼方法有:仰卧起坐、肋木直角举腿、直立侧拉重物、负重体侧屈、负重转体等。

### (四) 发展上肢肌肉的主要方法

上肢肌肉的发展对造就健美的体形和衡量一个人的力量具有重要的意义,特别是发达三角肌,给人一种刚强有劲、充满信心的感觉。发展上肢肌肉的主要锻炼方法有:直臂前平举并上举、宽握坐推、胸前弯举、轮换弯举、反握引体向上、坐姿斜板弯举、指撑俯卧撑等。

### (五) 发展下肢肌肉的主要方法

谁都希望自己有一双健康的腿,走起路来轻快美观、稳健有力。健美的腿可以使人体形匀称挺拔、步伐矫健、步态优美。另外,结实而上提的臀部肌肉,更增加了腿的秀长和美丽。发展腿部肌肉的主要锻炼方法有负重深蹲、负重提踵、坐姿腿屈伸正踢腿、俯卧直腿上摆、腿弯举、后踢腿、正压腿、纵劈腿、各种跳跃等。

## 三、民族传统养生保健方法

### （一）气功养生

气功是我国传统养生的主要方法之一，在我国有悠久的历史。气功的理论和功法丰富多彩，变化多端，然而始终不出宁神入静、调启运气的范畴。气功主要是透过气功修炼者发挥主观的能动作用，对身心进行自我锻炼，从而保精、炼气、养神。中国气功的流派很多，方法各异。但无论哪种练功方法，都有一个共同点，都是中国古代流传下来的气功，源于道教、佛教、儒家、医家和武术家各流派，也有的来自民间，通常可分为硬气功和气功两大类。练功的过程主要由姿势、练意和练气三个环节组成，其中练意和练气是关键。

**1. 姿势**

练功的姿势又称为体式或调身，有行、立、坐、卧之分。行是动，立是站，坐和卧又有多种姿势。总的要求是全身放松，呼吸协调，保持局部和整体活动的统一与完整，动作要柔和圆滑，以感到舒适、愉快、轻松为宜。适宜的姿势，可使练功者呼吸自然，意念集中，因而健身的功效也更为显著。

**2. 练意**

练意又称为意守或调心，是指练功者在练功时，通过意念活动的锻炼来影响机体生理功能的一种方法。其要领是排除杂念，达到"入静"，这是一种似睡非睡的状态。意念活动属于人体大脑活动的范畴，练功者是通过自己的主观意识来影响机体的生理功能的。练功时的"入静"状态，是大脑皮层的主动内抑制过程，这个过程是大脑的一种特殊的休息形式。因此，"入静"的深浅是练功的关键，是自我调控的集中体现，"入静"的程度愈深，练功的效果就愈好。

**3. 练气**

练气又称为调息或气息，是指练功时的呼吸，它是气功锻炼的基本环节之一。练气包括呼吸锻炼和内气锻炼两个方面，即通常所说以"以意领气"和"气贯丹田"。练功时，通过呼吸锻炼，改胸式呼吸为腹式呼吸，改浅呼吸为深呼吸，逐渐把呼吸练得柔和、细缓、均匀、深长，从而练成自发的丹田呼吸。内气锻炼是在练功过程中，在一定条件下，体内产生的一种"气"样的感觉，是体内物质在特定状态下呈现的生理现象。从现代医学观点看，练气可以增加肺活量，促进气体代谢和血液循环。练气还具有"按摩"内脏的作用，促进消化和吸收，从而起到保健强身的作用。

近年来，中国气功受到人们的广泛重视，但有不少人认为气功深奥莫测。其实，气功中亦有简易的气功锻炼方法，颇适合初学者锻炼。其做法是全身自然放松，取坐、卧、立姿势均可，两手重叠置于脐下的小腹处（侧卧时则一手置于枕上，另一手置于胯下）；头平正（侧卧时微前倾），双目轻合，闭口，舌抵上颌，有唾液则咽下；平心静气，排除杂念，意识集中于脐下丹田处，轻轻守住。采用自然腹式呼吸，呼吸宜均匀，渐渐深长，似入小腹，纯乎自然。早晚各练功一次，每次15～30分钟，长期坚持则能收到祛病健身的良好效果。

### （二）太极拳健身

明末河南温县陈家沟拳师陈王廷，既精通内外家掌法，又通晓我国传统养生理论，他创编的拳术后取名为太极拳，是借用宋代关于无极生太极、太极生两仪、阴阳相生而有天地的太极哲理，阴阳是矛盾的，但又是统一的。太极拳是把动与静的矛盾，养神与练形的矛盾统一起来。

太极拳之所以成为中国传统养生法，还因为它综合和融会贯通了中国源远流长的拳术、养生法、呼吸法、经络学说和古典唯物哲学等优秀成果。在锻炼形式上，太极拳巧妙地将"拳术"（手法、眼法、身法、步法的协调动作）、"吐纳法"（吐故纳新的腹式深呼吸运动）和"导引术"（俯仰屈伸、运动肢体）三者有机地结合起来，并加以创新。

练习太极拳时，要求头脑安静，排除一切杂念，专注于身体的活动，使养神与练形在一套动作中完成。如果能长期坚持锻炼太极拳，则可达到强身健体、祛病延年的目的。现在广泛开展的简化太极拳（二十四式），其架势是采用民间流传最广的杨登浦太极拳的大架势，从原来34个不同姿势中选用了20个姿势，删去了繁难和重复的动作创编而成的。整套动作由简到繁，由易到难，循序渐进，使人们易学、易练、易记，因此，在国内和海外深受人们的喜爱。

## 四、利用自然手段锻炼的方法

人体不仅要适应外界环境的变化，而且还应该利用各种自然手段进行身体锻炼，以进一步提高对外界的适应能力，增进健康和增强体质。

### （一）水浴

水浴主要是指利用水的温度、机械作用和化学作用来锻炼身体。水温有冷、温、热三种，因此水浴也可分为冷水浴、温水浴、热水浴三类，其方式主要有擦浴、淋浴和泳浴三种。其中温水浴有助于消除疲劳和促进机体康复；热水浴除有助于消除疲劳外，还可减轻体重。就锻炼价值而言，冷水浴的锻炼效果最为突出。这是因为冷水刺激时，在神经系统支配下，皮肤血管急剧收缩，血管口径变细，大量血液流向内脏深层组织，内脏血管扩张。由于神经系统的调节，皮肤血管扩张，大量血液又从内脏流向体表。这样在一次冷水浴中，全身血管经受着一张一缩的锻炼，不仅弹性增加，防止硬化，而且提高了神经系统对人心血管系统支配的灵敏性和准确性，所以有人把冷水浴锻炼称为"血管体操"。

**1. 局部冷水锻炼**

初练冷水浴，可以从冷水洗脸和冷水洗脚开始，进行时应直接浸泡。特别是洗脚时应泡在冷水中一至数分钟，用以提高对冷刺激的适应能力，每天最好是晨起洗脸，睡前洗脚，洗后擦干。

**2. 冷水擦身**

这种方法要求不高，简单易行，对锻炼者是比较适宜的。在擦身过程中，要不断把毛巾放入冷水中浸泡而后拧干一些再擦，擦浴可作为淋浴、浸浴、冬泳的过渡，也可结合进行，每天睡前进行最好，因冷水擦身体有较好作用，长期坚持擦浴，一旦养成习惯，收效好。

**3. 淋浴与冲洗**

淋浴的冲洗应先从四肢开始，再淋躯干，而后淋头部，初锻炼可以用温水淋浴（34～36℃），锻炼过程中逐步降低水温，然后过渡到用冷水淋（冲）。在淋浴前要做好准备活动，用干毛巾牵擦全身，把皮肤擦热。不要带着寒意骤然进行淋浴和冲洗，淋（冲）前先用水拍打局部而后进行。淋浴和冲浴时间最初不要超过20～30分钟，经过一个时期锻炼后，可根据自己的耐寒能力适当延长。但一般人在温暖季节冷水淋浴和冲洗时间为20秒至1分钟，最多不要超过两分钟。在进行冷水淋浴时，可同时以毛巾用力擦身，也可以在水下做原地跑步等活动。每天早晚均可进行，浴后用干毛巾擦干全身。

**4. 浸浴**

浸浴在室内外均可进行，也应从夏秋季开始，浸浴前应做好准备活动，浸水后用毛巾不断按摩全身，特别是胸部。浸泡时间与水温要根据季节和个人情况而定，以不出现寒战为度。浴后用浴巾用力擦腰、肩，膝关节等部位，擦红发热为止。

**5. 冬泳**

冬泳是冬季在天然水域进行游泳的一种锻炼身体的方法，是日光、空气、水的综合利用，也是冷水锻炼的最高阶段。冬泳时身体受冷水刺激较大，应从温暖季节开始，做好准备活动再下水，逐步增加游的距离。由于冬泳能量消耗大，每天进行时间不宜过长。出水后迅速擦干捂热全身，立即穿衣服做整理活动。

进行冷水浴应注意以下几点。

① 不论采用何种形式的冷水锻炼，都应从温热季节开始，坚持经常锻炼，最好每日一次以免减弱效果。因故中断，要经过一个适应阶段后再继续进行。

② 浴前充分做好准备活动，使身体发热，浴后要做整理活动，使身体尽快恢复温暖感觉。

③ 饭前饭后一小时内不宜进行冷水浴，以免影响消化。

④ 剧烈运动或劳动后或体温较高时，不宜立刻进行冷水浴，经休息再进行较为适宜。

⑤ 身体有病，如发烧、急性病等，不宜进行冷水浴锻炼。患慢性病者需要征求医生的意见，再进行冷水浴锻炼，并加强医务监督。

## （二）日光浴

日光对人体的作用是多方面的，其中紫外线具有杀菌的作用，刺激身体的造血机能，进行日光浴能防止软骨病或佝偻病，还能提高皮肤抵抗能力和关节活动能力。阳光中红外线的温热能对人的身体内部起到加热作用，使深层组织的血管扩张，促进血液循环，使心跳有力，呼吸加深，新陈代谢更加旺盛，改善组织营养。经常坚持日光浴，还能增进人体调节体温的能力。

进行日光浴的方法及注意事项如下。

① 开始从事日光浴锻炼，应在适当的气温、风速、阳光强度下进行，要预防感冒和曝晒。夏天可先从树阴下开始，照晒的时间应循序渐进，以自我感觉舒适为原则。

② 在进行日光浴时最好采取卧式、坐式，斜晒的阳光也可以采取立式，在照晒的同时也可以自我按摩，在强阳光下，可以戴草帽和有色眼镜避免阳光直照。

③ 日光浴可结合日常生活、生产劳动或身体锻炼同时进行。

## （三）空气浴

空气浴是让身体皮肤广泛接触新鲜空气，利用气温和皮肤之间的温度差异，形成对人体的刺激，通过神经的反射作用，改善体温调节，从而提高机体的适应能力的一种锻炼身体的方法。

人们生活在空气之中，每时每刻都离不开空气，而空气又是变化莫测的。如气温、风速、气压以及空气的湿度，特别是空气中的化学成分（阴离子与阳离子的含量）等，都在经常变化。为了适应这些变化，在体育锻炼中有意识地进行空气浴，使体温调节机能更加完善，更好地适应外界环境的变化。

平时，在皮肤和衣服之间的温度经常保持在 27～33℃ 之间，当脱去衣服或在冬季穿着单薄的衣服，在新鲜空气中进行空气浴时，由于含氧丰富，阴离子浓度高，能使中枢神经系统、新陈代谢、血液循环、呼吸和内分泌活动等机能增强，提高机体的抵抗能力。

专门进行空气浴时，应注意以下几点。

① 进行空气浴时，要尽量少穿衣服，在新鲜空气中进行为好、在无风的情况下，按身体的自我感觉，可分为冷空气浴、凉空气浴和暖空气浴，一般应从暖空气浴开始，而后坚持锻炼。

② 进行空气浴的持续时间要严格掌握。在每次空气浴过程中，大体上可分三个反应阶段，即寒冷、温暖、寒战。当身体出现不自主的寒战时应立即穿衣结束空气浴或者立即从事

其他活动使身体发热。否则，将会影响健康。

③ 在遇有大风、大雾和寒流时不要勉强进行空气浴，饭前和饭后也不要进行空气浴。

# 第二节　运动处方的制定

## 一、运动处方的概念

运动处方是指针对个人的身体状况而确定的体育锻炼的目的、项目内容、强度、时间、频率、时间带和锻炼的注意事项。运动处方的实质是科学的、定量化的周期性锻炼计划或方案，能保证身体锻炼有目的、有计划、有步骤、有针对性地进行，克服体育锻炼的盲目性和随意性，取得体育锻炼的预期效果。

运动处方基本要素包括运动目的、运动内容、运动强度、运动时间、运动频度、运动时间带和注意事项等。根据制定运动处方的目的，大致可分为以下三种：治疗性运动处方、预防性运动处方和竞技性运动处方。治疗性运动处方是用于某些疾病或受伤的治疗和康复，使医疗体育更加定量化、针对性强，更有效地提高康复医疗效果。预防性运动处方是以增强体质、增进健康、发展身体为目的，用以提高机能水平，抵御疾病。竞技性运动处方是以提高体育技术、战术水平，创造最佳运动成绩为目的，挑战自我、挑战人类极限。

## 二、制定运动处方应遵循的原则

### （一）差异性原则

差异性原则要求在制定运动处方时要从实际出发，做到因人、因时、因地而异。

**1. 因人而异**

年龄、性别、健康状况、生理机能、接受能力、心理因素、疾病状况和掌握运动知识及技术水平不同的人群，其体育锻炼的价值取向、运动项目、承受运动负荷能力、锻炼时间和锻炼频率等，均存在较大差异。在制定运动处方时，要依据处方对象自身的具体情况，合理编制运动处方的诸要素，做到有的放矢，因人而异。

**2. 因时而异**

不同季节气候条件、环境对肌体的生理和心理造成的影响差异很大。制定运动处方时，应充分考虑时间、气候因素，合理编制运动处方在实施的不同锻炼阶段、一次锻炼方案的不同时间内处方的各个要素，因时制宜，因时而异，以达到锻炼的预期目的。

**3. 因地而异**

不同地域、居住地，体育健身环境和条件存在很大差异。体育锻炼场所是影响运动处方实施的重要条件。制定运动处方时，要考虑健身环境对人们体育健身行为的影响，因地而异。

### （二）循序渐进原则

循序渐进原则要求制定和执行运动处方时，要根据处方的不同目的，依据运动技能掌握的客观规律和身体素质增强的客观规律合理编制处方的诸要素，保证处方的有效性和科学性。运动技能掌握的客观规律要求制定运动处方时，项目内容应由简入繁、由易到难来安排。运动负荷由运动强度、运动时间、练习密度共同决定，运动强度是最主要的决定因素。一般人的运动强度不应超过最大心率的 80% 和低于 50%，强度小于 50% 对于健身无明显效果，强度高于 80% 易损害健康。对运动强度的测控比较流行的是心率测算法，研究表明：运动时最大心率（次/分）= 220 − 年龄（岁）；心力储备 = 最大心率 − 安静心率；最适宜运动心率＝心率储备×75％＋安静心率。

### （三）合理项目原则

合理运动项目原则要求制定运动处方时要依据处方对象的不同年龄、性别、体质、健康状况等因素科学编制处方项目内容，通过参与项目内容的活动，使身体各个系统的功能、素质和活动能力得到全面协调的发展，从而更好地增强体质，预防运动损伤的发生。

### （四）持之以恒原则

运动处方的持之以恒原则就是要求处方对象在执行实施运动处方时，要保持合理的运动频率，对待健身效果，要有恒心，坚持不懈，才会有效实现处方预期目标。身体素质和机能能力水平的提高是一螺旋形上升的渐进过程，是经长期的适宜的体育锻炼而获取锻炼效能积蓄的过程。

### （五）反馈原则

反馈原则是指在运动处方实施过程中，经常对锻炼的效果进行观察、记录和评价，目的在于及时调整运动处方和锻炼计划，"长善救失"，预防过度疲劳，避免运动损伤的发生，有效地提高处方效果和提高个体健康水平。体育锻炼过程中健身效果的反馈主要有两种途径：一是主观感觉，一般包括运动前、中、后的各种感觉，食欲，睡眠，运动欲望，排汗量，有无疲乏感、心悸、气短、头痛、腰腿痛等；二是客观检查，包括测量脉搏、呼吸、体重等。一般以脉搏的变化来衡量运动量的大小，并把运动后的脉搏变化作为一种衡量运动量的指标。一般来说，老年人运动后脉搏数较运动前增加60％～65％，保持在110～120次/分较为适合。

### （六）安全性原则

运动处方的安全性原则是指在制定或执行运动处方时，树立安全第一的思想，竭力避免运动损伤和运动以外事故的发生。贯彻这一原则，首先突出体检、体能测试，了解处方对象的身体机能状况和健康状况，更为重要的是能发现潜在性疾病和危险因素，同时培养处方对象正确的个人健身意识，身体锻炼应量力而行，不可过高估计自己的体力，过分自信或争强好胜，消除引发意外损伤的各种危险因素，构建体育健身的安全屏障。运动负荷的安排要适量，遵循体育锻炼超量恢复原理，使参加者身体既感到一定程度的疲劳，又能承受得住，运动与休息合理交替，有效地增强体质。

## 三、制定运动处方的步骤

### （一）运动处方制定的准备阶段

运动处方制定的准备阶段包括个人资料整理、医学检查、体质健康测试。

个人资料整理即咨询处方对象的基本个人信息，包括：①了解运动的目的和预期运动目标；②咨询生活史、运动史、健康史，如有无吸烟酗酒等不良习惯、个人生活习惯、作息制度、个人体育特长、参与体育锻炼情况、患过何种疾病、是否已痊愈等；③社会环境条件，如职业、生活环境、经济和营养条件等。

医学检查即体检，借助医学仪器诊察和采血化验，对个体的健康现状进行客观评价，判断个体能否参加运动，是否有潜在性疾病或危险因素，如个体是否患有贫血、糖尿病、心脏病和呼吸疾病等。

体质健康测试即对个体的身体形态、机能、素质现状进行评价，为预期肌体的运动负荷承受能力、合理安排适宜运动负荷提供科学依据。

## （二）运动处方制定阶段

运动处方制定阶段即根据准备阶段对处方制定准备阶段的个人资料、信息进行整理，依据处方对象的现实状况合理选择和编制运动项目，确定适宜运动强度、运动时间、运动频率、运动时间带等处方构成要素，按运动处方的格式条目式或表格式开列成单，形成运动处方。

## （三）运动处方实施阶段

运动处方的实施过程，依据个体生理、心理活动的规律可分为三个阶段：准备活动、主体活动、整理放松活动。

准备活动阶段从生理角度来讲，就是个体机能能力动员阶段，通过准备活动预热身体，提高肌肉、各器官系统的工作能力，通常以5～10分钟为宜。

主体活动阶段是运动处方的核心阶段，其活动质量将直接影响运动处方预期目的能否实现。从生理角度讲，主体活动阶段是使肌体承受适宜运动负荷，对肌体施以良性刺激，促使肌体提高机能水平、增强体质、提高健康水平；从心理角度讲，这一阶段是满足个体体育运动兴趣、保持运动兴趣阶段，在这一阶段要使个体体验运动的乐趣，感受成功的快乐，增强将运动坚持下去的信心。主体活动的时间通常以20～40分钟为宜。

整理放松阶段即身心放松阶段，通过这一阶段的活动使肌体机能逐渐恢复到运动前水平。整理活动阶段的时间通常要求5～10分钟。在处方实施过程中，要充分认识到准备活动和整理活动的重要意义，切实做好准备活动和整理活动，以免造成意外伤害事故或运动损伤，同时要严格依据处方规定的运动强度和运动时间对肌体实施合理运动负荷，严禁随意加大或减小运动负荷量，以保证运动效果，避免运动损伤和意外事故。

## （四）运动处方反馈调整完善阶段

运动处方反馈调整完善阶段是指在运动处方实施过程中，参照处方预期的运动目标的实现情况，对运动处方的构成要素进行调整完善，更有效地实现运动处方的既定目标。运动处方的终极目标是实现预定的目标，所以应经常把体育运动的效果与运动目标及目标的阶段性要求进行比较。若处方实施的效果与运动目标相一致，则表明运动处方的制定与实施是科学合理的，宜进一步坚持运动；若处方对象的现实状态与运动的目标不相符，则应对运动处方的构成要素进行调节和修正，从而保证处方的有效性。

# 第三节　体育锻炼的卫生、保健和营养

## 一、体育锻炼的卫生与保健

### （一）体育锻炼的注意事项

**1. 合理安排锻炼时间**

（1）清晨锻炼　许多人喜欢在清晨进行体育锻炼，清晨的空气新鲜，早锻炼有助于体内二氧化碳的排出，吸入较多的氧气，有利于体内新陈代谢的加强，提高锻炼的效果。但是，由于清晨锻炼多在空腹情况下进行，所以运动量不要太大，时间也不宜长。否则，长时间的运动会造成低血糖，不仅影响锻炼效果，而且会使身体产生不适应。另外，对工作、学习紧张，习惯于晚起床的人来说，没有必要每天强迫自己进行早锻炼。

（2）下午锻炼　主要适合有一定空余时间的人进行体育锻炼，特别适合大、中、小学的师生。经过一天紧张的工作后，下午进行一定强度的体育锻炼，不仅可以增强体质，而且可使身心得到调整。下午进行体育锻炼时，运动强度可大一些，青年学生可打球、做游戏。

(3) 傍晚锻炼　傍晚进行适当的体育锻炼，既可以健身强体，又可以帮助肌体消化吸收。傍晚进行体育活动的时间可长可短，但一般不要超过1小时，运动强度也不可大，心率应控制在120次/分。强度过大的运动会影响胃肠道的消化吸收，同时，傍晚锻炼结束与睡觉的间隔时间要在1小时以上，否则，会影响夜间的休息。

**2. 选择适宜的锻炼场所**

进行体育锻炼时，体内代谢加强，肺通气量增加，环境被污染的地方，工业废气、汽车尾气的排出，造成空气成分发生很大的变化，这时如果吸入有害物质，会比平时吸入的多很多，就会危害健康，因此，要选一个空气清新的地方。室外运动时，要避免强烈日光的过度照射，防止紫外线和红外线对人的损害。锻炼时还要选择合适的场馆，场地不能过于狭窄，要平整，不能有凹陷和凸起，不能有碎石杂物，空中也不能有悬挂物，以免发生碰撞和损伤。场地不能太滑，做跳跃运动的场地不能太硬。游泳时游泳池要符合标准，水质要过关。室内或夜间的场地采光和照明要充足，光线要柔和、均匀、不炫目。

**3. 锻炼前后的合理进食**

体育锻炼后，不要急于进食，要使心肺功能稳定下来，胃肠道机能逐渐恢复后再用餐。这段时间一般为半小时，如果是下午进行较剧烈的体育锻炼，间隔的时间应相对更长。如果在运动后立即进食，由于胃肠的血流减少，蠕动减弱，消化液分泌减少，进入胃内的食物无法及时得到消化吸收，储留在胃中，容易牵拉胃黏膜造成胃痉挛。长期不良的饮食习惯还可诱发消化道疾病。

与体育锻炼后进食不同，体育锻炼后的补水是可行的，只要口渴，在运动后甚至在运动中即可补水。补水要注意科学性，不可暴饮。体育锻炼后的补水原则是少量多次，可以在运动后每20～30分钟补水一次，每次饮水量为250毫升左右，夏季时水温10℃左右，其他季节最好补充温水。另外，饭后不能立即运动，据研究，强度运动可在食后2小时后进行，中度运动应在1小时后进行，轻度运动在半小时以后进行最合理。

**4. 锻炼后的保暖和洗浴**

训练后进行温水浴是消除疲劳的好方法，水温以40℃左右为宜，时间为10～15分钟。训练结束半小时后，还可以进行冷热水浴。冷水温为15℃，热水温为40℃，冷水淋浴1分钟，热水淋浴2分钟，交替3次。

体育锻炼后不能立即进行冷水浴，有些人图一时痛快，锻炼完立即进行冷水浴，不仅不能消除疲劳，而且会引发各种疾病，严重的会当即休克甚至死亡，常见的会引发感冒、发烧等。

**5. 伤病时能否体育锻炼**

伤病后根据伤病情况可以进行适当的体育锻炼，而且有必要进行锻炼。伤后康复锻炼能改善伤部血液循环，增强组织的新陈代谢，加速淤血和渗出液的吸收，促进受伤组织的愈合，防止组织粘连、关节囊和韧带挛缩。增强关节稳定性，避免因肌肉萎缩和受伤组织的松弛而导致关节不稳引起再伤。

在患病期间，如感冒发热或其他疾病时，不能进行体育锻炼，待病好后，方可锻炼。

**（二）女子体育保健**

由于女子的身体结构和生理机能与男子有所不同，所以在体育锻炼时必须充分考虑到女子生理上的特点，并采用正确的方法，才能收到预期的效果。

**1. 一般保健要求**

① 女子的循环系统和呼吸系统机能较男子差，因此运动量应相对小一些。

② 女子身体重心较低，肩部较窄，臂力较弱。做臂支撑、悬垂和摆动作时比较困难，

要特别注意循序渐进和加强保护与帮助。从高处跳下时，垫子不可太硬，并注意落地姿势，以免身体过于受震而影响骨盆的正常发育。

③ 根据女子心理特点和平稳能力较强、柔韧性较好的生理特点，可多选择一些节奏性较强、轻松活泼的项目，如艺术体操类、舞蹈、健美韵律操等。

**2. 月经期体育保健要求**

健康女子月经期一般不必完全停止体育锻炼。适当的锻炼，可以改善盆腔血液循环，减轻充血现象。而且在运动时由于腹肌和盆腔底肌的收缩和放松活动，对子宫起到柔和的按摩作用，有助于经血排除。由于月经期生殖器官抗菌能力降低，容易感染，所以要注意下列要求。

① 适当减轻运动量，并避免震动大的跑跳动作和力量练习，以免引起月经流血过多和子宫移位。锻炼时间不宜太长。注意循序渐进，逐步养成月经期锻炼的习惯。

② 月经期间应避免冷和热的刺激，不宜参加游泳、冷水浴和阳光曝晒等，注意下腹的保暖，以免引起卵巢功能紊乱，导致月经失调。

③ 如有月经紊乱、量过多或过少、痛经、经期严重不准、炎症等情况，应暂停体育锻炼。

## 二、运动损伤的预防及简单处理方法

在运动过程中，时常伴有运动损伤的发生，如果锻炼时不遵循科学的锻炼方法，不注意安全，不讲究锻炼的科学性，就容易发生运动创伤。造成运动创伤的原因是多方面的。基本原因主要有：对预防运动创伤的意义认识不足，缺乏准备活动或准备活动不充分，技术上存在缺陷和错误，运动量（特别是局部负担量）过大，身体机能和心理状况不良，组织与方法不当，动作粗野或违犯规则，场地、器械设备和气候、光线等因素。

运动创伤的预防原则：加强思想教育（特别要加强认识、安全和组织纪律性教育）合理安排教学、锻炼、训练和竞赛，充分、正确地做好准备活动，加强易伤部位的锻炼和自我保护，加强医务监督并注意设备的安全卫生。对于运动损伤，除了必要的预防措施外，还应该掌握一些常见运动损伤的处理方法。

### （一）挫伤

**1. 损伤部位及征象**

挫伤多发生在头部、胸部、四肢，因为这些部位经常会遇到碰、跌、撞、打、摔等，受伤后局部红肿、疼痛，皮肤破裂时出血，没有破裂会青紫淤血。

**2. 损伤原因**

首先是运动前准备活动做得不够，肌肉关节没有得到充分活动；其次是活动时用力过猛，超过了肌肉、关节、韧带的负荷限度；再次是参加活动的人员过于拥挤或没有按正确的方法进行；另外，场地不平或器械设备不安全以及没有做好保护工作也可能导致挫伤。

**3. 处理方法**

发生了挫伤应根据情况及时处理，如果皮肤出血应立即停止运动，先用碘酒将伤口消毒，没有无菌敷料可先用净布包扎，然后，立即去医疗诊所进一步处理。如果受伤部位红肿疼痛，可先用冷水或冰块进行局部冷敷，抬高伤肢，必要时加压包扎，防止继续出血。24小时后改用热敷，以活血、消肿、止痛。待伤势减轻以后作针对性的活动，如做下蹲、弯腰、举腿等，可以避免伤后关节不灵活或发生肌肉萎缩。

### （二）肌肉损伤

**1. 损伤征象**

肌肉损伤分主动收缩损伤和被动拉长损伤。主动收缩损伤是由于肌肉作主动猛烈收缩时，其力量超过了肌肉本身所能承担的能力；而被动拉伤主要是肌肉力量牵伸超过了肌肉本身的伸展程度。轻微的肌肉损伤症状较轻；如果肌纤维完全断裂则症状较重。一般表现为伤处疼痛、局部肿胀、压痛、肌肉紧张或抽筋，伤后肌肉功能减弱或丧失。

**2. 损伤原因**

准备活动不充分；肌肉的生理功能尚未达到剧烈活动所需的状态就参加剧烈活动；体质较弱，运动水平不高，肌肉的弹性、伸展性和力量较差，疲劳过度；运动技术性低，姿势不正确，动作不协调，用力过猛，超过了肌肉活动范围；气温过低或过高，场地太硬等。

**3. 处理方法**

肌肉损伤治疗要根据具体情况而定，少量肌纤维断裂者，应立即采取冷敷，局部加压包扎，并抬高患肢。肌肉大部分或完全断裂者，应采用加压包扎后立即送医院进行手术缝合。

### （三）关节韧带损伤

**1. 损伤征象**

关节韧带损伤后，一般表现为压痛，自感疼痛，轻者发生韧带部分纤维的断裂，重者则韧带纤维完全断裂，引起关节半脱位或者完全脱位，从而出现关节功能障碍。

**2. 损伤部位及原因**

上肢关节以肩关节、肘关节、腕关节损伤最为常见，如掷标枪引枪后的翻肩动作错误造成肩、肘关节扭伤；下肢关节以髋关节、膝关节、踝关节损伤较多，从高处跳下，平衡缓冲不够使得膝、踝关节受伤；做"下桥"练习时，过分提腰造成腰椎损伤等。

**3. 处理方法**

发生关节、韧带扭伤应当在 24 小时内采用冷敷，必要时加压包扎，24 小时以后采用理疗、热敷、按摩、针灸治疗，待疼痛减轻后可增加功能性练习。对急性腰部损伤，如果出现剧烈疼痛，切不可轻易处理，可让患者平卧，并用担架送医院就诊。

### （四）骨折

**1. 骨折征象**

骨折可分完全性骨折（骨完全断裂）和不完全性骨折（骨未完全断裂，如裂缝骨折），是运动中一种比较严重的损伤。骨折后的症状主要表现为以下几方面。

（1）肿胀和皮下淤血　因骨折处血管破裂骨膜下出血以及周围软组织损伤所造成。

（2）疼痛　因骨膜撕裂和肌肉痉挛引起，尤其在活动时疼痛剧烈，甚至可引起休克。

（3）功能障碍　骨折后肢体失去杠杆和支持作用，丧失了原来的功能，再加上剧烈疼痛和肌肉痉挛，肢体多不能活动。

（4）出现畸形和假关节　因骨折端发生移位和重叠，伤肢变形以致缩短；完全骨折的地方可出现假关节活动，移位时可产生骨折摩擦音。

（5）压痛和振痛　骨折断端有明显的压痛，在远离骨折处轻轻捶击，骨折处往往出现振痛。

**2. 骨折原因**

运动时发生骨折的原因是身体某部位受到直接或间接暴力，或肌肉强烈收缩所致。常见的骨折部位有肱骨、尺（桡）骨、指（趾）骨、胫腓骨、肋骨等。

**3. 处理方法**

一旦出现骨折，暂勿随意移动患肢，应立即进行急救。先用夹板或其他代用品固定伤肢，动作要轻巧、缓慢，不要乱拉乱拽，以免造成错位，影响整复。如果是上肢骨折，可用一块长 40 厘米、宽 6 厘米的木板托住伤肢，用绷带扎紧骨折处的上、下两端。如果是下肢骨折，先将伤腿轻轻放好，然后用宽布条或褥单将两条腿缠在一起，慢慢抬到硬板担架上，送往医院救治。如果是头部、颈部或脊柱发生骨折，运送时就更要小心，以免损伤神经和脊椎而造成肢体瘫痪，搬运时颈部两边用枕头或衣服塞紧，防止移动，在送医院的路上也要迅速、平稳。

### （五）关节脱位

**1. 原因与征象**

因受外力作用，使关节面失去正常的连接关系，叫关节脱位，又称脱臼。运动中发生的关节脱位大都是间接外力撞击所致。如摔倒时用手撑地，引起肘关节或肩关节脱位。关节脱位后常出现畸形，与健肢相比不对称，因软组织损伤而出现炎症反应，局部疼痛、压痛和关节肿胀，并失去正常活动功能，甚至发生肌肉痉挛等现象。

**2. 处理方法**

用长度和宽度相称的夹板固定伤肢。如果没有夹板，可将伤肢固定在躯干或健肢上，防止震动，随后及时送医院治疗。必须指出，如果没有把握做整复处置，切不可随意做整复手术，以免再度增加伤害。

### （六）脑震荡

**1. 原因与征象**

脑震荡是指头部受到外力打击后，使大脑管理平衡的膜半规管、椭圆囊、球囊等感应器官功能失调，直至引起意识和功能的暂时性障碍。在体育锻炼时，两人头部相撞或撞击硬物或从高处跌下时头部撞地都可能造成脑震荡。受伤时，神志昏迷、脉搏徐缓、肌肉松弛、双侧瞳孔稍大，神经反射减弱或消失；清醒后，患者常有头痛、头晕、恶心、呕吐感；可有情绪烦躁，注意力不易集中，耳鸣、心悸、多汗、失眠、记忆力减退等。

**2. 处理方法**

立即让患者平卧，头部冷敷；若有昏迷，即指压人中、内关、合谷穴；若呼吸发生障碍，立即进行人工呼吸。上述症状处理后，出现反复昏迷或耳鼻口出血，两侧瞳孔放大且不对称时，表明病情严重，应立即护送至医院救治。在运送途中，要让伤者平卧，头部固定，避免颠簸。脑震荡一般都可自愈，无需住院治疗，但要注意休息和必要的药物治疗，保持情绪安定，减少脑力劳动。在恢复过程中，可定期做脑震荡痊愈平衡试验，以检查病况进展。其方法是：闭目、单腿站立、两臂平举，如果能保持平衡，表明脑震荡已基本治愈，这时，可适当参加体育锻炼，但要避免滚翻和旋转性动作。

## 三、运动损伤的急救方法

运动创伤的急救，主要是对突发性的严重创伤进行初步的、临时性的紧急处理。轻微损伤只需作些针对性的处理即可，但对待特殊性的严重运动损伤，则要在现场马上进行一些急救处理，以保护受伤者的生命安全，防止伤情加重，减轻疼痛，预防并发症，为进一步治疗创造条件、赢取时间。急救时的初步处理要做到简单、细致、迅速、正确。

下面介绍一下运动损伤急救中的几个重要措施。

### （一）止血

很多运动损伤都有出血现象，及时止血是运动损伤急救处理的一个重要步骤。

**1. 出血的分类**

（1）按出血部位分类　可分为外出血、内出血和皮下出血3种。一般多为混合型出血。

（2）按破裂血管和种类分类

① 动脉出血：血色鲜红，呈喷射状流出，出血速度快，出血量多，危险性大。

② 静脉出血：血色暗红，缓慢不断地流出，危险性小于动脉出血。

③ 毛细血管出血：血色红，血流从伤口慢慢渗出，常能自行凝固，基本没有危险。

**2. 止血法**

根据不同的出血采用不同的止血方法，如高抬伤肢、指压、加压包扎、止血带和冷敷等方法。

（1）外出血的急救法 一般有3种：止血带法、压迫法及充填法。

① 止血带法：缚止血带时，首先应将患肢抬高，然后再上止血带。缚后，肢端应呈蜡白色，如果呈紫红色则为不当。缚上的止血带，上肢应每半小时，下肢应每1小时分别放松一次，以免肢体坏死。

② 压迫法：是临床中常用的止血法，是在出血点上直接加压，压迫时用手指或用包扎皆可。但大血管的大出血，在急救时则要指压创伤附近的动脉，使其止血。有时尚需压迫远距创伤的动脉以求止血。不同出血部位的压迫点如图2-1所示。

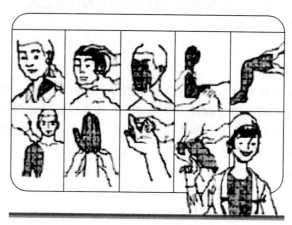

图2-1 不同出血部位的压迫点

③ 充填法：用盐水纱布垫充填伤口压迫止血，运动损伤中很少使用。

（2）内出血的急救法 内出血时，多有严重休克，常配合检查血色素、白细胞及血容积的方法诊断，一旦发生严重休克，常常需要及时输血或进行手术。

（3）皮下出血的急救法 皮下出血时，主要采用冷敷法。

这里主要介绍简便易行的指压止血法。指压止血法有直接和间接两种，直接指压法是用手指直接压迫出血部位，这种方法因手指接触伤口，容易引起感染。间接指压法是用手指压迫出血动脉近心端搏动的血管，阻断血流，以达到止血的目的。

## （二）处置休克

休克的病因虽有许多种，但其共同的特点是生命重要器官的微循环血流发生障碍，导致新陈代谢紊乱。因此，其症状是表情淡漠、反应迟钝、皮肤潮湿、四肢冷凉、脉搏弱而快、呼吸急促、血压有所下降等。很多严重的运动损伤都伴有休克现象，这时，必须马上采取措施，使伤者尽快苏醒。

处理方法如下。

① 一般应让休克者平卧，下肢抬高，保持体温正常，使呼吸畅通。

② 掐人中等穴位使其尽可能苏醒。

③ 在临时处理后，应立即送医院进行抢救。

## （三）心跳、呼吸的恢复

有时严重的运动损伤会出现呼吸和心跳骤然停止，这时，如不及时进行抢救，可能会使伤者死亡。人工呼吸与胸外心脏按压是进行现场抢救的重要手段。

**1. 人工呼吸**

人工呼吸的方法很多，其中以口对口吹气法效果较好，而且还可同时进行胸外心脏按压。施行时使伤员仰卧，头部尽量后仰，把口打开并盖上一块纱布。急救者一手托起伤者的下颌，掌根托其环状软骨，使软骨压迫食管，防止空气入胃；另一手捏住伤者的鼻孔，以免漏气。然后深吸一口气，对准伤者的口部吹入。吹完后，松开捏鼻孔的手，让气体从伤者的肺部排出。如此反复进行，成人每分钟吹 16～18 次。

注意事项如下。

① 施行人工呼吸前，应将伤员裤带、领口和胸部衣服松开，适当地清除其口腔内的呕吐物或杂物。

② 吹气的压力和气量开始时宜稍大些，10～20 次后，可逐渐减小，维持在上胸部轻度升起即可。

③ 进行中应不怕脏，不怕累，一经开始就要连续进行，不能间断，一直做到伤者恢复呼吸或专业救护人员到来为止。

④ 若心跳也停止了，则人工呼吸应与胸外心脏按压同时进行，两人操作时，吹气与胸外心脏按压频率之比为 1∶5。

**2. 胸外心脏按压**

对心跳骤然停止的伤员必须尽快开始抢救，一般只要伤者突然昏迷，颈动脉或股动脉摸不到搏动，即可诊断为心跳骤停。这时，往往伴有瞳孔散大、呼吸停止、心前区听不到心跳、面如死灰等典型症状。此时，应马上开始进行胸外心脏按压，以恢复伤者的血液循环。

操作时，使伤者仰卧，急救者以一手掌根部按住伤员胸骨下半段，另一手压在该手的手背上，肘关节伸直，借助体重和肩臂部肌肉的力量适度用力，有节奏地带有冲击性地向下压迫胸骨下段，使胸骨下段与其相连的肋骨下陷 3～4 厘米，间接压迫心脏。每次压后随即很快将手放松，让胸骨恢复原位。成人每分钟按压 60～80 次，儿童稍快。

注意事项如下。

手掌根部压迫部位必须在胸骨下段（不要压迫剑突），压迫方向应垂直对准脊柱，不能偏斜，用力不可过猛，以免发生肋骨骨折。在抢救的同时，应迅速请专业医生前来救治。

## 四、体育锻炼与营养

### （一）一般营养

青少年正处在生长发育阶段，其营养特点是热量需求量高，蛋白质需求量大，维生素和无机盐需求量比成人高，并且获得量都大于消耗量。根据青少年营养的特点，进行适当的体育锻炼与摄取合理的营养是非常必要的。营养的关键是提倡多吃鱼及豆制品等食物，以提高蛋白质营养；多喝骨汤、豆汤、多吃虾皮等，以提高钙的摄入量；增加蔬菜和适当吃些粗粮，以补充维生素的摄取量等。但是，任何一种食物都不可能包括所有的营养素，任何一种营养素也不可能具备各种营养功能，因此，必须从多种食物中获得各种营养且充足的量，才能确保生长发育和锻炼的需要。

### （二）运动训练营养

由于运动训练、竞赛能量消耗大，而不同的运动项目对机体代谢的影响也不同，因而在营养上各有不同的要求。合理地安排膳食营养是提高运动成绩、防止疲劳、维护健康的重要措施。对运动训练膳食的基本要求是：热量要平衡，膳食中各种营养素比例要适当，应有充足的维生素和矿物质，建立合理的膳食制度，膳食应该容易消化并且要保持酸碱平衡。

### 思考题

1. 健身跑锻炼包括哪些方式？你经常采用什么方式？
2. 传统的养生保健方法有哪些？
3. 利用自然手段进行锻炼的方法有哪些？如何利用自然手段进行体育锻炼？
4. 什么是运动处方？制定运动处方应遵循哪些原则？包括哪些步骤？
5. 体育锻炼前后有哪些保健要求？
6. 关节韧带损伤如何处理？
7. 心跳和呼吸的恢复应采取怎样的急救措施？

# 第三章 体育竞赛与欣赏

**学习提示**

- 了解体育竞赛的组织工作内容
- 掌握体育竞赛编排的原则及方法
- 熟悉体育欣赏的内容

## 第一节 体育竞赛的基本知识

竞赛的种类很多,可根据不同的项目、目的和任务,组织不同性质的竞赛活动。主办单位应根据竞赛计划,成立领导机构,讨论、决定竞赛的组织方案、竞赛规程、组织机构以及工作计划等。

### 一、体育竞赛的组织

#### (一)组织工作

**1. 组织方案**

组织方案是整个竞赛工作的依据,应包括竞赛的名称和目的、任务、规模(参加单位、人数),运动会的组织机构,经费预算,工作步骤等。

**2. 竞赛规程**

竞赛规程是竞赛工作的依据,主要内容有:名称;目的要求;主办单位;日期、地点;参加单位及组别、项目;比赛方法;报名办法;计分和奖励办法;采用的比赛规则;注意事项;规程解释权等。

**3. 组织机构**

成立竞赛组织委员会(或领导小组),根据工作需要,可设竞赛组(下设裁判组、编排记录组、场地器材组)、政宣组(下设宣传组、保卫组)、会务组(下设总务组、医务组)等工作机构。

竞赛组主要负责裁判、编排记录、场地器材和比赛期间的指挥、成绩公布等工作。

政宣组主要负责思想工作、宣传教育、新闻报道和安全保卫等工作。

会务组主要负责物质供应、场地设备、生活安排和医疗救护等工作。

### （二）竞赛前的准备工作

竞赛前的准备工作主要包括：组委会工作会议，听取各组汇报与检查落实各组工作；大会动员；裁判的业务学习、实习、分工；编排及编印秩序册；场地器材、会场布置、所需物品准备等工作。

### （三）结束工作

竞赛结束后，编印竞赛总成绩册，并将竞赛所有文件、资料整理后交给主办单位或主管部门保存。

## 二、竞赛的编排

### （一）田径竞赛编排

**1. 编排前的准备工作**

① 学习竞赛规程及田径规则，了解下列情况：开、闭幕式约占用时间；实际竞赛时间；参加单位、组别、项目；场地器材情况；裁判人数及水平；准备用具和用表等。
② 根据规程审查报名单，如有错误及时纠正和解决。
③ 编排运动员姓名号码对照表。
④ 统计各项参加人数、兼项人数、各单位参加人数。
⑤ 填写"竞赛成绩记录卡片"供分组时使用。

**2. 竞赛分组编排**

（1）径赛

① 根据各项参加人数、赛次及各赛次录取名额和方法、直弯道数及裁判分组情况，拟定分组计划。
② 分组时每组人数尽量均衡，避免同一单位运动员排在同一组里。
③ 如按成绩录取参加下一赛次，尽量将成绩好、差运动员搭配编组。如按名次录取参加下一赛次，则将成绩好的运动员平均分配到各组内。如没有报名成绩，而且人数较多，可按斜线顺序或蛇形顺序编组。
④ 分道跑项目，应将成绩好的组排在第二组或第三组。1500 米以上项目分组决赛时，一般好成绩运动员排在第一组。长距离项目比赛，每组应控制在 20 人之内。
⑤ 确定预赛道次时，由编排人员在监督下抽签排定并印入秩序册。以后的赛次由运动员在检录处按规定抽签排定。

（2）田赛

① 一般不分组，比赛的顺序由编排人员在监督下抽签排定并印入秩序册。
② 参加人数较多的项目，可在正式比赛前举行及格赛。

（3）全能运动

① 全能运动径赛项目有 800 米和 1500 米，各组安排不少于 5 人，其他各项每组以 3~4 人为宜，但任何项目每组不得少于两人。道次由运动员在检录处抽签排定。
② 全能运动田赛项目不分组，比赛顺序除第一项由编排人员在监督之下抽签排定外，其他各项由运动员当场抽签确定。

**3. 竞赛秩序编排**

竞赛编排是否合理，直接影响整个竞赛的进行和运动水平的发挥。

（1）各项竞赛时间的估算　先估算整个比赛（除开、闭幕式等占用的时间之外）时间，再估算各项比赛所需时间，一般可作如下估算，如表 3-1 所示。

表 3-1　各项竞赛时间的估算

| 项目 | 每组时间/分钟 | 项目 | 时间 |
|---|---|---|---|
| 100米或400米 | 4～5 | 跳高 | 8×总人数 |
| 800米 | 6～8 | 跳远、铅球等 | 3×(总人数+8) |
| 1500米和各项接力 | 8～10 | 铁饼 | 4×(总人数+8) |
| 3000米 | 15～20 | 标枪 | 5×(总人数+8) |
| 5000米和各项跨栏 | 20～25 | 撑竿跳高 | 14×总人数 |

经过推算，若时间不够，应考虑增加时间或减少赛次。

(2) 竞赛秩序的编排原则

① 在各赛次间，应按下列最低标准给予运动员休息时间：200米及200米以下2分钟，400～1000米90分钟，1000米以上3小时或不在同一天举行，全能项目30分钟。

② 按兼项的一般规律，对某些项目应分开编排，以减少兼项的冲突。一般兼项规律为：100米和200米，100米和4×100米接力，跳远和100米，200米和400米，400米和400米栏、4×100米接力，400米和800米，800米和1500米，1500米和3000米、5000米，跳远和三级跳远，铅球和铁饼等。

③ 性质相近的项目，要注意其先后的顺序，如先铅球后铁饼，先跳远后三级跳远等。

④ 不同组别的同一项目，最好衔接进行。

⑤ 各种跨栏项目不宜排在一起进行，一般在每一单元的第一项或最后一项，也可安排在长距离跑的后面。

⑥ 短距离多赛次项目，最好上午预赛，下午复赛、决赛，一天或一单元结束一项。

⑦ 编排时应将决赛项目和精彩项目分开排列，田赛场地布局要照顾观众，防止过于集中。

⑧ 每一单元的比赛，尽可能使田、径赛同时结束。

⑨ 应先编排径赛项目，再编排田赛项目。

**4. 编印秩序册**

秩序册一般包括以下内容：大会主席团名单、组织机构名称和名单、裁判员（分工）名单、竞赛规程、各单位名单（号码对照表）、竞赛秩序、各项竞赛分组、最高或运动会记录表、场地平面图等。

**5. 竞赛期间的编排记录公告工作**

竞赛期间，编排记录组收到各项各赛次结果后，应立即排出下一赛次的分组分道表。将各项决赛结果准确地填入总记录表和团体总分表，并核对、记录全能运动的成绩和得分。及时整理每天或每单元比赛成绩单有关资料和公告有关成绩。统计计算团体总分和有关资料。

## (二) 球类竞赛编排

篮球、排球、足球比赛的组织和编排基本相同。组织竞赛是项复杂而细致的工作，是决定竞赛能否顺利进行的关键。应尽可能做到细致、周到。一经决定实施，就不应随意改动。一般也包括制定、学习规程和规则，确定组织机构、竞赛制度、编排秩序等。

几种竞赛制度的编排方法：几种常见的竞赛制度有淘汰制（包括单淘汰、双淘汰）、循环制（包括单循环、双循环、分组循环）和混合制。选择怎样的竞赛制度，一般要根据竞赛的规模、参加队数、比赛时间、场地和裁判数量等来确定。

**1. 单淘汰制**

单淘汰是比较简单的一种方法。各队按编排的顺序进行比赛，负者淘汰，胜者进入下一轮继续比赛，直至最后剩下两队决出第一名。其优点是可以节省时间、减少场次，多用于参赛队数较多的比赛。缺点是不能确切地反映出各队的水平，尤其是第二名之后各队的水平。

（1）轮次与场数的计算　轮次＝队数相对的 2 的乘方数（$2^n$，$n$ 为轮次数）。当队数在 2 的两个乘方数之间时，则为较大的一个乘方数。场数＝参加队数－1。

（2）竞赛秩序的确定

① 选择号码位置数。根据参加队数选择最接近（向大数接近）$2^n$ 的数作为号码位置数，常用的有 $2^2=4$、$2^3=8$、$2^4=16$ 等。

② 计算轮空数和确定轮空位置。轮空数＝号码位置数－参加队数。轮空都在第一轮次中，使第二轮比赛队数正好是 2 的乘方数，不再有轮空。这样相对来说，比赛场次是较为均匀的。

③ 种子队和它们的位置。选择种子队的数目一般是 2 的乘方数即 4、8、16 个。这样编排上容易均匀分布。如有轮空，一般为种子队先轮空。第一号种子应在上半区的顶部，第二号种子应在下半区的底部，第三、四号种子应在下半区的顶部和上半区的底部，第五、六号种子在第二和第三个 1/4 区的顶部和底部，第七、八号种子，应在第四和第一个 1/4 区的顶部和底部。抽签定位时，先抽三、四号种子，再抽五、六、七、八号种子，余者由除一、二号种子队（因其已有固定位置）之外的队抽，以此来确定号码位置。

**2. 单循环制**

单循环制是所有参加队相互比赛一次，以胜负场数等决定名次的比赛方法。

（1）场数和轮次的计算　如下：

场数＝队数（队数－1）÷2；轮次＝队数－1（偶数队）或轮次＝队数（奇数队）。

（2）竞赛秩序的确定

① 第一轮采用"U"形排出。

② 第二轮次以及第二轮次之后轮次的编排采用把 1 号位置固定不变，其余的号按逆时针方向移动一个位置即可，以此类推制定出多轮次的编排（见表3-2）。

表 3-2　单循环制的多轮次的编排

| 第一轮 | 第二轮 | 第三轮 | 第四轮 | 第五轮 | 第六轮 | 第七轮 |
| --- | --- | --- | --- | --- | --- | --- |
| 1—0 | 1—7 | 1—6 | 1—5 | 1—4 | 1—3 | 1—2 |
| 2—7 | 0—6 | 7—5 | 6—4 | 5—3 | 4—2 | 3—0 |
| 3—6 | 2—5 | 0—4 | 7—3 | 6—2 | 5—0 | 4—7 |
| 4—5 | 3—4 | 2—3 | 0—2 | 7—0 | 6—7 | 5—6 |

③ 无论参加队数是奇数还是偶数，均按偶数队编排。如是奇数队，可在最后一个数后加上"0"，使之成为偶数，碰到"0"的队就轮空。轮次表编排之后，再抽签确定号码位置。

**3. 双循环制**

每个参赛队在比赛中均相互比赛两场。适用于参赛队数不多、赛期又长的比赛。编排方法与单循环相同，但比赛的场次增加一倍。

**4. 分组循环制**

分组循环是将比赛分为两个阶段，第一阶段将参赛队分成几个组，各组按单循环进行比赛，决出各组名次。然后根据第一阶段分组数的多少，决定第二阶段的比赛方法。如第一阶段分两个以上组时，可采用同名次分组，采用单循环进行比赛。如只有两组时，可采用名次决赛或交叉比赛，来进一步决定名次。

**5. 混合制**

混合制是将淘汰制和循环制配合运用的方法。一般是将比赛分为两个阶段，第一阶段为分组循环（或淘汰），第二阶段采用淘汰（或循环），其编排方法同淘汰制和循环制。

# 第二节　体育欣赏

人们熟知艺术欣赏，如音乐、美术、摄影、文学、影视及戏剧的欣赏，对于体育欣赏，则可能感到陌生或朦胧。其实人们已经参与或进行着体育欣赏了。体育欣赏与上面提及的诸多欣赏相比较，没有哪种欣赏能与体育欣赏一样拥有这么广泛的参与人群，以及那么深刻的体验。

## 一、体育欣赏的内容

我们欣赏体育，主要是欣赏体育的美。体育中的美表现在很多方面，比如运动员的身体形态动作、个人技术、战术配合、在比赛中表现出来的心理变化、精神风貌等。作为体育运动的美，包括技巧的美、活动的美及表现的美。也就是说，技巧的要素、活动的要素、表现的要素都可以作为运动美的组成部分。因此，作为体育运动美的结构要素，包括技巧美、活动美和表现美。

## 二、不同类别运动项目欣赏指南

任何运动项目的竞赛，都要评定成绩，决出胜负，排列名次。下面我们就按评定运动成绩和名次的方法对体育项目进行一番归类，以便于欣赏。

### （一）测速类

它是以时间的快慢来评定比赛成绩和名次的。如田径比赛中的径赛项目、游泳、自行车、赛艇、速度滑冰、汽车及摩托车拉力赛等。时间越短，成绩越好。

### （二）测距类

它是以高度和远度来评定成绩和名次的。如田径运动的田赛项目，像跳高、跳远、铅球、铁饼、标枪等。另外，跳台滑雪等运动项目也是以测距离的方法来评定成绩和名次的。

测速和测距类是奥运会比赛中金牌最多的运动项目。观赏这类运动项目的比赛，主要是看运动员的运动能力发挥得如何。以田径项目为例，观赏的内容有：第一，看运动员的速度、力量和耐力等身体素质是否水平很高；第二，看运动员的动作是否有节奏，技术是否合理；第三，看运动员的动作是否具有美的韵味和风格；第四，看运动员的意志品质。

### （三）计量类

这类竞赛最典型的项目是举重。举重是按运动员的体重级别，以每个运动员在本级别中所举起的重量大小来评定成绩和名次的。如果两个运动员所举的重量相等，则体重轻者名次列前。观赏举重比赛的内容有：第一，看运动员如何根据自身的体重举起最大重量；第二，看运动员的动作是否连贯、协调；第三，看运动员的用力是否经济、省力、快速。射击和射箭的比赛是以命中环数的多少来评定成绩和名次的。观赏这两项比赛，主要看运动员是否能在复杂的条件下沉着、镇静，是否有承受和抵抗各种干扰的心理素质。

### （四）计分类

它主要是以比赛得分的多少来评定成绩和名次的。如篮球、排球、足球、乒乓球、手球、羽毛球、网球、棒球、垒球、曲棍球、水球、冰球、击剑、拳击、摔跤等。得分高者为胜方，反之则为负方。如果双方在规定的比赛时间内得分相等，不分胜负，有的要打加时赛或附加赛或最后还要罚点球等决胜负。这类运动项目的比赛没有绝对纪录，而是由双方对垒较量决胜负的。所以这类运动项目的比赛（以篮球赛为例），观赏的内容有：第一，看全队运动员之间是否能巧妙地组织配合；第二，看全队的整场战术思想；第三，看运动员个人的精湛技艺和战术意识；第四，看运动队是否具有胜不骄、败不馁的精神；第五，看运动队中"灵魂"人物的作用及球星的"绝招"，他们在极其复杂的对抗中，会表现出高超的技艺，显示出超群的能力。

### （五）评分类

它是以裁判员在现场对运动员的技术进行的评分排列名次的。如竞技体操、艺术体操、花样滑冰、跳水、花样游泳、健美运动、健美操、武术等。这些运动项目的比赛，一般采用几位裁判员同时评分。为了使评分公正准确，对几个裁判员的评分采取去掉若干个最高分和若干个最低分，取中间几个裁判员评分数的平均值来决定运动员的最后得分。

评分类几乎包括了艺术性较强的全部运动项目，其比赛是运动员事先编排好一套动作，在正式比赛时，尽可能将整套动作完美无缺地重复一遍，力争获得尽可能高的分数。

欣赏这类比赛，主要看运动员技术动作的难度和幅度，是否舒展大方、协调、连贯及落地稳定；其次是翻腾、跳跃、平衡静止动作的体态、造型是否优美，动作是否独创，力度是否大等；再看运动员表演时配乐是否协调，节奏是否和谐。

最后，我们也必须明白一个问题，就是体育表现和竞赛具有社会性，不可避免地会出现假、恶、丑的一面，因此在体育欣赏中，我们应该排斥一切假、恶、丑的现象，发扬真、善、美的因素。同时，在竞争激烈、难解难分的比赛中，不可避免地会产生紧张、焦虑、兴奋、激动的心情，因此，适当控制我们的情绪，做一个文明、友好、热情、理智的观众是我们应该提倡和做到的。

### 思考题

1. 体育竞赛的组织包括哪些程序？
2. 田径比赛如何进行分组？
3. 球类比赛一般采用哪些赛制？如何选择采用哪种竞赛制度？具体如何编排？
4. 体育欣赏的内容有哪些？

# 第四章

# 《国家学生体质健康标准》测试

**学习提示**

- 掌握《国家学生体质健康标准》测试的内容与方法
- 掌握《国家学生体质健康标准》测试操作方法
- 了解《国家学生体质健康标准》测试成绩评分表

## 第一节 《国家学生体质健康标准》测试内容与权重

### 一、《国家学生体质健康标准》的意义

《国家学生体质健康标准》(以下简称《标准》)是国家学校教育工作的基础性指导文件和教育质量基本标准,是评价学生综合素质、评估学校工作和衡量各地教育发展的重要依据,是《国家体育锻炼标准》在学校的具体实施。

本标准坚持健康第一,落实《国家中长期教育改革和发展规划纲要(2010-2020年)》、《国务院办公厅转发教育部等部门关于进一步加强学校体育工作若干意见的通知》(国办发〔2012〕53号)和《教育部关于印发〈学生体质健康监测评价办法〉等三个文件的通知》(教体艺〔2014〕3号)有关要求,着重提高《标准》应用的信度、效度和区分度,着重强化其教育激励、反馈调整和引导锻炼的功能,着重提高其教育监测和绩效评价的支撑能力。

本标准从身体形态、身体机能和身体素质等方面综合评定学生的体质健康水平,是促进学生体质健康发展、激励学生积极进行身体锻炼的教育手段,是国家学生发展核心素养体系和学业质量标准的重要组成部分,是学生体质健康的个体评价标准。

### 二、测试项目

本标准测试指标均为必测指标。男生、女生各有八项:身高、体重、肺活量、50米跑、坐位体前屈、立定跳远、引体向上(男生)、一分钟仰卧起坐(女生)、1000米(男生)、800米(女生)。

### 三、评价指标与权重

具体见表4-1。

表 4-1　大学生体质健康测试评价指标及权重

| 单项指标 | 权重/% |
|---|---|
| 体重指数（BMI） | 15 |
| 肺活量 | 15 |
| 50 米跑 | 20 |
| 坐位体前屈 | 10 |
| 立定跳远 | 10 |
| 引体向上（男）/1 分钟仰卧起坐（女） | 10 |
| 1000 米跑（男）/800 米跑（女） | 20 |

注：体重指数（BMI）=体重（千克）/身高$^2$（米$^2$）。

# 第二节　《国家学生体质健康标准》测试的操作方法

## （一）身高

**1. 测试目的**

测试学生身高，与体重测试相配合，评定学生的身体匀称度，评价学生生长发育及营养状况的水平。

**2. 测试方法**

受试者赤足，立正姿势站在身高计的底板上（上肢自然下垂，足跟并拢，足尖分开约成 60°角）。足跟、骶骨部及两肩胛区与立柱相接触，躯干自然挺直，头部正直，耳屏上缘与眼眶下缘呈水平位。成绩以厘米为单位，精确到小数点后一位。测试误差不得超过 0.5 厘米。

**3. 注意事项**

① 身高计应选择平坦靠墙的地方放置，立柱的刻度尺应面向光源。②严格掌握"三点靠立柱"、"两点呈水平"的测量姿势要求。③水平压板与头部接触时，头顶的发结要放开，饰物要取下。④测量身高前，受试者不应进行体育活动和体力劳动。

## （二）体重

**1. 测试目的**

测试学生的体重，与身高测试相结合，评定学生的身体匀称度，评价学生生长发育的水平及营养状况。

**2. 测试方法**

测试时，杠杆应放在平坦地面上，受试者赤足，男性受试者身着短裤，女性受试者身着短裤、短袖衫，站在秤台中央。读数以千克为单位，精确到小数点后一位。测试误差不得超过 0.1 千克。

**3. 注意事项**

① 测试体重前，受试者不得进行剧烈体育活动和体力劳动。②受试者站在秤台中央，上下动作要轻。③定期校对仪器。

## （三）肺活量

**1. 测试目的**

测试学生的肺通气功能。

**2. 测试方法**

使用干燥的一次性口嘴，被测试者进行一两次较平日深一些的呼吸动作后，更深地吸一口气，向口嘴处慢慢呼出为止。每位受试者测三次，每次间隔 15 秒，记录三次数值，选取最大值作为测试结果。以毫升为单位，不保留小数。

**3. 注意事项**

① 电子肺活量计应保持通畅干燥，吹气筒的气管必须在上方，以免口水或杂物堵住气道。②导气管存放时不能打折。③定期校对仪器。

### （四）50 米跑

**1. 测试目的**

测试学生速度、灵敏素质及神经系统灵活性的发展水平。

**2. 场地器材**

50 米直线跑道若干条，地面平坦，地质不限，跑道线要清晰。发令旗一面，口哨一个，秒表若干块（一道一表）。秒表使用前应用标准秒表校正，每分钟误差不得超过 0.2 秒。标准秒表的选定，以北京时间为准，每小时误差不得超过 0.3 秒。

**3. 测试方法**

受试者至少两人一组测试，站立起跑，受试者听到"跑"的口令开始起跑。发令员在发出口令同时要摆动发令旗。计时员视旗动开表计时。受试者躯干部到达终点线的垂直面停表。记录以秒为单位，精确到小数点后一位。小数点后第二位数按非零进 1 原则进位，如 10.11 秒读成 10.2 秒，并记录之。

**4. 注意事项**

① 受试者测试最好穿运动鞋或平底布鞋，赤足亦可。但不得穿钉鞋、皮鞋、塑料凉鞋。②发现有抢跑者，要立即召回重跑。③如遇风时一律顺风跑。

### （五）立定跳远

**1. 测试目的**

测试学生下肢肌肉爆发力及身体协调能力的发展水平。

**2. 测试方法**

受试者两脚自然分开站立，站在起跑线后，脚尖不得踩线（最好用线绳作起跑线）。两脚原地同时起跳，不得有垫步或连跳动作。丈量起跳线后缘至最近着地点后缘的垂直距离。每人试跳三次，记录其中成绩最好的一次。以厘米为单位，不计小数。

**3. 注意事项**

① 发现犯规时，此次成绩无效。三次试跳均无成绩者，再跳至取得成绩为止。②可以赤足，但不得穿钉鞋、皮鞋、塑料凉鞋测试。

### （六）坐位体前屈

**1. 测试目的**

测试学生在静止状态下的躯干、腰、髋等关节可能达到的活动幅度，主要反映这些部位关节、韧带和肌肉的伸展性和弹性及学生身体柔韧素质的发展水平。

**2. 测试方法**

受试者两腿伸直，两脚平蹬测试纵板坐在平地上，两脚分开约 10~15 厘米，上体前屈，两臂伸直向前，用两手中指尖逐渐向前推动游标，直到不能前推为止。测试计的脚蹬纵板内沿平面为 0 点，向内为负值，向前为正值。记录以厘米为单位，保留一位小数。测试两次，取最好成绩。

**3. 注意事项**

身体前屈两臂向前推动游标时两腿不能弯曲。

### （七）仰卧起坐（女生）

**1. 测试目的**

测试腹肌耐力。

**2. 测试方法**

受试者全身仰卧于垫上，两腿稍分开，屈膝成90°角左右，两手指交叉贴于脑后。另一同伴压住其踝关节，以便固定下肢。受试者起坐时两肘触及或超过双膝为完成一次。仰卧时两肩胛必须触垫。测试人员发出"开始"口令的同时开表计时，记录1分钟内完成次数。1分钟到时，受测者虽已坐起但未达到双膝者不计该次数，精确到个位。

**3. 注意事项**

① 如发现受测者借用肘部撑垫或臀部起落的力量起坐时，该次不计数。②测试过程中，观测人员应向受测者报数。③受试者双脚必须放于垫上。

## 第三节 《国家学生体质健康标准》测试指标评分表

具体见表4-2～表4-8。

表4-2 男、女生体重指数（BMI）评分表

| 等级 | 单项得分 | 男生 | 女生 |
|---|---|---|---|
| 正常 | 100 | 17.9～23.9 | 17.2～23.9 |
| 低体重 | 80 | ≤17.8 | ≤17.1 |
| 超重 | 80 | 24.0～27.9 | 24.0～27.9 |
| 肥胖 | 60 | ≥28.0 | ≥28.0 |

表4-3 男、女生肺活量评分表（单位：毫升）

| 等级 | 单项得分 | 大一（男）<br>大二（男） | 大三（男）<br>大四（男） | 大一（女）<br>大二（女） | 大三（女）<br>大四（女） |
|---|---|---|---|---|---|
| 优秀 | 100 | 5040 | 5140 | 3400 | 3450 |
| 优秀 | 95 | 4920 | 5020 | 3350 | 3400 |
| 优秀 | 90 | 4800 | 4900 | 3300 | 3350 |
| 良好 | 85 | 4550 | 4650 | 3150 | 3200 |
| 良好 | 80 | 4300 | 4400 | 3000 | 3050 |
| 及格 | 78 | 4180 | 4280 | 2900 | 2950 |
| 及格 | 76 | 4060 | 4160 | 2800 | 2850 |
| 及格 | 74 | 3940 | 4040 | 2700 | 2750 |
| 及格 | 72 | 3820 | 3920 | 2600 | 2650 |
| 及格 | 70 | 3700 | 3800 | 2500 | 2550 |
| 及格 | 68 | 3580 | 3680 | 2400 | 2450 |
| 及格 | 66 | 3460 | 3560 | 2300 | 2350 |
| 及格 | 64 | 3340 | 3440 | 2200 | 2250 |
| 及格 | 62 | 3220 | 3320 | 2100 | 2150 |
| 及格 | 60 | 3100 | 3200 | 2000 | 2050 |
| 不及格 | 50 | 2940 | 3030 | 1960 | 2010 |
| 不及格 | 40 | 2780 | 2860 | 1920 | 1970 |
| 不及格 | 30 | 2620 | 2690 | 1880 | 1930 |
| 不及格 | 20 | 2460 | 2520 | 1840 | 1890 |
| 不及格 | 10 | 2300 | 2350 | 1800 | 1850 |

表 4-4　男、女生 50 米跑评分表（单位：秒）

| 等级 | 单项得分 | 大一(男)<br>大二(男) | 大三(男)<br>大四(男) | 大一(女)<br>大二(女) | 大三(女)<br>大四(女) |
|---|---|---|---|---|---|
| 优秀 | 100 | 6.7 | 6.6 | 7.5 | 7.4 |
| 优秀 | 95 | 6.8 | 6.7 | 7.6 | 7.5 |
| 优秀 | 90 | 6.9 | 6.8 | 7.7 | 7.6 |
| 良好 | 85 | 7.0 | 6.9 | 8.0 | 7.9 |
| 良好 | 80 | 7.1 | 7.0 | 8.3 | 8.2 |
| 及格 | 78 | 7.3 | 7.2 | 8.5 | 8.4 |
| 及格 | 76 | 7.5 | 7.4 | 8.7 | 8.6 |
| 及格 | 74 | 7.7 | 7.6 | 8.9 | 8.8 |
| 及格 | 72 | 7.9 | 7.8 | 9.1 | 9.0 |
| 及格 | 70 | 8.1 | 8.0 | 9.3 | 9.2 |
| 及格 | 68 | 8.3 | 8.2 | 9.5 | 9.4 |
| 及格 | 66 | 8.5 | 8.4 | 9.7 | 9.6 |
| 及格 | 64 | 8.7 | 8.6 | 9.9 | 9.8 |
| 及格 | 62 | 8.9 | 8.8 | 10.1 | 10.0 |
| 及格 | 60 | 9.1 | 9.0 | 10.3 | 10.2 |
| 不及格 | 50 | 9.3 | 9.2 | 10.5 | 10.4 |
| 不及格 | 40 | 9.5 | 9.4 | 10.7 | 10.6 |
| 不及格 | 30 | 9.7 | 9.6 | 10.9 | 10.8 |
| 不及格 | 20 | 9.9 | 9.8 | 11.1 | 11.0 |
| 不及格 | 10 | 10.1 | 10.0 | 11.3 | 11.2 |

表 4-5　男、女生坐位体前屈单项评分表（单位：厘米）

| 等级 | 单项得分 | 大一(男)<br>大二(男) | 大三(男)<br>大四(男) | 大一(女)<br>大二(女) | 大三(女)<br>大四(女) |
|---|---|---|---|---|---|
| 优秀 | 100 | 24.9 | 25.1 | 25.8 | 26.3 |
| 优秀 | 95 | 23.1 | 23.3 | 24.0 | 24.4 |
| 优秀 | 90 | 21.3 | 21.5 | 22.2 | 22.4 |
| 良好 | 85 | 19.5 | 19.9 | 20.6 | 21.0 |
| 良好 | 80 | 17.7 | 18.2 | 19.0 | 19.5 |
| 及格 | 78 | 16.3 | 16.8 | 17.7 | 18.2 |
| 及格 | 76 | 14.9 | 15.4 | 16.4 | 16.9 |
| 及格 | 74 | 13.5 | 14.0 | 15.1 | 15.6 |
| 及格 | 72 | 12.1 | 12.6 | 13.8 | 14.3 |
| 及格 | 70 | 10.7 | 11.2 | 12.5 | 13.0 |
| 及格 | 68 | 9.3 | 9.8 | 11.2 | 11.7 |
| 及格 | 66 | 7.9 | 8.4 | 9.9 | 10.4 |
| 及格 | 64 | 6.5 | 7.0 | 8.6 | 9.1 |
| 及格 | 62 | 5.1 | 5.6 | 7.3 | 7.8 |
| 及格 | 60 | 3.7 | 4.2 | 6.0 | 6.5 |
| 不及格 | 50 | 2.7 | 3.2 | 5.2 | 5.7 |
| 不及格 | 40 | 1.7 | 2.2 | 4.4 | 4.9 |
| 不及格 | 30 | 0.7 | 1.2 | 3.6 | 4.1 |
| 不及格 | 20 | −0.3 | 0.2 | 2.8 | 3.3 |
| 不及格 | 10 | −1.3 | −0.8 | 2.0 | 2.5 |

**表 4-6　男、女生立定跳远评分表**（单位：厘米）

| 等级 | 单项得分 | 大一(男)<br>大二(男) | 大三(男)<br>大四(男) | 大一(女)<br>大二(女) | 大三(女)<br>大四(女) |
|---|---|---|---|---|---|
| 优秀 | 100 | 273 | 275 | 207 | 208 |
| 优秀 | 95 | 268 | 270 | 201 | 202 |
| 优秀 | 90 | 263 | 265 | 195 | 196 |
| 良好 | 85 | 256 | 258 | 188 | 189 |
| 良好 | 80 | 248 | 250 | 181 | 182 |
| 及格 | 78 | 244 | 246 | 178 | 179 |
| 及格 | 76 | 240 | 242 | 175 | 176 |
| 及格 | 74 | 236 | 238 | 172 | 173 |
| 及格 | 72 | 232 | 234 | 169 | 170 |
| 及格 | 70 | 228 | 230 | 166 | 167 |
| 及格 | 68 | 224 | 226 | 163 | 164 |
| 及格 | 66 | 220 | 222 | 160 | 161 |
| 及格 | 64 | 216 | 218 | 157 | 158 |
| 及格 | 62 | 212 | 214 | 154 | 155 |
| 及格 | 60 | 208 | 210 | 151 | 152 |
| 不及格 | 50 | 203 | 205 | 146 | 147 |
| 不及格 | 40 | 198 | 200 | 141 | 142 |
| 不及格 | 30 | 193 | 195 | 136 | 137 |
| 不及格 | 20 | 188 | 190 | 131 | 132 |
| 不及格 | 10 | 183 | 185 | 126 | 127 |

**表 4-7　男生引体向上、女生一分钟仰卧起坐评分表**（单位：次）

| 等级 | 单项得分 | 大一(男)<br>大二(男) | 大三(男)<br>大四(男) | 大一(女)<br>大二(女) | 大三(女)<br>大四(女) |
|---|---|---|---|---|---|
| 优秀 | 100 | 19 | 20 | 56 | 57 |
| 优秀 | 95 | 18 | 19 | 54 | 55 |
| 优秀 | 90 | 17 | 18 | 52 | 53 |
| 良好 | 85 | 16 | 17 | 49 | 50 |
| 良好 | 80 | 15 | 16 | 46 | 47 |
| 及格 | 78 |  |  | 44 | 45 |
| 及格 | 76 | 14 | 15 | 42 | 43 |
| 及格 | 74 |  |  | 40 | 41 |
| 及格 | 72 | 13 | 14 | 38 | 39 |
| 及格 | 70 |  |  | 36 | 37 |
| 及格 | 68 | 12 | 13 | 34 | 35 |
| 及格 | 66 |  |  | 32 | 33 |
| 及格 | 64 | 11 | 12 | 30 | 31 |
| 及格 | 62 |  |  | 28 | 29 |
| 及格 | 60 | 10 | 11 | 26 | 27 |
| 不及格 | 50 | 9 | 10 | 24 | 25 |
| 不及格 | 40 | 8 | 9 | 22 | 23 |
| 不及格 | 30 | 7 | 8 | 20 | 21 |
| 不及格 | 20 | 6 | 7 | 18 | 19 |
| 不及格 | 10 | 5 | 6 | 16 | 17 |

表 4-8  男生 1000 米、女生 800 米评分表（单位：分·秒）

| 等级 | 单项得分 | 大一(男)<br>大二(男) | 大三(男)<br>大四(男) | 大一(女)<br>大二(女) | 大三(女)<br>大四(女) |
|---|---|---|---|---|---|
| 优秀 | 100 | 3'17" | 3'15" | 3'18" | 3'16" |
|  | 95 | 3'22" | 3'20" | 3'24" | 3'22" |
|  | 90 | 3'27" | 3'25" | 3'30" | 3'28" |
| 良好 | 85 | 3'34" | 3'32" | 3'37" | 3'35" |
|  | 80 | 3'42" | 3'40" | 3'44" | 3'42" |
| 及格 | 78 | 3'47" | 3'45" | 3'49" | 3'47" |
|  | 76 | 3'52" | 3'50" | 3'54" | 3'52" |
|  | 74 | 3'57" | 3'55" | 3'59" | 3'57" |
|  | 72 | 4'02" | 4'00" | 4'04" | 4'02" |
|  | 70 | 4'07" | 4'05" | 4'09" | 4'07" |
|  | 68 | 4'12" | 4'10" | 4'14" | 4'12" |
|  | 66 | 4'17" | 4'15" | 4'19" | 4'17" |
|  | 64 | 4'22" | 4'20" | 4'24" | 4'22" |
|  | 62 | 4'27" | 4'25" | 4'29" | 4'27" |
|  | 60 | 4'32" | 4'30" | 4'34" | 4'32" |
| 不及格 | 50 | 4'52" | 4'50" | 4'44" | 4'42" |
|  | 40 | 5'12" | 5'10" | 4'54" | 4'52" |
|  | 30 | 5'32" | 5'30" | 5'04" | 5'02" |
|  | 20 | 5'52" | 5'50" | 5'14" | 5'12" |
|  | 10 | 6'12" | 6'10" | 5'24" | 5'22" |

### 思考题

1. 简述大学生体质健康测试的意义。
2. 简述大学生体质测试项目及评价指标。

# 篮球篇

## 第一章

# 篮球运动概述

**学习提示**

- 熟悉篮球运动知识
- 了解篮球运动的发展

## 第一节 篮球运动的起源与演进

### 一、篮球运动的起源

篮球运动是1891年由美国马萨诸塞州斯普林菲尔德（即春田）市基督教青年会训练学校体育教师詹姆士·奈史密斯博士（J. Naismith）发明的，起初他将两只装桃的篮子分别钉在室内看台的栏杆上，用球向悬在高处的目标进行投准比赛的球类活动，由于最初是用装桃子的篮筐作投掷目标，故名"篮球"。

### 二、篮球运动的演进

1892年，奈史密斯制定了13条比赛规则，主要规定是不准持球跑，不准有粗野动作，不准用拳击球，否则即判犯规，连续3次犯规判负1分；比赛时间规定为上、下半时，各15分钟；对场地大小也作了规定。上场比赛人数逐步缩减为每队10人、9人、7人，1893年定为每队上场5人。1904年在第3届奥林匹克运动会上第1次进行了篮球表演赛。1908年美国制定了全国统一的篮球规则，并有多种文字出版，发行于全世界。这样，篮球运动逐渐传遍美洲、欧洲和亚洲，成为世界性运动项目。1936年第11届奥运会将男子篮球列为正式比赛项目，并统一了世界篮球竞赛规则。1952年和1956年第15、16两届奥运会的篮球比赛中，出现了两米以上的多人，国际业余篮球联合会曾两次扩大篮球场地的"限制区"（也叫"3分区"）；还规定，一个队控制球后，必须在30秒内出手投篮。1977年增加了每队满10次犯规后，在防守犯规时罚球两次，防投篮时犯规两罚有1次不中再加罚1次的规定。1981年又将10次犯规后罚球的规定缩减到8次。很明显，人员的变化，技术、战术的发展引起了规则的改变，而规则的改变又促进了人员和技术、战术的进一步发展变化。女子篮球是1976年第21届奥运会上才列为正式比赛项目的。篮球运动是1896年前后由天津中华基督教青年会传入中国的，随后在北京、上海基督教青年会里也有了此项活动。在1910年的全运会上举行了男子篮球表演赛之后，在全国各大城市的大、中学校的篮球活动逐渐开展起来，而中国篮球运动水平在1926年以后有了较大提高。

# 第二节　篮球运动发展趋势

## 一、大众篮球运动在全球普及，参与篮球活动呈多样化

篮球运动这项活动的特点和街头篮球的盛行，使它充满活力。进入21世纪以来，大众性篮球运动进一步在全球普及，成为名副其实的全球性社会文化和民众健身强体、修德养身的工具和手段。随着社会经济稳定增长，篮球赛事、篮球副产品、篮球文化得到了飞速发展。特别在发展中国家、地区的社区和工矿企业的篮球运动开展得日益广泛，热爱篮球运动的各界人士将进一步支持推广篮球运动。

## 二、学校篮球运动的健身、教育功能显著，活动形式丰富多彩

篮球运动的增智、健身、教育、宣传、社交功能越来越被各级教育部门和各类学校领导认同，积极开展学校篮球运动将成为活跃校园文化生活、增强师生体质、提高健身水平、陶冶情操、锻炼意志、修养品行、培养团队精神、增强使命感和荣誉意识的特殊教育形式。各种形式的业余篮球俱乐部将成为校园生活的一种基本社团组织，篮球专业化教师队伍的不断壮大，为优秀运动幼苗启蒙和发展拓宽了渠道。

## 三、职业篮球运动在全球扩展，商业化气息加强，篮球文化呈现

职业篮球比赛的竞技水平的技艺化，特别是美职篮（NBA）这支带"星"的助推剂，使当代的篮球运动进一步产生了特殊社会性魅力和经济效益，促使新世纪职业篮球俱乐部在全球蔓延，职业性竞赛的商业化行为将日益在规范中完善法治经营，逐步形成一条新兴产业链，其价值成倍地被世人认可和放大，展示出种种平时未有先例的技艺性行动和技巧性配合，使球队化险为夷，将篮球比赛升华到艺术境界，使人赏心悦目，扣人心弦，得到艺术的享受，随之篮球组织形式、竞赛的规则、竞赛的制度与方法的不断变革，适应社会、竞技篮球和篮球爱好者的需求，艺化篮球竞技运动呈现出健康科学的发展趋势。

## 四、篮球运动进一步与高科技相结合，形成新结构、新体系

现代科技对篮球运动的渗透，使传统篮球观念，篮球理论、技术、战术和体能水平与训练手段将有更高的创新和要求。实践训练手段将更科学化，多元科技将与训练比赛实践相结合，形成篮球观念的新转变，新的理论观点将层出不穷，新的技术、战术不断产生，新的竞

赛制度不断完善，新的规则再充实、再发展，从而形成从篮球理论到篮球实践内容的新结构、新体系。篮球竞技在创新发展中更具有对抗性、集体性、健身性、娱乐性、综合性、职业性、商业性等当代篮球特点。

## 五、竞技篮球争相称雄，技战术风格呈现新特点

新世纪世界篮球竞技运动水平和实力将形成起伏状的新格局，这是篮球运动在全球普及、发展、提高的好趋势。然而，总体上来说美国仍将居先，欧洲、美洲地区一些国家在一个时期内仍将处于先进水平，但各国实力将接近，排名将反复出现更迭。在亚洲、大洋洲和非洲的某些国家将向先进强国冲击。篮球运动总体发展朝着智博谋深、身高体壮、凶悍顽强、积极快速、机敏多变和全面准确这一总趋势，创新的各种高空技术组成了空间与地面相结合的各种立体型战术配合方法，与不同流派风格以及多种多样打法相结合的方向发展；比赛规则将应时修订，促进攻守平衡发展；高度与速度进一步相互依赖与制约；技术和战术进一步技艺化、精湛化、实效化、多变化、高空化、全面化和综合化；空间与时间的拼争更趋凶悍激烈，对运动员综合体能、机能、人文素质、文化修养提出更高要求，特殊才华球星的社会效益显得格外重要；教练员的职业素养、知识结构和智慧才干及人格魅力更需综合提高。

# 第二章

# 篮球技术

**学习提示**

- 熟悉篮球球性
- 了解篮球运动特点
- 掌握篮球基本技术

## 第一节 移动技术

篮球的移动技术是在人体基本活动能力基础上发展起来的专门化动作，移动技术是篮球运动爱好者的基础。在篮球比赛中，队员几乎在全部时间里都处于动态中运用各类技术动作去完成攻守任务。队员经常为了争取比赛中的主动，采取改变位置、方向、速度和争取高度等移动方法。移动技术的基本动作方法有以下几种。

### 一、篮球场上基本站立姿势

站立姿势是各种技术动作的基本环节，保持正确的基本姿势，能使身体各部位处于适宜的工作状态，便于各技术动作的开始和运用。

动作方法：两脚平行或斜开立同肩宽，两肩内扣（含胸）腰稍曲，上体稍前倾，重心在两腿中间，两腿微屈，脚跟微微提起，两臂微屈置于体侧或腹前，眼平视前方。

动作要点：两腿微屈，上体稍前倾，重心在两脚之间。

易犯错误：重心高，上体过于前倾，全脚着地。

纠正方法：屈膝在135°左右。加强腿部力量练习，养成在球场上屈膝降重心的习惯。注意强调提踵，含胸但不要过于弯腰，头保持在膝和地面垂线以内。

练习方法：由基本站立姿势开始，结合各种跑、急停、跨步、转身、跳、滑步、持球（三威胁）等综合练习。

### 二、起动

起动是队员在球场上由静止状态变为运动状态的一种起始的动作，是获得位移初速度的方法。通俗地说就是摆脱防守的瞬间脚步动作，控制好重心，保持或抢占有利位置。

动作方法：保持基本站立姿势，起动时，上体前倾，重心前移向跑的方向同时，后脚或

异侧脚的前脚掌快速用力蹬地,两臂积极配合摆动,前两步短促、快速,重心逐渐前移,上体逐渐抬起,在最短时间内充分发挥最快速度(图2-1)。

动作要点:蹬地迅速,重心转移快,前两步小而快。

## 三、跑

图2-1

跑是队员在球场上改变位置、发挥速度的重要方法,也是比赛中运用最多的一种移动动作。篮球场上的跑具有快速、多变的特点。在比赛中经常运用的跑有以下几种。

### 1. 变速跑

跑动中,慢跑变快跑时,上体迅速前倾,前脚掌迅速蹬地,前两步短促迅速,两臂快速摆动;由快变慢时,步幅加大,上体抬起,重心稍降,前脚掌抵地,减缓冲力。

动作要点:动作变化要明显,节奏要掌握好。

### 2. 变向跑

变向跑是队员在跑动中突然改变方向来摆脱防守或堵截进攻队员的一种方法。向左变向时,最后一步屈膝着地时,膝关节内收,右脚尖指向跑动方向,右脚前脚掌内侧用力蹬地,向左前侧方转体,移动重心,左脚迅速向左前方跨出一小步,用力蹬地,右脚迅速向左侧前方跨出一大步,继续加速跑动。向右变向时,方法相同,方向相反。

动作要点:左脚蹬地快而有力,重心转移快,右脚上步快(图2-2)。

图2-2

### 3. 侧身跑

侧身跑是队员向前跑动中为了观察球场上的情况,侧转身体,脚尖指向跑动方向,头部和上体自然向有球方向扭转(靠近边线跑动时,身体向场内扭转)。快攻时,有很多人是一股脑往前冲,不知道后面球的来向,这时候就要用到侧身跑。

动作要点:侧身跑动,脚尖朝前。

### 4. 后退跑

后退跑是队员为了观察场上攻守情况,背对前进方向的一种跑动。后退跑时,两脚提踵,前脚掌交替蹬地提膝向后跑动,上体放松直起,两臂屈肘相应摆动,保持身体平衡,两眼平视,注意场上情况。

动作要点:脚跟提起,小腿要后收,前脚掌用力蹬地。

## 四、急停

急停是队员在快速移动中突然制动速度的一种动作方法,它也是各种脚步动作衔接和变化的过渡动作。急停的动作有跨步急停和跳步急停。

**1. 跨步急停**（两步急停，两脚依次落地，鞋与地面发出有吱、吱的两声制动声音）

队员在快速跑动中急停时如图 2-3 所示，右脚先向前跨出一大步，用脚跟先着地然后过渡到全脚抵住地面，并迅速降低重心，后移重心，同时身体微向后仰。然后，左脚再跨出第二步，脚着地时脚尖稍向内转，用前脚掌内侧蹬地，两膝弯曲，身体稍有侧转，微向前倾，重心移至两脚之间，两臂屈肘并自然张开，上体迅速帮助控制身体平衡。

动作要点：第一步要脚跟外侧先着地，同时留住重心后倾，膝微屈。第二步脚尖内侧及时抵地。

**2. 跳步急停**（一步急停，两脚同时落地，鞋与地面发出有吱的一声制动的声音）

队员在中慢速移动时如图 2-4 所示，两脚同时平行落地；落地时双脚后脚跟先着地，依次滚动到前脚掌制动，同时身体重心迅速下降，身体稍后仰，用前脚掌内侧蹬住地面，两膝弯曲，两臂屈肘微张，以保持身体平衡，成基本站立姿势。

图 2-3　　　　　　　　　　　　　图 2-4

动作要点：控制好起跳高度，落地后迅速降低重心，保持重心的平稳前移。

## 五、转身

转身是队员以一脚蹬地向前或向后跨出的同时，另一脚作中枢脚进行旋转而改变身体方向的一种动作方法。转身可分为前转身和后转身。

**1. 前转身**（以左脚作中枢脚为例）

转身时移动脚向中枢脚前方跨出的同时，重心移至中枢脚，并以中枢脚前脚掌为轴用力碾地，肩部、腹部积极向转动方向扭转带动整个上体的转动。转动后，屈膝降重心，控制身体平衡。如图 2-5 所示。

图 2-5

**2. 后转身**（以左脚作中枢脚为例）

准备转身时，移动脚向中枢脚后方撤步，重心移至中枢脚掌，并以中枢脚前脚掌为轴用力碾地，同时身体重心后移，上体和腹部向转身方向扭转，控制身体平衡。

行进间运用后转身，是在靠近对手时以前脚为中枢脚旋转，后脚蹬地做后转身。由于跑动中惯性的关系，要适当减速，加大中枢脚碾地的力量，从而加快旋转的速度。

转身技术动作要点：以肩带动向前、向后改变身体方向。在身体移动过程中，要保持身体重心平稳,不要起伏。转身后,重心应转移到两脚之间,注意控制重心,保持身体平衡。

## 六、滑步

滑步是防守移动的一种主要方法,它易于保持身体平衡,可向任何方向移动。滑步时可向侧、向前和向后进行滑动来阻截对方的移动。

**1. 侧滑步**

成基本球场站立动作,两脚左右开立约肩宽,膝微屈,上体稍前倾,两臂侧伸,目平视盯住对手。向左滑步时,右脚前脚掌内侧用力蹬地,同时左脚向左跨出,在落地的同时,右脚迅速随同滑行,然后依次重复上述动作,滑步时身体要保持平稳(图2-6)。向右侧滑步时脚步动作相反。

图 2-6

**2. 前滑步**

两脚前后站立。向前滑步时,后脚的前脚掌内侧蹬地,前脚向前跨出一小步,着地后,后脚紧随着向前滑动,保持前后开立姿势。

**3. 后滑步**

后滑步动作方法与前滑步相同,只是向后方移动。

**4. 小碎步**

多用于外线防守。动作方法是两脚平行开立,稍比肩宽,两膝保持弯曲。移动时,不停顿地以前脚掌蹬地,用小而快的步法向左、右、前、后移动。移动时步幅小(小半步),保持平步防守姿势,上体不要起伏。

**5. 后撤步**

后撤步是变前脚为后脚的一种起步方法。撤步的步幅要大,步速要快,以达到领先强占位置(撤步要抢在对方跨出的前脚的稍前方),控制并破坏对方突破路线的目的。

撤步时,用前脚掌内侧蹬地,撤步动作应以髋关节为转动点(使骨盆绕一侧髋关节的垂直轴作侧向转动,增大第一步的步幅),前脚后撤,同时后脚的前脚掌碾地,在撤步脚着地瞬间,要快速跟随,向移动方向滑动,并保持防守的基本姿势,以保证后续防守移动的机动性和灵活性(图2-7)。撤滑步时要保持屈膝,上体稍前倾的身体姿势,不能因为撤步而上体后倾,以致失去对身体平衡的控制。

图 2-7

动作要点：重心平稳，尽量保持在一条水平线上。移动时做到异侧脚先蹬，同侧脚同时跨出，异侧脚再跟，不能并腿（碰脚），保持原来姿势。

## 七、移动技术易犯错误

① 在球场自然站立时两膝弯曲不够，重心偏高，不利于快速启动。
② 滑步时，重心上下起伏过大，步幅小，容易形成并步。
③ 转身时，中枢脚未用前脚掌作轴旋转，不会用髋关节的力量带动身体，重心不稳。
④ 急停时，容易用前脚掌着地，重心不能平稳地过渡。

## 八、移动技术纠正方法

① 教师正确地示范动作，引导学生练习。
② 加强髋关节灵活性的练习。
③ 急停时，脚跟先着地，重心随着脚慢慢地向前过渡到前脚掌，达到制动的目的。

## 九、移动技术的练习方法

① 为了规范地掌握技术动作，学习技术时，技术分解开练习，由慢到快，由简入繁。
② 提高身体素质，加强脚部力量和踝、膝、髋关节的灵活性及手臂动作。
③ 尽可能运用视觉信号，时刻观察场上的情况变化。

# 第二节　运球技术

运球被称做是篮球艺术。其动作之优美可见一斑。运球动作若做不好，可能导致其他的动作也连带出错。每位球员都有适合自己个人素质与能力的运球方式，当运球技术纯熟时，个人的进攻技术必能更上一层楼。

运球是指持球队员在原地或行进中，用单手连续按拍借助地面反弹起来的球的一种动作方法，是篮球比赛中个人进攻的重要技术，它不仅是个人摆脱、吸引、突破防守的进攻手段，也是发动、组织战术配合的重要桥梁。运球是否熟练是控制支配球能力强弱的一个标志。通过不断练习运球，能促进队员熟悉球性，增强手对球的感应。随着篮球技术的发展和竞赛规则的修订，放宽了手对球吸附过程的尺度，运球动作及其运用都发生了很大的变化。

## 一、运球技术环节

运球技术的关键在于手对球的控制能力、脚步动作的熟练程度、眼的观察能力以及手、脚、眼的协调配合和身体保护球的能力。运球动作包括四个环节，即身体姿势、手臂动作、球的落点和手脚协调配合。

### 1. 身体姿势

两脚前后开立，两膝微屈，上体稍前倾，头抬起，目平视，非运球手臂屈肘平抬用以保护球。运球时，脚步动作的幅度和下肢各关节的屈度随运球的速度和高度的不同有所变化。慢速高运球时，则脚步动作幅度小，而各关节的角度则大；快速高运球时，则脚步动作幅度大，而各关节的角度小；低运球时，脚步动作幅度和各关节角度均小。

### 2. 手臂动作

手臂动作包括球接触手的部位、运球时的动作、拍按球的部位和力量的运用。运球时，五指分开，扩大控制面积，用手指和手指根部以及手掌的外缘接触球、控制球，手心空出由于比赛场上情况千变万化，运球的方法也不尽相同，超低运球时，主要以腕关节为轴，用手腕、手指的力量运球；身前高运球和变向高运球时主要以肘关节为轴，用前臂和手指力量运球，这种送球动作幅度较小，灵活性大，速度快。

体侧或侧后的提拉式高运球主要是以肩关节为轴，用上臂、前臂、手腕和手指力量运球，这种运球方式控制球时间长，活动范围大，便于保护球。拍按球时，应随球上下迎送，尽量延长控制球的时间，这样有利于保护球、改变动作和观察场上情况。

拍按球的部位是由运球的方向和速度来决定的，因为拍按球的部位不同，使运球的入射角和球反弹的高度和速度也不同。原地运球时，拍按球的上方；向前运球时，拍按球的后上方。

### 3. 球的落点

运球时，运球的速度、方向和攻守情况不同，所需的落点也不同。在无人防守或消极防守情况下的直线高运球，球的落点在运球手同侧脚前外侧约20厘米处，速度越快，落点越靠前，离自己越远，反之越近。在对手积极防守的情况下，运球的落点应在体侧或侧后方，以便护球。变向运球（包括身前变向、背后变向、转身变向等）其落点基本上位于异侧体侧或侧前方。胯下运球的落点位于胯下中间的地面上。

### 4. 手脚协调配合

运球时既要使移动速度和运球速度协调一致，又要保持合理的动作节奏。在移动速度不变的情况下，能否保持脚步动作和手部动作协调一致，在速度上同步进行，关键在于拍按球的部位、落点的选择和力量大小的运用，脚步移动越快，拍按球的部位越是靠后方，落点越远，反弹起来的力量越大。

反之，部位越靠上，落点越近，力量越小。运球时，手、脚动作要保持一定的比例关系和节奏。一般直线运球，运球一次，跑两步或三步，在个别情况下则不受此限制。

运球的种类很多，有高运球（图2-8）、低运球（图2-9）、运球急停急起（图2-10）、体前变速变向运球（图2-11）等动作，运用不同运球动作的交替组合与变化，能使运球更具有突然性、攻击性和实效性。

图 2-8

图 2-9

图 2-10

图 2-11

  不同部位的运球动作轴点发生改变，迎送球动作幅度加大，球附着于手掌的时间加长，有利于对球的控制。球的落点远离对手以利于保护球，更具有实效性和多变性。根据球场上的情况和本队战术的需要，适时而恰当地运用运球，对全队进攻能起到较大的促进作用。

## 二、高、低运球

  实战应用：球随着手在地板上忽高忽低地弹跳，以改变你的行进方向与速度。这个动作经常出现在运球行进时。你可以一边运球前进，一边改变行进的方向和节奏。当你与防守队员较远时，可以让球弹高一些，运球的适当位置在脚的前边。当防守队员一旦靠近就将头、肩膀放低，以钻空隙的姿态运球跑位。利用低手而高速的两次反弹，闪过对方。

## 三、运球急停急起

  实战应用：慢慢运球接近防守球员，停住，防守球员也会停住，看准这个时机，突然运球从防守球员肋旁突破。以腰的高度运球慢慢靠近防守队员，运球停顿一下，假装犹豫不决，在停的瞬间，低姿势快速运球从防守队员肋旁冲过。

## 四、体前变向运球

  实战应用：即由左至右、由右至左变换方向运球之意。这个动作的诀窍在于灵活的左右假动作，以及从高位运球突然变化到 30～50 厘米的低位运球后，必须闪躲过对方的身体。

作势向右侧方向运球前进,防守队员若在前面挡住你的进攻路线,则转向右膝方向低手运球,随着方向的变换,运球手也要换成左手,突然加快速度,运球闪过防守队员。

### 五、比赛中合理运用运球技术的时机

通过运球超越对手能直接攻至篮下得分,也可以组成新的战术配合行动,或打破对方的防守部署,破坏对方原来的防守战术行动,为自己的同伴创造中远距离投篮的机会。同时,运球超越对手还可以制造对方防守时犯规。在同等人数进攻或进攻紧逼人盯人时往往由于运球突破防守者而创造以多打少的局面。

比赛中,运球的时机有两大类,一是战术需要;二是技术运用需要。一般应在下列时机出现时应用:运球摆脱后有机会投篮时、同伴都被对方暂时盯住不能立即传球时、能为同伴创造进攻条件时、为了扩大进攻的空隙时、当对方采用扩大紧逼防守时、当快攻结束阶段已形成以多打少的优势时、抢断球后快速起动运球推进时、结合假动作与转身摆脱防守运球突破时、用运球来消磨时间并控制球时。

动作要点:上下肢协调,重心平稳,有节奏感。不要无目的地运球;不要运球到场角与边线处,易受夹击的地方。而一旦运球到这些区域时,要急停、变向或换手,尽快地将球运出或传出。

### 六、运球技术易犯错误

① 手、脚、躯干配合不协调,直立运球,手触球点不对。
② 运球时低头,不观察场上的情况。
③ 运球时用手打球,掌心触球或单靠手指拨球。
④ 球在手上停留时间过长或者过短,不会手腕发力,掌控不住球。

### 七、运球技术纠正方法

① 看教师手势运球,反复地模仿练习正确技术。
② 进行运球的熟悉球性的练习。
③ 听信号练习各种运球动作。
④ 设置障碍进行变向运球练习。

### 八、运球技术的练习方法

① 运球的关键是控制能力和手脚的协调配合,手上功夫要天天练,熟悉球性,提高控制、支配球的能力。
② 加强弱侧手的练习,发展左右手运球的能力均衡发展。
③ 运球时一定要抬头看周围情况的变化,用眼的余光看球。
④ 进行运球对抗练习和加强脚步灵活性的练习,提高保护球的能力,培养实战意识,以达到能够及时地变换和衔接下一个动作。

## 第三节 投篮技术

投篮是进攻队员为了将球投入篮筐而采用的各种专门动作方法的总称。它是篮球运动的主要进攻技术,是得分的唯一手段,是一切技术、战术的目的,是为了创造更多更好的投篮机会,力争投中得分。

## 一、投篮持球方法

**1. 双手持球方法**

以原地双手胸前投篮为例，两手十指自然分开，两拇指相对呈"八"字形，两大拇指间距为6～9厘米，双手在球的两侧，只有指尖和指腹触球并持球，手心空出，两肘关节自然弯曲，置球于前上方。

**2. 单手持球方法**

以原地单手肩上投篮右手为例，左侧为辅助手，右手五指自然分开，手心空出，手腕后仰，用指根及其以上部位托球，手背与小臂、小臂与大臂、大臂与右肩约成90°，置球于右肩的侧前上方，球体重力的作用线近乎落在食指和中指上。

## 二、原地单手肩上投篮

动作方法（以右手投篮为例）是：两脚在原地自然开立，身体重心落在两脚中间，右手五指自然张开，手腕后仰与小臂（掌心向上）、小臂与大臂、大臂与肩约成90°，持球于右肩侧前上方，左手扶球侧，两膝微屈，身体放松并稍后倾，目视瞄篮点。投篮时下肢发力蹬伸，同时依势伸腰展腹，抬肘上伸前臂，手腕前屈带动手指弹拨球，最后通过食指、中指柔和用力将球投出，球离手后右臂应有自然跟进动作（图2-12）。

图2-12

动作要点：抬肘伸臂充分，手腕前屈，球离手要通过食指、中指。

## 三、行进间单手投篮

动作方法（以右手投篮为例）是：当球在空中运行时，右脚向来球方向或投篮方向跨出一大步，同时接球，左脚向前跨出一小步，脚跟先着地，上体稍后仰，然后迅速过渡到前脚掌着地，并用力蹬地起跳，右腿屈膝上提，左脚蹬离地面。同时举球至头右侧，腾空后，上体稍后仰，右臂向前上方伸展，腕、指动作同原地单手投篮（图2-13）。投篮出手后，两脚同时落地，两腿弯曲，以缓冲落地的力量。

动作要点：一要跨大步接球牢，二要跨小步用力跳，三要翻腕托球举球高，四要指腕柔和用力巧。

## 四、原地单手跳投

跳投动作与原地单手投篮基本相同，只是在动作结构上增加了起跳部分，投篮动作要在空中完成（图2-14）。

动作方法（以右手投篮为例）：双手持球，非投篮手置于球前方或侧方。投篮手置于球

图 2-13

图 2-14

的后部,双膝微屈,双手持球从胸部上移到眼睛上方,然后双脚向上弹跳。跳起时,屈肘(前臂向后),手腕也向后翻。跳至最高点时,前臂前伸,同时用突发性力量屈腕、压指,使球通过指端投出。随球动作要充分,眼睛要始终盯住篮筐。球离手后身体自然落地,屈膝缓冲,准备冲抢篮板球或回防。

动作要点:上下肢协调用力,习惯在投篮时带点滞空,滞空一定对力量有影响。起跳的时候,身体向上或向后,尽量避免向前冲跳。

## 五、影响投篮命中率的心理因素

一场激烈的比赛往往是教练员、运动员的斗智、斗勇的心理战,每个队员的技术发挥、全队的战术变化和战略运用的最终目的是投篮得分。一个队能否取得胜利又主要取决于投篮的总次数和命中率。而在一场激烈的比赛中,运动员较长时间承受着各种不同的心理刺激,心理因素尤为重要,篮球运动员要善于调整、控制自己在比赛中以下五个方面的心理活动:一是情绪对投篮的影响;二是球感对投篮的影响;三是自信心对投篮的影响;四是注意力对投篮的影响;五是环境、比分对投篮的影响,这样才能发挥自己最大的运动潜力。

## 六、投篮技术易犯错误

① 持球手法不正确,五指没有自然分开,用手心托球。
② 肘关节外展,致使各关节运动方向不一致。
③ 投篮时抬肘伸臂不够,导致手臂前推,形成抛物线偏低。
④ 双手投篮时,两手用力不均,伸臂不充分。
⑤ 急停时身体重心不稳,造成投篮时上下肢配合不协调,动作衔接不连贯。

⑥ 跳起投篮时身体前冲，投篮出手过早或者过晚，上下肢配合不协调。
⑦ 行进间上篮时，第二步未能缓冲，起跳后造成身体前冲，控制球能力差，投篮动作不规范。

## 七、投篮技术纠正方法

① 重复讲解、示范投篮的动作要点，多做徒手练习，使学生体会协调用力和掌握动作节奏。
② 固定投篮时的动作幅度和姿势。
③ 借助外部条件限制信号刺激等手段。

## 八、投篮技术的练习方法

① 了解正确的投篮技术方法，形成正确的动力定型，多看示范，形成表象记忆。
② 熟记关于投篮的口诀"抬肘、伸臂、压腕""一大、二小、三起跳""大臂控弧线、小臂控距离"等口诀暗示自己。
③ 反复练习正确的投篮姿势，提高投篮的命中率。
④ 变换投篮的距离，由近渐远，由远渐近，做原地跳投练习，根据不同距离，使用力量。

# 第四节 传接球技术

传接球是指在篮球运动中进攻队员之间有目的支配、转移球的方法。它是进攻队员在场上相互联系和组织进攻战术的纽带，也是实现战术配合的具体手段。队员之间传接球时应做到隐蔽、及时、多变、准确，巧妙地利用球的转移调动防守，创造良好的进攻机会。

## 一、传球技术环节

**1. 持球手法**
（1）双手持球方法　两手手指自然分开，两大拇指相对呈"八"字形，用指根以上部位触球，掌心空出。
（2）单手持球手法　手指自然分开，手掌外沿和指根以上部位触球，手心空出。

**2. 传球用力方法**
（1）近距离传球时　主要靠手指、手腕、手臂用力将球传出。
（2）远距离传球时　通过下肢蹬地、跨步发力，腰腹综合用力及上、下协调产生的合力，最后通过手臂手腕和手指将球传出。

**3. 球的飞行路线**
传出球的飞行路线有直线、折线、弧线三种，根据攻防队员的位置、距离、意图和移动速度的情况的不同而变化。

**4. 球的落点**
球的落点是球与接球同伴的相遇方位，使传出的球让防守队员触及不到，同时有利于同伴在接球后能顺利地衔接下一个动作。

## 二、双手胸前传球

双手胸前传球的特点：优点是便于与其他动作结合、快速有力、准确性高、容易控制；缺点是隐蔽性不好。

双手胸前传球动作方法：两手手指自然分开，拇指相对呈"八"字形，用指根以上部位持球，手心空出（图2-15）。两肘自然弯曲于体侧，将球置于胸腹之间的部位，身体呈基本站立姿势。传球时，在后脚蹬地、身体重心前移的同时前臂迅速向传球方向伸出，拇指用力下压，手腕前屈，食指和中指用力拨球将球传出，手心略向外翻（图2-16）。球出手后身体迅速调整成基本站立姿势。传球距离近，前臂前伸的幅度小。远距离的传球，则需加大蹬地、伸臂和腰腹的协调用力；传球距离越远，蹬地、伸臂的动作幅度越大。

图 2-15　　　　　　　　　　　　　　图 2-16

双手胸前传接球动作要点如下。传球时的要点：持球正确，蹬地、伸臂、屈腕、拨指动作协调连贯，双手用力均匀。接球时要点：手型正确，触球时收臂缓冲动作柔和，连贯。易犯错误：传球时两肘外翻，出手用力迟缓，接球手型不对，易手指向前。

### 三、单手肩上传球

单手肩上传球的特点：优点是常在发动快攻的时候运用，具有传球时用力大，球的飞行速度快，适合中远距离的特点；缺点是准确性不高（图2-17）。

图 2-17

单手肩上传球的动作方法：传球时（以右手传球为例），左脚向传球方向迈出半步，右手托球，同时将球引到右肩上方，肘部外展，上臂与地面近似平行，手腕后仰。左肩对着传球方向，重心落在右脚上，右脚蹬地、转体，右前臂迅速向前挥摆，手腕前屈，通过食指、中指拨球将球传出，球出手后，右脚随着身体重心前移而向前迈出半步，保持基本站立姿势。

单手肩上传接球动作要点：传球时的要点，自上而下发力，蹬地、转髋、扭肩膀、挥臂扣腕动作连贯进行。接球时要点：双手撑半球状，指尖触球时收臂缓冲动作柔和，连贯。

### 四、接球技术

接球是持球进攻的基础，它和传球是不可分割的整体，只有接球，才能和传球、投篮、突破等技术动作结合运用。在激烈对抗的比赛中，能否采用正确的动作牢稳地接球，对减少传球失误、弥补传球不足，以及截获对方的传球等都是非常重要的。

双手接球是最基本的接球方法，也是在比赛中运用较多的动作之一。其优点是握球牢稳，易于转换其他动作。双手接球时，眼睛注视球，肩、臂要放松，手臂要迎球伸出，两手五指自然分开呈半球状，当手指触球时，手臂随球后引，缓冲来球力量，两手握球，保持身体平衡，迅速和其他技术相结合（图2-18）。

图 2-18

接球技术的动作要点如下。

① 接球时思想要集中，两眼注视来球，积极主动伸臂迎球，保持正确的接球手形。接球后要迅速屈臂缓冲，控制身体平衡，保护好球。

② 要善于运用身体和脚步动作，创造有利于接球的时间和空间，尽快摆脱防守，或挡住对手可能封断的路线，以保证球的安全。

③ 接球动作的结束即是其他进攻动作的开始，接球后要迅速形成"三威胁"进攻动作，以便完成有效的进攻。

④ 接球避免手形不对，惧怕来球。

## 五、传接球技术易犯错误

① 传球时全手掌触球，手心没有空出。

② 双手胸前传球时，两拇指距离过大或过小，两肘外展过大，持球手法不正确，两臂用力不一，形成挤压，出手后两手交叉。

③ 单手传球时，没有摆臂、拨指、抖腕动作，身体左右扭动，出手用力迟缓。

④ 双手胸前接球时，两手指朝前。两手没有形成半圆；伸臂迎球时臂、腕、指紧张，引球动作不及时。

## 六、传接球技术纠正方法

① 两人一组，面对站立，一人握球，一人做双手胸前传球时的正确模仿练习。

② 两人一组，一人对墙传球，另一人纠正动作。

③ 重复讲解双手接球的动作要点。

④ 多做自抛球自接球练习，养成张手、伸臂、迎球和及时引臂的习惯。

## 七、传接球技术的练习方法

① 重视传接球的技术要点，形成正确的接球手法与正确的持球手法。

② 加强熟悉球性的练习，增强手对球的感应能力和控制、支配能力。

③ 传接球练习的同时要注意视野的训练，加强传球的隐蔽性。

## 第五节　个人突破技术

突破是持球者突然起动或以假动作诱惑防守者身体失去平衡，运用运球技术摆脱对手的防守，达到个人攻击的目的，是传球助攻和突破投篮得分的前奏。原地持球突破可分为原地交叉步运球突破和原地同侧步运球突破两种。

### 一、持球突破技术环节

持球突破是持球队员运用脚步动作和运球技术快速超越对手的一项攻击性很强的技术。持球突破技术动作主要由假动作吸引、转体探肩、推放球加速等主要环节所组成。

假动作吸引：为了隐蔽自己的真实动作意图，利用各种动作的假象，来调动迷惑对方；使对方对其动作产生错误的判断或失去身体重心，造成对自己有利的形势，从而取得时间、空间位置的优势，达到自己真实动作的意图。如做投篮（瞄篮）假动作，反方向（虚晃）突破的假动作。

转体探肩：在突破时，屈膝降低重心并前倾上体，快速转体，异侧肩前探，内侧手臂前摆，迅速占据空间有利位置，便于突破对手和保护球。同时重心前移与积极有力的蹬地相互配合，跨出的第一步要稍大，跨出的脚要落在紧靠对手的侧面，脚尖向着突破方向，以便第二步蹬地加速突破防守。

推放球加速：蹬跨转体探肩的同时，将球由体前引致远离对手的一侧，并在中枢脚离地前推按球离手，球落于跨出步的外侧，要做到球领人，以利于衔接下一个动作和加速推进。

突破时要善于做假动作，真真假假衔接连贯，假假真真变化要快。在突破中传球时要掌握"人动球动"、在动中传球的原则，做到及时到位。

### 二、原地交叉步突破

如图 2-19 所示。

实战应用：

① 持球在右肩侧前方做瞄篮假动作吸引防守队员注意力。
② 防守队员做出封投篮的动作时，快速下拉篮球。
③ 上右步倒右肩伸出右臂做护球动作。
④ 右脚上一大步抢到有利位置，抬起左脚之前球离手（左手运球）。
⑤ 倒肩切着对方身体。
⑥ 加速超越对方。

### 三、原地同侧步突破

如图 2-20 所示。

实战应用：

① 做向左侧假晃运球的动作。
② 防守队员有意识地封你的左侧路时，突然换到右侧上右步右手运球。
③ 运球的同时倒左肩上左步左臂抬起护球。
④ 左步要大，抢占有利的位置。
⑤ 加速超越对手。

图 2-19

图 2-20

## 四、持球突破易犯错误

① 交叉步持球突破时,由于跨步脚尖方向不对,造成转体过大。

② 突破时侧身、探肩不够，身体重心高，后蹬无力，加速不快。
③ 运球突破时球的落点靠后，没有放在脚的侧前方。
④ 中枢脚离地面过早或中枢脚不以前脚掌为轴，突破瞬间未提踵，造成走步违例。

### 五、持球突破纠正方法

① 反复示范正确动作，明确中枢脚概念，讲清楚动作的关键，建立正确的动作表象。
② 多做徒手模仿练习，体会正确的要领，再在慢速中做持球突破的练习，逐步提高速度。
③ 借助障碍物或者队友进行练习，并及时地转身探肩和降低重心，强调加快速度和增加蹬地力量。

### 六、持球突破的练习方法

① 原地徒手或者结合球做持球突破的各种脚步的练习。
② 每人一球，利用假动作做交叉步、同侧步突破的脚步动作练习，主要体会假动作、蹬跨、转体探肩等技术环节的衔接和连贯动作。
③ 行进间自抛自接，接球后做交叉步、同侧步突破练习。

## 第六节 抢篮板技术

篮球比赛中攻守双方队员争抢投篮未中，从篮板或篮筐反弹出的球，称为抢篮板球。进攻队员争抢本队投篮未中的球称为抢进攻篮板球；防守队员争抢对方未投中的球称为抢防守篮板球。

### 一、抢篮板球技术环节

抢篮板球技术无论是抢进攻篮板球还是抢防守篮板球都是由抢占位置、起跳动作、空中抢球动作和抢球后的动作四个环节组成的。正确的判断和快速起动是基础。

**1. 抢占位置**

准确的判断是抢占有利位置的关键，判断球反弹的方向、速度和落点，重点是对球的判断，并注意篮板球反弹的多向性。可以通过投篮的距离、弧线等预测其大体相应的反弹方向、速度和远度，但一定要考虑球的反弹规律，一般投篮距离与球反弹距离成正比。由于投篮位置、角度的不同，球反弹方向也不同。无论进攻队员还是防守队员，都应设法抢占对手与篮筐之间的有利位置，力争把对手挡在身后。队员不同的落位会有不同的起动与判断，在离球篮近的位置上，常先抢位再判断；处于外围的进攻队员，往往是先观察判断再起动冲抢。

**2. 起跳**

抢占到有利位置时，身体应保持正确的起跳准备姿势，起跳前屈膝降重心，利用身体尽量扩大占位面积，及时起跳，控制空间，力争在最高点早于对手抢到球。防守队员一般多采用转身跨步和上步起跳的方法；进攻队员则多采用交叉步结合助跑起跳的方法。

**3. 空中抢球**

根据攻防队员的位置及球的方向，抢球动作可分为双手、单手和点拨球三种。
（1）双手抢篮板球　该方法多用于防守队员和内线队员。起跳在空中时，身体充分伸展，两臂用力伸向球的方向，指端触球时，双手用力握球，腰腹用力，迅速屈臂将球拉至胸腹部位，两肘外展保护好球。高大队员抢到篮板球后，可以双手将球举在头上。
其优点是握球牢，有利于保持身体平衡，便于衔接其他进攻动作。缺点是控制空间高度和范围较小。

(2) 单手抢篮板球　身体在空中要充分伸展，达到最高点时，指端触球后迅速将球拉于胸前，另一手尽早扶球。一般在处于对手背后或侧面的不利位置时采用。

其优点是控制空间高度、范畴大，缺点是不如双手握球牢。

(3) 点拨球　点拨球的技术动作与单手抢篮板球相似，是用指端点拨球的侧方、侧下方或下方，而不是直接抢球。一是点拨给同伴，二是先点拨到有利位置再去抢球。点拨球多在遇到对方身材比较高大或处在不利位置时采用。

其优点是触球点高，可以直接补篮和缩短传球时间，便于发动快攻第一传。

**4. 得球后的动作**

当进攻队抢到篮板球后，首先补篮或继续投篮，如果没有投篮机会，应迅速将球传给同伴，重新组织进攻。防守队员抢到篮板球时，最好能在空中将球传给同伴，创造快攻机会。

## 二、抢篮板球技术动作方法

在抢进攻篮板球时一般进攻队员是站在防守队员的外侧，处在不利于直接抢篮板球的位置。因此，当本方队员投篮时，既要及时判断球的反弹落点，又要运用快速的脚步移动，配合身体动作，摆脱对手，冲抢篮板球或补篮。拼抢意识要强，合理运用假动作，使摆脱动作突然、有效，具有攻击性；在抢防守篮板球时，防守队员首先应明确对手抢到篮板球会给本方构成极大的威胁，所以必须增强拼抢防守篮板球的意识，充分利用靠近篮筐的有利条件，养成"先挡人后抢球"的习惯。内线队员一般采用后转身挡人，并保持最有利的起跳姿势，挡人的目的是延误对手抢位起跳，所以转身的挡人动作完成后，应迅速起跳抢篮板球。同时，外线队员亦可采用前、后转身及滑步等动作堵挡对手冲抢篮板球（图2-21）。

图 2-21

## 三、抢篮板球易犯的错误

① 抢篮板球意识不强或挡人抢位不及时，则易导致对反弹球方向与落点判断不准，不会抢占有利位置。

② 起跳时机掌握不好，起跳得过早或过晚，未能在跳至最高点时抢球。
③ 抢篮板球时只顾球不挡人或只顾抢位挡人而不顾球。
④ 空中抢球不舒展或动作过大造成犯规。
⑤ 抢到球后，保护意识差，易被人打掉或抢走。

### 四、抢篮板球纠正方法

① 两人一组，一攻一守，练习抢位，以提高拼抢意识和快速抢位的判断；两人一组，一投一抢，体会对球反弹方向和落点的判断。
② 徒手起跳在最高点做抢球动作，体会改进空中抢球的时间，落地时要屈膝降低重心，要保持身体平衡。
③ 球的反弹点练习，摸清球反弹概率多的落球点。
④ 多做自抛自抢的空中练习，体会起跳时机，提高判断的准确性。
⑤ 强调保护好球的重要性和抢篮板球的最终目的。进行保护技术和保护能力的训练。

### 五、抢篮板球的练习方法

① 徒手原地双脚起跳模仿单、双手抢篮板球动作。
② 结合上步、跨步、转身、滑步等脚步动作，做单、双脚起跳抢篮板球的模仿动作。做抢篮板球的判断、起跳、抢球练。
③ 每人一球，自己向头上方抛球后，上步起跳，用双手或单手在空中抢球；向篮板或墙上抛球后，上步起跳，用双手或单手在空中抢反弹回来的球；自己向侧上方抛球后，上步起跳，用双手或单手在空中抢球。
④ 两人一组，一人向上抛球，一人抢球；两人一组，一人罚球（尽量不投中或封闭篮筐）一人在篮下抢球（规定练习次数轮换）。

## 第七节　防守技术

防守技术是防守队员根据球和对手的情况，合理地运用脚步移动和手臂动作，积极占据有利位置，阻挠和破坏对手的进攻意图和行动，并争夺控球权的一种攻击性个人防守方法。

### 一、防守技术分类

现代防守技术发展的方向是：以球为主，人、区、篮兼顾的原则。学会提前预判对手的变化，要根据对手的位置、面部表情、身体姿势、持球位置、脚步动作及配合和打法及时采取应对措施。防守有球队员的方法有：防运球、传球、突破、投篮、抢球、打球、盖帽等。防守无球队员的方法有：防摆脱、纵切、横切、断球等。

本节重点学习抢、打、断球，比赛中抢、打、断球的成功，不仅破坏了对方的进攻，鼓舞了本队的士气，而且为由守转攻和发动快攻创造了有利的战机。有效的抢、打球和断球，是建立在准确的判断、快速的移动和合理的手部动作的基础上的，也是同伴之间相互配合的结果。

### 二、抢球

**1. 拉抢**

防守队员看准进攻队员的持球空隙部位，迅速用两手抓住球后突然猛拉，两手握球要准而快，用力要突然，将球抢过来。

**2. 转抢**

防守队员抓住球的同时，迅速利用手臂和两手转动的力量，在上边的手手掌用力向前推转，在下的手同时向回转动将球抢过来。为了加大夺球的力量，可以利用转体动作。如果抢球不成功，应力争与对手形成"争球"。

抢球的时机：进攻队员刚接到球时、进攻队员持球转身时、进攻队员停止运球时、进攻队员跳起接球下落时、持球队员注意力分散时等都是抢球的良好时机（图 2-22）。

图 2-22

## 三、打球

打球是击落对方手中球的方法。它包括打原地持球队员的球、打运球队员手中的球和打行进间投篮的队员手中的球。

**1. 打持球队员手中的球**

当进攻队员接到球的一刹那而未保护好球时，防守队员突然上步打球。如果进攻队员持球部位较高，一般采用由下而上的方法打球。打球时，掌心向上，用手掌击球的下部。如持球较低，则采用由上而下的方法打球（图 2-23）。

图 2-23

**2. 打运球队员手中的球**

以右手运球为例，当运球队员向前推进时，防守者应在左脚向左滑步抢堵截的同时，接近对手，根据对手持球部位的高低和走势、运球时球反弹的方向与速度看准球从地面弹起的刹那间，突然用左手以短促的动作从侧面将球打出，并及时上前抢球。

**3. 打行进间投篮队员手中的球**

进攻队员运球上篮时，防守者侧身跟随运球队员，当对方起步上篮跨出第二步举球时，迅速移动到他的左侧前方，用左手从他的胸部向斜下方侧面快速伸出，利用前臂腕、指的力量拍击球，要快而短促地将球打落。

## 四、断球

断球是抢获对方传球过程中飞行的球的方法。根据防守队员与对手之间的位置关系，分为：横断球、纵断球和封断球。

**1. 横断球**

是从侧面跃出截获球的动作（图 2-24）。

图 2-24

动作方法：断球时，重心迅速向断球方向移动，以短而快的助跑，单脚或双脚用力蹬地跃出，身体伸展，两臂前伸，用双手或单手将球截获。

**2. 纵断球**

是从接球队员身后或侧后方突然用绕前步跃出，截获进攻队员的传球。

动作方法：当防守者要从对方右侧绕前断球时，右脚先向侧前方跨出第一步，然后侧身跨左脚绕到对手身前，同时重心前移，双脚用力蹬地向前跃出，将球截获（图 2-25）。

**3. 封断球**

是在封堵持球队员传球时截获球的动作。

动作方法：当持球队员暴露了自己的传球意图或传球动作较大，防守者可在对方球出手的一刹那，突然起动，伸臂封盖或将球截获。

断球动作要点：积极地移动脚步，准确地判断传球队员传球。断球时蹬地要快而有力，用身体将接球对手挡在后面。封断球则要求手臂拦截动作快速。

图 2-25

## 五、防守技术易犯错误

① 站位错误,视野范围小,不能人球兼顾。
② 防守的姿势高,重心不稳,移动慢且步伐乱。
③ 手臂动作运用不当或手臂动作紧张僵硬,缺乏断球意识。
④ 断球时步伐不灵活,贻误断球时机。

## 六、防守技术纠正方法

① 检查、矫正防守的姿势和选位的角度,反复进行短距离的防守移动,变换步伐练习。
② 加强绕前步和侧身跑的起跳动作。

## 七、防守技术练习方法

① 两人一组一球,面对面握住球,听口令进行抢球练习。
② 两人一组一球,面对面一人运球一人做打球练习,然后进行交换。
③ 三人一组一球,两人相距 3~4 米传球,另外一人做断球练习,几组后进行交换。
④ 五人一组一球,攻方三人站成三角形,相距 3~4 米,相互传球,防守方两人站在里边进行断球,攻守轮流交换。

### 思考题

1. 简述急停后转身的动作方法。
2. 在比赛中,接球应注意哪些问题?
3. 简述原地单手肩上投篮的动作方法及要领。
4. 试述运球易犯的技术错误及纠正方法。
5. 简述持球突破的几个环节。
6. 如何进行防守选位?
7. 结合个人实际,试述如何提高自己的抢篮板球的能力。

# 第三章

# 篮球战术

> **学习提示**
> 
> - 熟悉场上队员位置技术
> - 了解篮球战术运动规律
> - 掌握篮球战术基本要领

## 第一节 攻防战术基础配合

战术基础配合是指两三人之间有目的、有组织的协同作战的简单攻守配合方法，它是组成全队攻防战术的基础。篮球比赛的战术打法多、变化多，但各种战术都离不开这些基础配合。只有熟练地掌握与运用基础配合，才能在运用全队战术时更加灵活机动，使之更有效地发挥作用，最大限度地制约对方。战术意识是指比赛中队员个人技术合理运用和队员之间相互协调配合的组织形式制约对手夺取比赛胜利的重要手段。

组织和运用战术的根本目的是扬长避短，用本队的长处去进攻对方的弱点。根据篮球运动的特征和规律，设计出适合本队特点和风格体系的战术，以点带面、以面突点，但千变万化的战术设计都离不开战术基础配合的基本方法作支撑。战术基础配合包括进攻与防守两个部分，攻防各有不同的配合方法。

攻防战术配合中的基本图例如下。

| | | | |
|---|---|---|---|
| ④ | 4号进攻队员 | ～～→ | 运球 |
| ④· | 4号进攻队员持球 | ——‖→ | 投篮 |
| ❹ | 4号防守队员 | ——→ | 队员移动 |
| ⊗ | 教练员 | ——⟩— | 掩护 |
| ▲ | 标杆 | —⟩⟨— | 夹击 |
| ----→ | 传球 | | |

### 一、进攻战术基础配合方法

进攻基础配合是指进攻队员两三人之间为了创造攻击机会，合理运用个人技术、意识而组成的简单配合方法。

#### （一）传切配合

传切配合是进攻队员之间利用传球和切入技术所组成的简单配合。包括：一传一切和空切配合。随着现代篮球运动的发展，高空接力技术、技巧具有配合简捷、突然、攻击性强的吊扣、空中接球直接扣篮等配合方法，一般在对方扩大人盯人防守或区域联防时运用。

**1. 传切配合的方法**

示例一：如图3-1所示，⑤传球给④后，向左侧做假动作同时向右边摆脱对手❺，向篮下切入，④做假动作吸引及时将球回传给⑤投篮，即一传一切。

示例二：空切，如图3-2所示，④传球给⑤，⑥向左侧做假动作同时摆脱对手❹向篮下切入，⑤做假动作吸引及时将球回传给⑥投篮。

 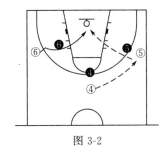

图 3-1　　　　　　　　　　　图 3-2

**2. 传切配合的基本要求**

① 配合队员必须有一定的配合空间及合理的传球路线。

② 切入队员要根据情况掌握切入时机，果断、快速利用假动作摆脱对手切入篮下，并接同伴的传球。

③ 传球队员要利用瞄篮、突破、运球等假动作吸引和牵制对手，当切入队员摆脱对手处于有利位置时，应及时而准确隐蔽地将球传给他。

## （二）策应配合

策应配合是指进攻队员背对或侧对篮筐接球，由他作桥梁，通过传球方式与切入队员相互配合而形成的配合方法。

**1. 策应配合的方法**

示例一：如图3-3所示，④摆脱防守插到罚球线作策应，⑤将球传给④，并摆脱防守切入篮下，接④的策应传球投篮。

示例二：如图3-4所示，④传球给策应者⑤，并摆脱防守从⑤身边切入篮下，⑥向底线下压摆脱防守，⑤可将球传给④做篮下进攻或传给⑥进行外围投篮，也可自己进攻。

图 3-3　　　　　　　　　　　图 3-4

**2. 策应配合的基本要求**

① 策应队员要及时摆脱对手，抢到有利策应的位置接球，接球后两脚开立，两臂外展，身体和腿部挡住防守者。两手持球于胸前保护球，也可将球持于头上。要随时观察场上情况的变化，以便及时将球传给最有利进攻的同伴，注意自己的攻击机会，在策应过程中要用转身、跨步、假动作及时调整策应的方向和位置，以便协助同伴摆脱防守，增加策应的变化与

成功率，传球后注意转身跟进或抢篮板球，策应队员应做到人到球到。

② 配合队员要根据策应者的位置，及时起动做假动作摆脱对手，寻找最佳接球位置，选择投篮、传球或者突破。

### （三）掩护配合

掩护配合是掩护队员采用合理的行动，用自己的身体挡住同伴的防守者的移动路线，使同伴借以摆脱防守，获得进攻机会的一种配合方法。

掩护队员给同伴做掩护时移动到同伴的防守者的即将移动路线上，保持适当的距离（应按规则的要求，根据防守者的视野所及范围而定），两脚开立，两膝微屈，两臂交叉于体前，上体稍前倾，扩大掩护面积。当同伴利用掩护摆脱防守时，掩护队员应随着防守者的移动，转身切入。掩护配合可以在无球队员与有球队员、有球队员与无球队员、无球队员与无球队员之间完成，用身体挡住防守者的移动路线，使同伴得以摆脱防守。

**1. 掩护配合的方法**

示例一：给持球队员做侧掩护，如图 3-5 所示，⑤传球给④后跑到❹的侧面做掩护，④接球后做投篮或突破的动作，吸引❹的防守，当⑤到达掩护位置时，④持球从❹的右侧突破投篮。⑤掩护后及时移动到有利的位置去接球或抢篮板球。

示例二：给无球队员做侧掩护（反掩护），如图 3-6 所示，⑤传球给④后，跑去给同伴⑥做掩护，当⑤跑到⑥侧面掩护到位时，⑥贴着⑤切入篮下接④传来的球投篮。

图 3-5

图 3-6

注意：④接到⑤传来的球后，要做投篮、突破假动作吸引自己的防守人和调整配合时间，当⑥借助⑤掩护插入篮下无人防守时，④及时将球传给⑥投篮。⑤掩护后要根据防守的情况及⑥的移动情况及时采取其他战术行动。

**2. 掩护配合的基本要求**

① 做掩护时同伴之间根据场上变化，掌握好配合时机，寻找合理的机会。

② 掩护的队员目的要明确，行动要隐蔽，动作要合理，避免造成犯规，当被掩护队员超越自己的肩膀时，立即转身护送，参与进攻。

③ 被掩护的队员要配合掩护队员隐蔽行动意图与方向，运用假动作吸引对手，当同伴到达掩护位置时，摆脱对手的动作要突然、与掩护队员身体要紧，以防对方挤过或绕过。

**3. 进攻战术基础配合学习建议**

① 了解该战术的配合方法、作用、意图、运用时机和特点。

② 具体实施个人进攻行为：摆脱、切入、突破、助攻、投篮、溜底线。

③ 在掌握基本的配合方法之后，增加对抗性的练习，以巩固提高配合质量，掌握配合变化规律。

④ 位置明确，队友之间及时沟通，进攻的主次分明，有层次感，使个人技术发挥最大化，提高战术意识。

### （四）突分配合

突分配合是指持球队员突破对手后，遇到对方补防或协防时，及时将球传给进攻位置最佳的同伴进行攻击的一种配合方法。

当对方采用人盯人防守或区域联防时运用突分配合，可打乱对方的整体防守部署，压缩防区，给同伴创造最佳的外围投篮或篮下进攻机会。

1. 突分配合的方法

示例一：如图3-7所示，④持球从左侧底线突破❹后，遇到❺补防时，及时传球给横切的⑤投篮。

示例二：如图3-8所示，④持球纵向突破❹后，当❺补防时，及时传球给⑤投篮。

图 3-7　　　　　　　　　　图 3-8

2. 突分配合的基本要求

① 队员在突破中动作要快速、突然，在准备投篮的同时，注意观察攻守队员的位置变化，及时、准确地将球传给进攻位置更好的同伴。

② 当持球队员突破后，其他的进攻队员都要摆脱对手，离开原先的位置，切向空隙区域，准备接球进攻或抢篮板球。

## 二、防守战术基础配合方法

防守基础配合是指防守队员之间为了破坏对方进攻配合，防守队员两三人之间所采用的配合方法。配合方法有以下几种。

### （一）夹击配合

夹击配合是两名及以上防守队员采取突然的行动，利用场地边角或对手停球，上前围夹和封堵一名进攻队员的配合方法。

1. 夹击配合的方法

如图3-9所示，④从底线突破，防守❹封堵底线，迫使④停球，同时迅速向底线跑去与❺协同夹击④，封堵其传球路线，迫使其违例或失误。又如图3-10所示，⑤发边线球，❺协同❻夹击⑥，两人积极封堵⑥的接球。

图 3-9　　　　　　　　　　图 3-10

2. 夹击配合的基本要求

① 掌握好夹击的时机，如：对方埋头运球、停球在场角、中线、限制区等。

② 防守队员夹击时，动作要迅速、果断、及时，身体靠近，以封球为主，封其传球路

线，迫使对方传球失误。

③ 其他防守队员要做到及时调整位置进行补防和断球。

### （二）补防配合

补防配合是指防守队员在同伴被突破或漏防时，临近的队友大胆放弃自己的防守对象，去补防那个威胁最大的进攻者，而漏人的防守队员及时补漏的一种防守方法。

**1. 补防配合的方法**

示例一：如图 3-11 所示，⑤传球给④后，突然摆脱❺的防守直插篮下，此时❻放弃对⑥的防守而补防⑤，去补防⑥。

示例二：如图 3-12 所示，⑤持球突破 5，直接威胁球篮，❻放弃对⑥的防守而补防⑤，❺立即补防⑥。

图 3-11

图 3-12

**2. 补防配合的基本要求**

① 防守队员全面观察并及时判断场上出现进攻队员强行突破或漏防的情况，补防时应及时、迅速、果断抢占有利的防守位置。

② 被对手突破的防守队员观察局势的变化，快速、积极地移动，补防漏防队员。

### （三）交换配合

交换配合是为破坏进攻队员的掩护配合，进攻队员做掩护配合时，防守移动位置受阻，及时主动与同伴交换防守对象的一种配合方法。

**1. 交换配合的方法**

示例一：如图 3-13 所示，⑤去给④做掩护，❹要主动发出换人信号，及时封堵④向篮下突破的路线，此时❺应及时调整自己的防守位置，防止⑤向篮下空切。

示例二：如图 3-14 所示，④传球给⑤后利用⑥的定位掩护切入篮下，此时❹看到被掩护住了，应主动招呼同伴换防，❻防④在篮下接球，调整位置防⑥。

图 3-13

图 3-14

**2. 交换配合的基本要求**

① 防守被掩护者的队员，用眼的余光观察两侧，及时调整位置，在掩护队员转身切入前要及时抢占到有利的防守位置。

② 防守掩护者的队员应及时向同伴发出信号提醒，两人准备换防，交换防守对象，保

证防守的平衡,在适当的时机再换防,以免在个人防守力量对比上失衡。

### (四) 防守战术基础配合的学习建议

① 在掌握进攻战术基础配合方法后,慢慢体会防守战术基础配合的运用和时机,使攻守战术基础配合有机地结合起来。

② 具体实施个人防守行为:防守无球队员,防守有球队员。

③ 队员建立配合概念,并在实战中提高战术意识和配合概念。

## 第二节　快攻与防守快攻

### 一、快攻

快攻是由防守转入进攻时,以最快的速度、最短的时间在人数上造成以多打少的优势,或在人数相等以及人数少于对方的情况下,乘对方立足未稳,果断而合理地进行攻击的一种速决战的进攻战术。实践证明,由防守转入进攻时,积极创造快攻战机,充分发挥快攻威力,能给对方很大的压力,并能争取主动,达到较好的进攻效果,在教学中,应着重研究如何把快攻战术配合的思想意识等贯穿于教学之中,使学生掌握快攻配合的方法,学会在比赛中运用。

#### (一) 建立完整的快攻战术概念

运用直观法与语言法相结合的方法,进行快攻战术演示与讲解。一般采用小黑板、图片、光盘等手段,同时运用简明扼要的语言,阐明战术的阵形、配合方法、位置路线、动作、顺序、时间以及每个队员的作用和同伴的协调行动。把看、听、想、做有机地结合起来,有助于学生加深和巩固已形成的快攻战术概念。

#### (二) 掌握快攻练习的方法

① 在假设防守的条件下,掌握快攻配合的方法。练习时可运用标志物或假设的对方,按照快攻配合的方法有序地进行练习,建立队员之间的协调行动,初步掌握局部的战术方法。

② 在消极防守的条件下,掌握快攻配合的时机。在练习时要注意观察同伴和对方的行动,根据攻、守的制约情况,能够及时、准确地采取合理的配合行动。

③ 在积极攻守对抗的条件下,提高运用快攻战术配合的能力。练习时,攻守队员积极地相互制约,通过反复练习,熟练地运用攻守配合的方法,提高运用快攻战术配合的能力。

#### (三) 培养快攻的意识和作风

全队必须有统一的思想,每个队员都必须积极主动,明确自己的职责和行动路线,保持协调行动和纵深分散的队形。获球队员和掷外界球队员,要敏锐地观察场上同伴的行动,先远后近传好第一传。推进以传球为主,结合运球突破,加速进攻的速度,在快攻结束时,也不能降低速度,要果断地进行攻篮和跟进抢篮板球补篮。

#### (四) 掌握快攻战术的组织形式和结构

快攻的组织形式,一般分为长传快攻、短传快攻和结合运球突破快攻三种。

**1. 长传快攻**

是队员在后场获球后,立即把球传给迅速摆脱对方进行偷袭的同伴的一种配合。是由一两个进攻队员利用自己奔跑的速度和同伴长传球的速度超越防守来完成的。

**2. 短传快攻**

是队员在防守中获球后,立即以快速的奔跑和短促的传接球迫近对方篮下进行攻篮的一种配合。短传快攻虽然在速度上比长传快攻慢，参加的人数多，但比长传快攻配合灵活而且变化多。

### 3. 运球突破快攻

在防守中获球后，在不便于传球的情况下，应快速运球推进，创造或寻找配合机会，以提高快攻的速度和威力。这是一种个人攻击在快攻中的积极行动，在推进时，运球和传球要密切配合。注意防止盲目的个人运球，以免影响快攻战术的质量。

防守快攻是在攻守转换的过程中，队员有组织地运用个人战术行动和几个人之间的协同配合，主动堵截对手，积极抢断，破坏其快攻战术，力争控制对手转攻的速度，以达到稳定防守，迅速组织起各种不同形式的全队防守战术的目的。

### （五）组织快攻的基本要求

① 全队要保持攻守平衡，进攻投篮后既要有人积极拼抢篮板球，又要有人迅速退守。

② 积极封堵和破坏一传接应，抢占对方的习惯接应点，并堵截接应队员、堵截、干扰、延误对方的推进速度。

③ 要具有积极拼抢的意识，当对方形成快攻时，应快速退守，及时迅速地在以少防多的情况下，大胆出击，赢得时间和力量上的平衡。

④ 要随机变换防守战术，在失去球后，立即采取前场紧逼防守，退回后场，采用半场人盯人防守，使对方不适应，破坏其快攻。

⑤ 全队整体布防，各队员要各司其职、行动一致、积极主动，从不同位置上全面追截，制止对方发动快攻，延缓快攻速度。

⑥ 封堵对方第一传；或阻截接应队员，或干扰其向接应区移动；或抢占其习惯接应点；或积极追防快攻队员并在中场堵截、干扰；或阻挠对方顺利传球、运球；力争防守人数上与对手均等。

⑦ 若在以少防多的情况下，则要沉着冷静、机智果断、大胆出击，赢得时间上和力量上的均衡。在任何位置上对方进行投篮，都要积极进行干扰和封防，影响其命中率，并要拼抢篮板球。

## 二、防守快攻

### （一）防守快攻的方法

#### 1. 提高进攻成功率

防守快攻首先应提高进攻成功率，要特别注意减少进攻中的失误和违例，这是控制对手进攻速度，减少其发动快攻机会的重要手段。

#### 2. 积极拼抢前场篮板球

比赛实践证明，当进攻投篮不中时，有组织地积极拼抢前场篮板球，是控制对手抢篮板球发动快速反击的最有效的方法。即使防守队获得篮板球，由于近篮区攻守人员密集，攻守争夺激烈，所以不容易发动快攻。

#### 3. 封堵一传和截断接应

有组织地堵截快攻的第一传和接应，是制止对方发动快攻的关键。破坏对方发动快攻的路线也取决于封堵一传和接应。当对手获球转攻时，邻近的防守队员，要迅速紧逼积极封堵一传，与此同时，其他防守队员要主动迫使接应队员改变预定的接应区，截断其联系，从而延缓其发动快攻的时间，使同伴迅速抢占有利位置，以便更好地按照规定的防守战术要求进行防守。

#### 4. 退守时要"堵中卡边"，防止长传快攻

防守快攻除积极拼抢篮板球，堵截一传和接应外，在退守过程中要防止对方从中路突破，并要防守快下队员。

**5. 提高以少防多的能力**

在比赛中,由于攻防变换频繁,情况复杂多变,等对方快攻推进时,往往形成以少防多的局面,出现以少防多的情况时,防守队员应积极移动,选择和占据有利的防守位置,保护篮下,并运用假动作来干扰,给进攻队员制造错觉和困难,迫使对手在传球中出现失误。在此基础上延缓其进攻速度,为同伴争取退防的时间,以便重新组织起阵地防守战术。

以少防多的情况有以下几种。

(1) 一防二　防守队员一防二时,要沉着、冷静,根据进攻的队形迅速抢占有利的防守位置,准确判断对方的进攻意图,合理运用假动作,果断地进行抢、断和打球,要设法迫使对方技术较差的队员控制球,以便形成重点防守的有利局面。

(2) 二防三　二防三时防守队员要积极主动,默契配合,相互补位,迫使对手在传、运球时产生失误,或延误其进攻,争取同伴迅速回防的时间。二防三有以下几种方法。

① 两人平行站位　这种防守队形,对付边线突破能力较强的队效果较好,但中路防守较薄弱。

② 两人重叠站位　这种防守队形可以有效地阻止对方的中路突破,缺点是两人移动补防的距离较长,漏洞较多。

③ 两人斜线站位　这种防守队形兼有前两种队形的优点,不但可阻止对方从中路突破,而且两人移动补位的距离也较短。防守时,要迫使对方将球传给边线队员,以便形成一人防持球突破,一人兼顾另外两个进攻队员的局面。以上三种防守方法,各有优缺点,成败的关键在于临场的正确判断。

## (二) 防守快攻的基本要求

① 防守快攻的发动与接应。首先,要提高进攻的成功率,减少失误;积极争抢篮板球。其次,封堵对方的一传和接应,破坏和干扰其传球或突破。

② 防快攻的推进。在封堵一传和接应的同时,其他队员应快速退守并保持有利的防守队形,控制对手快速推进,阻挠其传球与运球,达到减慢推进速度的防守目的。

③ 防守快攻的结束阶段。经常出现以少防多的局面,只要防守队员积极退守,里外兼顾,左右照应,准确判断出击断球和打球时机,也能造成对方失误或延误进攻速度,争取同伴们回防。

④ 合理地运用封、夹、抢、断球等手段,尽最大的努力破坏、减少对方发动快攻,后线防守队员退守速度要快,前线防守队员在控制对方发动快攻后也要快速退守,同时提高以少防多的能力。

⑤ 积极、快速移动;善于运用假动作,虚实结合,声东击西,使对手捉摸不定,给对方造成一定的心理压力;不要轻易暴露退守的意图,要尽量使进攻队员按照防守的意图进攻;要及时补防和换防;重点在有球队员,但要兼顾无球队员,并随时准备断球;要侧重防守技术较好的队员,尽量让技术差的队员控制球,并设法迫使他移动到不利于投篮的位置上去,从而形成一对一的防守局面。

### 思考题

1. 什么是攻守战术基础配合?有哪些内容?
2. 绘图说明侧掩护配合的方法,并探讨配合的变化。
3. 绘图说明交换配合的方法,即在实战中的运用。
4. 快攻战术的结构包括哪几部分?通过什么组织形式完成快攻?
5. 防守快攻的方法有哪些?

# 第四章

# 篮球裁判知识

**学习提示**

- 了解篮球竞赛通则
- 掌握基本篮球裁判手势

## 第一节 篮球比赛基本通则及一般规则

### 一、篮球比赛基本通则

**1. 比赛方法**

每场篮球比赛有两个队参加，每队出场 5 名队员，候补球员最多 7 人。比赛由 4 节组成，每节 10 分钟［美职篮（NBA）规定为 12 分钟］，比赛结束时两队积分相同时，则举行加时赛 5 分钟，若 5 分钟后比分仍相同，则再次进行 5 分钟加时赛，直至比出胜负为止。

**2. 得分种类**

球投进篮筐经裁判认可后，便算得分。3 分线内侧（含踏线）投入可得 2 分；3 分线外侧投入可得 3 分，罚球投进得 1 分。

**3. 进行方式**

比赛开始由两队各推出一名跳球员至中央跳球区，由主审裁判抛球双方跳球，开始比赛，以后每节交替掷界外球进行比赛。

**4. 队员替换**

每次替换选手要在 20 秒内完成，替换次数则不限定。交换选手的时间选在死球时进行。

**5. 罚球**

罚球是在谁都不能阻挡、防守的情况下投篮，是作为对犯规队伍的处罚，给予另一队的机会。罚球要站在罚球线后，从裁判手中接过球后 5 秒内要投篮。在投篮后，球触到篮筐前均不能踩越罚球线。

**6. 队员 5 次犯规**

无论是侵人犯规，还是技术犯规，一名球员犯规一场共 5 次［美职篮（NBA）规定为 6 次］必须离开球场，不得再进行本场任何时段的比赛。

## 二、篮球比赛基本规则

### 1. 违例
是既不属于侵人犯规，也不属于技术犯规的违反规则的行为。主要的违例行为是：3秒、5秒、8秒、24秒违例，使球或人出界，干扰球，球回后场，脚踢或拳击球等。

### 2. 24秒钟
进攻球队在场上控球时必须在24秒钟内投篮出手。

### 3. 8秒钟规则
球队从后场控制球开始，必须在8秒钟内使球进入前场（对方的半场）。

### 4. 5秒钟
持球后，球员必须在5秒钟之内掷出界外球，罚球、持球连续5秒钟内必须做出动作。

### 5. 3秒钟
某队在前场控制活球时，该队的队员不得在对方的限制区内超过持续3秒钟的停留。否则为违例。

### 6. 球回后场
该球队已经控制球，在前场最后触及球，在后场最先触及球可判为球回后场违例。

### 7. 队员出界和球出界
球员带球或球本身触及界线或界线以外区域，即属球出界。在球触线或线外区域之前，球在空中不算出界。

### 8. 干扰球
投篮的球向篮下落时，双方队员都不得触球。当球在球篮里的时候，防守队员也不得触球。

### 9. 脚踢或拳击球
故意踢或用腿的任何部分阻挡球或用拳击球是违例；球偶然地与腿和脚的任何部分接触不是违例。

### 10. 犯规
含有与对方发生有非法身体接触或违反体育道德的举止，而产生的违规行为。

### 11. 技术犯规
队员或教练员因表现出恶劣动作或行为而被判犯规。

### 12. 取消比赛资格
球员做出了不体现运动员精神的犯规动作，发生此类情况后，球员应立即被罚出场外。

# 第二节　部分篮球裁判手势图解

## 一、有关分数手势

如图4-1～图4-5所示。

图4-1　1分

图4-2　2分

图4-3　3分试投

图 4-4　3 分投篮成功　　　图 4-5　取消得分或消取比赛　　　图 4-6　停止计时钟（同时鸣哨）或不开动计时钟

## 二、有关计时钟手势

如图 4-6～图 4-9 所示。

图 4-7　犯规停止计时钟（同时鸣哨）　　　图 4-8　计时开始　　　图 4-9　24 秒或 14 秒复位

## 三、管理类手势

如图 4-10～图 4-14 所示。

图 4-10　替换　　　图 4-11　招呼入场　　　图 4-12　暂停

图 4-13　裁判员和记录台人员之间的联系　　　图 4-14　可见性计数

## 四、违例的类型

如图 4-15～图 4-25 所示。

图 4-15　带球走　　　图 4-16　非法运球或两次运球　　　图 4-17　携带球

图 4-18  3 秒违例　　　　　图 4-19  5 秒违例　　　　　图 4-20  8 秒违例

图 4-21  24 秒违例　　　　图 4-22  球回后场　　　　图 4-23  球出界后/或比赛方向

图 4-24  故意脚球　　　　图 4-25  跳球

## 五、号码类手势

如图 4-26～图 4-37 所示。

图 4-26  4 号　　　　　　图 4-27  5 号　　　　　　图 4-28  6 号

图 4-29  7 号　　　　　　图 4-30  8 号　　　　　　图 4-31  9 号

图 4-32  10 号　　　　　　图 4-33  11 号　　　　　图 4-34  12 号

图 4-35　13 号　　　　图 4-36　14 号　　　　图 4-37　15 号

## 六、犯规类型手势

如图 4-38～图 4-48 所示。

图 4-38　非法用手　　图 4-39　阻挡（进攻或防守）　　图 4-40　过分挥肘

图 4-41　拉人　　图 4-42　控制球队的犯规　　图 4-43　带球撞人

图 4-44　技术犯规　　　　图 4-45　双方犯规

图 4-46　推人或不带球撞人　　图 4-47　违反体育道德的犯规　　图 4-48　取消比赛资格的犯规

## 七、罚则（判罚的次数或进攻的方向）

如图 4-49～图 4-53 所示。

图 4-49　1 次罚球　　　　图 4-50　2 次罚球　　　　图 4-51　3 次罚球

图 4-52　在不带来罚球的犯规后或进攻的方向　　图 4-53　控制球队犯规后或进攻的方向

## 八、罚球管理手势（两个步骤）

第一步，在限制区内，如图 4-54～图 4-56 所示。

图 4-54　1 次罚球　　　　图 4-55　2 次罚球　　　　图 4-56　3 次罚球

第二步，在限制区外，如图 4-57～图 4-59 所示。

图 4-57　1 次罚球　　　　图 4-58　2 次罚球　　　　图 4-59　3 次罚球

### 思考题

1. 如何判断是否脚踢球违规？
2. 采用练习，掌握 59 例裁判员单个手势。

# 排球篇

# 第一章

# 排球运动概述

> **学习提示**
> - 了解排球运动的起源
> - 熟悉排球运动在中国的发展

## 第一节  排球运动的起源和演变

### 一、排球运动的起源

排球运动 1895 年起源于美国，由美国马萨诸塞州霍利沃克城的基督教青年会干事威廉·摩根（W. G. Morgan）首创（图 1-1）。

摩根在经过一段时间的摸索之后，创造了一种较为和缓、活动量适当的运动方式来满足他们需要的新游戏。即在网球场上把球网架在 5 英尺 6 英寸的高度上（约合 1.98 米），然后让人们用篮球内胆隔着网来回拍打，使其在空中飞来飞去，这就是排球运动最早的雏形。

事后摩根把这种游戏式的活动取名为"mitontte"即"小网子"的意思。1896 年，在美国马萨诸塞州斯普林菲尔德基督教青年会体育指导大会上进行了排球首次表演赛。当时观看比赛的春田市的哈尔斯戴特博士发现这种打法和网球有些相似，因而建议把这一运动

图 1-1

命名为"volleyball",即"空中截球"之意。这个名称得到了摩根及表演者的一致同意。于是 volleyball 就一直被沿用至今。

1897 年 7 月在美国体育杂志上公开介绍了排球比赛的打法及简单规则,从此排球运动在全美逐渐开展起来。最初的排球比赛场上没有人数的规定,可在赛前双方临时商定,只要双方人数对等即可。排球比赛由于受到各界人士的欢迎,很快得到了美国各教会、学校和社会的广泛重视,并被列为美国的军事体育项目。

## 二、 排球运动的繁衍

排球运动由于运动量适中,娱乐性强,易于接受,深受各阶层人们的喜爱。在其发展过程中又不断分化和繁衍,且主要以竞技排球和娱乐排球两条主线的形式展开(图 1-2)。

下面主要介绍沙滩排球、软式排球、9 人制排球、残疾人排球、气排球和墙排球的情况。

### 1. 沙滩排球

沙滩排球诞生于 20 世纪 20 年代美国西部的加利福尼亚海岸,它最初是作为闲暇游戏形式出现的。人们在节假日纷纷涌向大海边度假,兴起了在沙滩上玩排球的娱乐活动。竖起竹竿,挂上球网,形成了原始的沙滩排球比赛。由于从事这项活动的人越来越多,水平也越来越高,且受到商界的重视,逐渐地沙滩排球由娱乐活

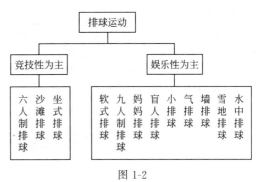

图 1-2

动演变成了一项新兴的竞技运动。1940 年在美国加利福尼亚海滨举行了第一次正式的沙滩排球比赛。1987 年 2 月在巴西里约热内卢举行了第一届世界男子沙滩排球锦标赛。1996 年沙滩排球作为排球运动的一个正式比赛项目列入了亚特兰大奥运会。较大型的比赛还有世界锦标赛、挑战赛和大满贯赛。

### 2. 软式排球

软式排球于 20 世纪 80 年代起源于日本,同一时期欧洲也有类似的软式排球运动,随后逐渐在世界范围流行,但目前尚没有统一的国际比赛规则。软式排球以其质地软、气压小、球速慢、难度低、伤害小、趣味性高、娱乐性强、老少皆宜、健身价值高等特点,深受广大少年儿童和中老年人的喜爱和欢迎。软式排球有充气式和免充气式两种,它集娱乐性与竞技性于一体,是一项极有发展前景的群众体育项目。

### 3. 9 人制排球

排球运动 1900 年传入亚洲为 16 人制(每排四人,分四排站位)。受远东运动会的影响,后来亚洲排球运动自成体系,演变为具有 12 人制(每排四人,分三排站位)和 9 人制(每排三人,分三排站位),没有位置轮转,规则比较宽松,技术要求不高,较易开展的特点。在我国开展的情况是:1905~1919 年,16 人制;1919~1927 年,12 人制;1927~1951 年,9 人制。

### 4. 残疾人排球

为了丰富残疾人体育活动的内容,残疾人排球顺应而生。根据残疾人的生理特点,残疾人排球分为坐式排球、立式排球、盲人排球三种形式。坐式排球最早于 1956 年在荷兰出现,1980 年,男子坐式排球第一次作为正式比赛项目进入残奥会,2004 年又将女子坐式排球列为正式比赛项目。坐式排球是专为双下肢残疾的人设计的一种坐地面打的排球活动。比赛场地 10 米×6 米,进攻线距中线 2 米,男子网高 1.15 米,女子网高 1.05 米,网宽 0.8 米。比赛采用 6 人排球规则,只是增加了比赛中击球时击球队员臀部不得离地这一规定。站式排球

是为单下肢残疾的人设计的一种戴假肢站立而打的排球活动。比赛规则和场地要求完全同6人排球，只是要求参赛者必须有一假下肢。盲人排球是为盲人专门设计的排球活动。排球中装有响铃，球飞行时或落地时会发出清脆的响铃声以便于盲人运动员击打。

**5. 气排球**

气排球是我国土生土长的一项群众性排球活动。1984年，呼和浩特铁路局济宁分局为了开展老年人体育活动，在没有规则限制的情况下，组织离退休职工用气球在排球场上打着玩儿。由于气球过轻且易爆，他们将两个气球套在一起打，最后又改用儿童软塑球，并将这种活动形式取名为"气排球"。气排球的"球"的特点使排球运动的技巧性降低，比赛中球的飞行速度减慢，来回球的次数增加，击球花样增多，初学者对球的恐惧感消失，因而大大提高了气排球比赛的趣味性、吸引力和可观赏性。

**6. 墙排球**

墙排球是近年在美国比较流行的一种娱乐性健身排球。它是在长12.19米，宽6.10米，顶高6.10米的墙球场地上架起高2.13米的网，采用三打三、二打二或四打四的形式，打法和普通排球一样，但可以利用墙的反弹，只要球不落地就可继续打。这种健身排球对人的反应和技术技巧要求较高，玩起来精彩有趣。

## 第二节　排球运动发展概况

### 一、世界排球运动的发展

世界排球运动发展百余年来大体经历了3个阶段，即从娱乐排球向竞技排球过渡阶段；竞技排球迅速发展阶段；竞技排球的多元化和娱乐排球再兴起阶段。

### 二、排球运动在我国的发展

**1. 推广、普及、发展**

新中国成立后，由于国家的重视，排球运动很快被作为重点体育项目在全国推广。1952年国家男、女排到全国14个城市进行6人制排球比赛的示范表演。为6人制排球运动在我国的普及起了积极的推动作用。1953年中国青年女子排球队首次随中国代表团参加在布加勒斯特举行的第1届国际青年友谊运动会排球赛。1954年我国加入国际排球联合会（简称国际排联）成为正式会员国。1956年建立了全国联赛的竞赛制度，1956年中国男、女排球队第一次参加世界锦标赛就取得了女子第6名，男子第9名的好成绩。

**2. 冲出亚洲，走向世界**

在1972年周恩来总理发出"要把体育运动重新搞上去"的号召下，1976年组建了新的国家男、女排球队。1977年参加世界杯排球赛（男子第3届、女子第2届），我国男排获得第5名，女排获得第4名。1978年又在世界排球锦标赛中获得男子第7名，女子第6名的好成绩。1979年我国男、女排分别在亚洲锦标赛中战胜日本队和韩国队，双双获得冠军，并取得参加奥运会的资格，从此中国男、女排开始冲出亚洲，走向世界。我国女排在20世纪80年代创造了世界女排大赛中五连冠（图1-3）的新纪录。这一时期我国的排球运动，可谓以"全攻全守、能高能快"的战术特点，显示了世界排坛的新潮流。

**3. 走出低谷，重振雄风**

20世纪80年代，当世界男子排球运动迅猛发展的时候，我国男排由于种种原因造成了运动水平的下降，女排在20世纪90年代初，运动成绩也急转直下，跌入低谷。此时中国女排的运动成绩又倒退到了"冲出亚洲"的起点。

**4. 重夺冠军，再铸辉煌**

2001年，福建籍国家级教练陈忠和任新一届中国女排的主教练。在经历了2002年世界锦标赛的第4名的成绩后，从压力中走出来的陈忠和带领中国女排在2003年世界杯女排比赛上，以11战全胜的佳绩夺取了17年来第一个世界大赛的冠军。接着在2004年雅典奥运会上，中国女排力克各路劲旅，勇夺阔别20年的奥运冠军（图1-4）。

图1-3

图1-4

面对与世界领先水平之间的差距，中国男排经历了一个较长的艰难的摸索时期，2001年，江苏籍国家级教练邸安和接手了中国男排，他大胆地起用了一批年仅20岁的年轻人，在2003年世界杯上获得第10名。

## 三、国际和国内排球比赛

### （一）世界排球大赛简介

**1. 世界锦标赛**

该项比赛是世界上最早的，且规模最大的一项比赛。1949年第1届世界男子排球锦标赛在布拉格举行。1952年世界女排球锦标赛在莫斯科举行。以后每隔4年举行一次，与奥运会排球赛穿插进行。截止到2012年男排举行了17届，女排举行了16届。

**2. 世界杯赛**

世界杯赛原为欧、亚、美三大洲的排球赛，1984年国际排联将此项比赛扩大成世界性比赛，并称其为世界杯赛。1965年在华沙举行了第1届男排世界杯比赛，1978年在蒙得维的亚举行了第1届女排世界杯赛。以后每隔4年举行一次，经国际排联批准，从1977年开始，举办的地点固定在日本。世界杯赛的参赛队最多不超过12个，一般有东道国代表队、上届冠军队和各洲锦标赛的前两名。

**3. 奥运会排球赛、奥运会沙滩排球赛、残奥会坐式排球赛**

1964年在日本东京举行的第18届奥运会上，排球比赛被正式列为奥运会比赛项目。奥运会排球赛的参赛队一般男子为12～16个队，女子为8～12个队，其参赛资格，一般直接参赛的是东道国队、上一届的冠军队、上一届世界杯冠军队和五大洲锦标赛的冠军队。沙滩排球于1996年亚特兰大第26届奥运会上被列为正式比赛项目，男、女各24个队参加比赛，每队两名运动员，每个协会最多两个队（男、女各1个队）。1980年在莫斯科举行的第6届残奥会，男子坐式排球第一次作为正式比赛项目；2004年在雅典举行的第12届残奥会，首次将女子坐式排球列为正式比赛项目，中国队夺得冠军。

**4. 世界青年锦标赛**

第1届世界青年锦标赛于1977年在巴西的里约热内卢举行。最初是每4年一次，以后改为每两年举行一次。世界青年锦标赛规定,参赛队运动员年龄不能超过20岁。参赛队一般是由东道国代表队、上届冠军队和各洲青年锦标赛的前2～3名构成。

**5. 世界少年锦标赛**

世界少年锦标赛始于1989年,第1届少年男排锦标赛在阿联酋、女排在巴西举行,以后每两年举行一次,该项比赛规定,参赛队员年龄不得超过18岁。

### (二)国内大型排球比赛

① 全国运动会排球赛。全运会是检阅各省、市体育运动水平的综合运动会,每四年举行一次。

② 全国城市运动会排球赛。城运会是检阅各省、市体育运动后备人才的盛会。每四年举行一次。

③ 全国排球联赛。1996年后采用主客场赛制。

④ 全国排球优胜赛。

**思考题**

怎样通过排球课的学习来提高自己的综合素质?

# 第二章

# 排球技术

> **学习提示**
> 
> - 掌握排球各项基本技术的动作概念和基本理论
> - 熟练掌握排球各项基本技术的动作方法
> - 熟练掌握排球各项基本技术的练习方法

## 第一节　准备姿势与移动

### 一、准备姿势的动作分析

运动员在起动、移动和击球前所采用的合理的身体姿势，称为准备姿势。依据比赛中完成各项技术动作的需要，按照身体重心的高低，准备姿势可分为一般准备姿势，后排防守准备姿势和前排保护准备姿势三种。

**1. 一般准备姿势**

两脚左右开立与肩同宽，一脚在前，两膝微屈，身体重心位于两脚之间，并稍靠近前脚，后脚跟稍提起，上体稍前倾，两臂放松，自然弯曲置于腹前。两眼注视球并兼顾场上各种情况，两脚保持微动状态（图2-1）。

**2. 后排防守准备姿势**

两脚开立略比肩宽，两膝弯曲，脚跟自然提起，上体前倾，重心靠前，膝部的垂直线应在脚尖前面，两臂放松，自然弯曲置于腹前，两眼平视，注意来球，两脚始终保持微动（图2-2）。

图2-1

图2-2

**3. 前排保护准备姿势**

身体重心比前排保护准备姿势更低更靠前，两脚左右、前后的距离更宽一些，膝部弯曲的程度大于前排保护准备姿势，身体重心要更靠前，肩部垂直线过膝，膝部垂直线超过脚尖，两手臂置于胸腹之间（图2-3）。

图2-3

### 二、移动的动作分析

运动员从起动到制动之间的位移和动作称为移动。移动的完整过程包括起动、移动、制动三个环节。移动的目的是为了及时接近球,保持好人与球的位置关系以便击球,同时也是为了迅速占据场上有利位置。

## (一) 起动

起动是指从静止到移动发力动作的过程。它是移动的开始,是在准备姿势的基础上变换身体重心的位置,破坏准备姿势的平衡,使身体向目标方向移动。以向前起动为例,在正确准备姿势的基础上,迅速抬起前腿,收腹使上体向前探出,同时后腿迅速用力蹬地,使整个身体急速向前起动。起动的快慢是移动的关键,起动的速度取决于反应能力和腰腿部的速度力量。

## (二) 移动步法

起动后,应根据临场技术战术的需要,灵活地采用多种移动步法进行移动。移动的主要步法和动作方法如下。

### 1. 并步

两脚前后站立与肩同宽,两膝微屈,上体稍前倾,两手自然放松置于腰腹。并步时,前脚向来球方向跨出一步,后脚迅速蹬地跟上,并做好击球前的姿势。并步的特点是容易保持身体平衡,便于做击球动作。并步可向前、后、左、右各方向移动。

### 2. 滑步

连续并步就是滑步。

### 3. 交叉步

两脚左右开立。向右侧交叉步移动时上体稍向右转,左脚从右脚前向右交叉迈出一步,然后右脚再向右侧方向跨出一大步,同时重心移至右脚,身体转向来球方向,保持击球前的姿势(图 2-4)。交叉步的特点是步子大,动作快,便于制动。

图 2-4

图 2-5

### 4. 跨步

跨步前膝部弯曲,上体前倾,身体重心移至跨出脚上。跨步时,一腿用力蹬地,另一腿向来球方向跨出一大步,后腿随重心前移自然跟上,两臂做好迎球动作(图 2-5)。跨步的特点是,跨距大,便于向前、斜前方降低重心进行低点击球。

### 5. 跑步

跑步时一脚蹬地起动,另一脚迅速向前迈出,两脚交替进行,两臂配合摆动,不要过早做击球动作的准备,以免影响跑步速度。球在侧方或后方时,应边转身观察球边跑,跑步的特点是,移动速度快,便于随时改变方向。

## (三) 制动

由快速移动转为突停状态的过程称为制动。制动是移动的结束,也是击球动作的开始。制动的方法有一步制动法和两步制动法。

**1. 一步制动法**

一步制动时，在移动的最后跨出一大步，降低身体重心，膝部和脚尖适当内转，全脚掌横向蹬地，以抵住身体重心继续的惯性力。同时以腰腹力量控制上体，使身体重心的垂直线停落在脚的支撑面以内。

**2. 两步制动法**

两步制动时，以倒数第二步开始做第一次制动，紧接着跨出最后一步做第二次制动，同时身体后倾，两膝弯曲，重心下降，双脚用力蹬地，使身体处于有利于做下一个动作的状态。

## 三、准备姿势与移动的运用

### （一）准备姿势的运用

**1. 一般准备姿势的运用**

一般当对方正在组织进攻，或球虽在本方但离自己较远不需要及时移动击球时，以及在进行二传、扣球和接速度较慢弧度较高的发球、处理球时，可运用一般准备姿势。

**2. 后排防守准备姿势的运用**

后排防守准备姿势是排球比赛中最基本的准备姿势，在接发球时运用最多，在传球、拦网时也常运用。同时为短距离移动和防较低的来球时做准备。

**3. 前排保护准备姿势的运用**

前排保护准备姿势主要运用于后排防守（接扣球）与前场保护（接拦回球）以及接低远的球和衔接各种倒地动作的接球，以扩大防守范围。

### （二）移动步法的运用

**1. 并步的运用**

主要用于近距离的移动，如传球、垫球、拦网等技术。同时，经常与跨步或其他倒地击球技术结合使用。

**2. 滑步的运用**

主要用于短距离移动中，即来球距体侧稍远，并步不能接近球时运用滑步移动接球。

**3. 交叉步的运用**

主要用于体侧2～3米的来球，或在二传手和拦网者在网前移动及防守两侧来球时运用。

**4. 跨步的运用**

跨步移动可以单独使用，也可与滑步、交叉步、跑步的最后一步结合运用。当来球低、速度快、距离身体1米左右时运用较多。

**5. 跑步的运用**

跑步移动经常与交叉步、跨步等结合起来运用。如向侧跑步时，常采用交叉步转身的方法来起动，在接近球时，又常用跨步、倒地和各种跳跃动作来制动使之完成击球动作。

## 四、准备姿势和移动的训练方法、常犯错误及纠正方法

### （一）练习方法

**1. 准备姿势的徒手练习方法**

① 全班学生分成两排面对面站立，一排做动作，另一排纠正对方错误动作，两排学生互教互学。

② 全班学生看教师信号做动作。教师手臂向前平举，学生做半蹲准备姿势；教师手臂上举时，学生做稍蹲准备姿势；教师手臂向侧下方举时，学生做低蹲准备姿势。如此反复，教师随时纠正动作，也可以让一排学生做，另一排学生纠正其动作。

**2. 移动的徒手练习方法**

① 全班学生由半蹲准备姿势开始，根据教师手势做各种步法的左右快速移动。要求防止身体重心起伏跳动，移动后保持好准备姿势。

② 两人一组相对站立，一人随意做各种移动步法，另一人跟随着做同方向的移动。

**3. 结合球的练习方法**

① 两人一组，相距2~3米，做好准备姿势，一人向前、后、左、右抛球，另一人移动后把球接住再抛回，连续进行一定次数后两人交换。

② 两人一组，相距4~5米，一人向前、后、左、右抛球，另一人移动对准球后用头将球顶回。规定完成若干次后互换。

③ 两人一组，相距6~7米，各持一球，两人同时把球滚向对方体侧3米左右处，移动接住后再滚给对方，如此往复进行。

## （二）常犯错误与纠正方法

如表2-1所列。

表 2-1

| 技　术 | 常犯错误 | 纠正方法 |
| --- | --- | --- |
| 准备姿势 | 臀部后坐,全脚掌着地 | 1. 讲清要领,反复示范<br>2. 强调含胸、收腹、前倾;两膝投影线超过脚尖 |
| | 两膝僵直,重心太高 | 1. 练习中两脚保持微动<br>2. 多做低重心屈膝姿势的移动练习 |
| 移动 | 缺乏判断,移动慢 | 1. 结合视觉信号多做起动练习<br>2. 多做短距离的各种抛接球练习 |
| | 身体重心起伏过大 | 1. 强调移动后要保持好准备姿势<br>2. 多做网下的往返移动练习 |

# 第二节　传球

## 一、传球概述

利用全身协调力量并通过手指手腕的弹力，将球传至一定目标的击球动作称为传球。传球是排球运动中的一项重要的基本技术，是组织进攻战术的基础。

传球是用双手的配合动作来完成击球的，触球的面积大，加上手指手腕灵活、感觉灵敏，因而容易掌握传出球的方向、速度、弧度和落点，准确性高，变化多。由于传球的上述特点，因此在排球比赛中，传球主要用于二传。另外，传球也常常被用来接对方的推攻球、被拦回的高球和接轻发球及轻扣球，还可用于二传吊球和处理球。

## 二、传球的分类

如图2-6所示。

## 三、传球动作分析

以下重点分析正面传球和背向传球技术。

### （一）正面传球

面对目标的传球称正面传球。它是传球中最基本的方法，是掌握和运用其他各种传球技

- 传球按传球方向分为
  - 正面传球
  - 背向传球
  - 侧向传球
- 传球按用途分为
  - 二传
    - 顺网正面二传
    - 调整二传
    - 背面二传
    - 侧面二传
    - 跳起二传
    - 倒地二传
    - 传快球
  - 其他运用
    - 一传
    - 二传吊球
    - 第三次传球过网
  - 二传假动作

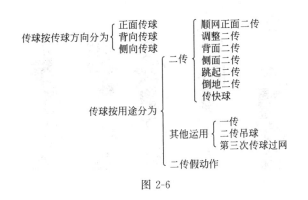

图 2-6

术的基础。

**1. 动作方法**（图 2-7）

（1）准备姿势　采用稍蹲姿势，上体稍挺起，仰头看球，两手自然抬起，屈肘，放松置于脸前。

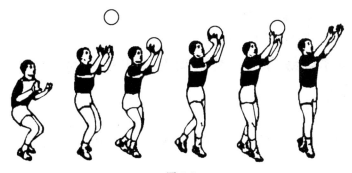

图 2-7

（2）迎球动作　当来球接近额前时，开始蹬地、伸膝、伸臂，手指微张从脸前向前上方迎出。全身各部位动作应协调一致。

（3）击球点　在脸额前上方约一球距离处。

图 2-8

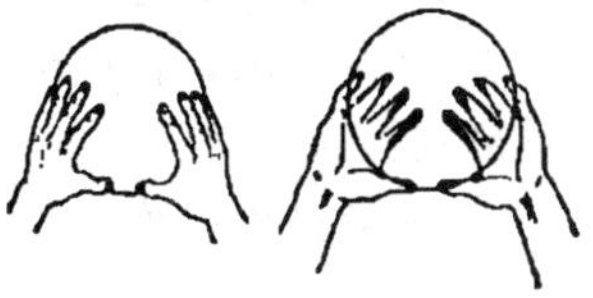

（4）手型　手触球时，十指应自然张开使两手呈半球状，手腕稍后仰，以拇指内侧、食指全部、中指的二、三指节触球的后下部，无名指和小指在球两侧辅助控制球的方向。两拇指相对呈近“一”字形（图 2-8）。

（5）用力方法　在迎球动作的基础上，当手和球即将接触前，手腕和手指要有前屈迎球的动作，当手和球接触时，各大关节应继续伸展，最后用手指手腕的弹力将球击出。

**2. 技术要领**

蹬地伸臂对正球，额前上方迎击球；

触球手型呈半球，指腕缓冲控制球。

## （二）背传

背对传球目标的传球称背传。背传是传球技术中的一种基本方法，在比赛中运用较多。

**1. 动作方法**

如图 2-9 所示。

（1）准备姿势　上体比正面传球时稍后仰双手自然抬起置于脸前。

（2）迎球动作　抬上臂、挺胸、上体后屈。

（3）击球点　在头上方，比正面传球略偏后。

图 2-9

(4) 手型　与正面传球相同，但触球时手腕要稍后仰，掌心向上，拇指托在球下，击球的下部。

(5) 用力方法　利用蹬腿、展体、抬臂、伸肘和手指手腕的弹力，把球向后上方传出。

## 2. 技术要领

上体稍直臂上抬，掌心向上腕后仰；

背部对正目标处，协调传球后上方。

## 四、传球技术训练方法、常犯错误及纠正方法

### (一) 练习方法

**1. 徒手模仿练习**

① 原地传球模仿练习。重点让学生体会触球手型、击球点位置和身体协调配合动作及传球用力的全过程。

② 两人一组，一人做好传球的手型持球于脸前上方，另一人用手扶住球，持球者以传球动作向前上方伸展，体会身体和手臂的协调用力。要求另一人纠正持球者的手型及身体动作。

**2. 原地传球练习**

① 每人一球，自己向额前上方抛球。做好传球手型，在击球点位置将下落的球接住，然后自我检查手型。

② 对墙自传球练习。要求距离墙 50 厘米左右连续对墙自传球，体会正确的手型和手指手腕用力的肌肉感觉。

**3. 移动传球练习**

① 每人一球行进间自传球练习。要求传球手型正确，移动迅速，保持正面传球。

② 每人一球向左、右、前、后移动传球练习。要求自传一次高球，再传一次低球，提高控制球的能力。

**4. 背传球练习**

① 每人一球，自抛背传球练习。要求将球抛到头上，两手腕后仰，掌心向上，依靠蹬地、展体、抬臂、伸肘动作把球传向后上方。

② 3 人网前换位背传练习（图 2-10）。3 号位背传后到 2 号位，2 号位接背传球，传给 6 号位后，立即移动到 3 号位去背传。

**5. 调整传球练习**

① 两人一组相距 6 米在网前，用调整传球动作传

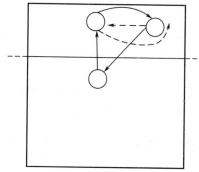

图 2-10

高弧度球练习。要求利用蹬腿、伸臂动作传球。

② 移动调整传球练习。4号位队员传一般球至5号位，5号位队员传球到6号位，1号位队员移动至6号位将球调整到4号位。要求依次循环练习。

### （二）常犯错误及纠正方法

如表2-2所列。

表2-2

| 技　术 | 常犯错误 | 纠正方法 |
|---|---|---|
| 正面传球 | 击球点过高、过低 | 1. 做各种步法移动后接传球，保持在脸前接住球，提高判断、选位能力<br>2. 传固定球，体会正确的击球点<br>3. 自传或对墙传球练习 |
| | 手型不正确，大拇指朝前，手型不是半球状，手指触球部位不准确 | 1. 进一步示范、讲解<br>2. 用传球动作接球，体会手型<br>3. 近距离对墙轻传，体会手指触球 |
| | 手指手腕弹击力差，有拍打动作 | 1. 做手指手腕的力量练习<br>2. 用足球、篮球做传球练习，增加指腕力量<br>3. 多做平传球练习、远传练习 |
| 移动传球 | 取位不及时，对不准来球，人与球关系不合适 | 1. 结合移动步法接球<br>2. 学会上体移动重心，上体能前后左右倾斜地传球<br>3. 多做平传练习，保持正面击球 |
| | 击球点不正确，过前或过后 | 1. 强调击球点宁前勿后，保持正面传球的击球点<br>2. 做自抛向后传球<br>3. 做弧度高低结合的自传球练习 |
| | 用力不协调，不会后仰、展胸、翻腕、大拇指上挑 | 1. 移动对准球，保持在头上的击球点<br>2. 背传时强调蹬腿、展胸、抬臂、翻腕上挑动作<br>3. 在击球点较低的情况下做练习背传 |

# 第三节　垫球

## 一、垫球概述

用除手指弹击动作外的身体任何部位击球的动作称为垫球。垫球是排球的基本技术之一，最常用的是前臂垫球。垫球动作简单易学，由于可用身体任何部位来击球，因此，控制范围大，对各种困难的来球运用起来更为方便。

垫球在比赛中主要用于接发球、接扣球、接拦回球以及防守和处理各种困难球。此外，在比赛中有时还可用垫球来组织进攻，起着弥补传球的不足，辅佐进攻的作用。

## 二、垫球的种类

如图2-11所示。

## 三、垫球动作分析

以下重点分析正面双手垫球、体侧双手垫球、背向双手垫球三种常用垫球技术。

### （一）正面双手垫球

正面双手垫球是指运动员用双手在腹前将球垫起的动作方法。它是最基本的垫球方法，是各项垫球技术的基础，适合于接各种发球、扣球和拦回球，有时也用于垫二传。

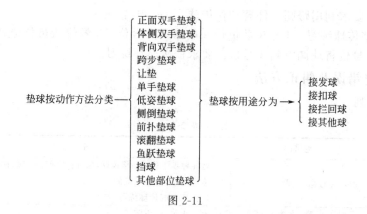

图 2-11

正面双手垫球在垫轻球、垫中等力量球和垫重球时，其动作方法是有区别的。

**1. 动作方法**

（1）垫轻球（图 2-12）

图 2-12

① 准备姿势：面对来球，成半蹲或稍蹲姿势站立。

② 垫球手型：两手掌根相靠，两手手指重叠，手掌互握，两拇指平行向前，手腕下压，两前臂外翻成一个平面。

③ 垫球动作：当球飞到腹前约一臂距离时，两臂夹紧前伸，插入球下，同时配合蹬地、跟腰、提肩、顶肘、压腕、抬臂等全身协调动作迎向来球，身体重心随着击球动作向前上方移动。

④ 击球点：保持在腹前高度。

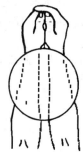

图 2-13

⑤ 球触手臂部位和击球部位：用前臂的手腕关节以上 10 厘米左右的两小臂桡骨内侧所构成的平面击球的后下部（图 2-13）。

⑥ 击球后动作：在击球瞬间，两臂要保持稳定，身体重心继续协调地向抬臂方向伴送球。垫击动作结束后，立即松开双臂做好下一动作的准备。

（2）垫中等力量球 准备姿势、击球点和手型与垫轻球相同。由于来球有一定力量，手臂迎击球动作的速度要慢，手臂要适当放松，主要靠来球本身的反弹力将球垫起。击球时，要运用蹬地、跟腰、提肩压腕、向前抬臂的动作击球的后下部。

（3）垫重球 采用半蹲或低蹲的准备姿势，两臂放松置于腹前。击球用力时，由于来球速度快，力量大，触球后球体自身的反弹力也大，因此不但不能主动用力迎击来球，还应采用含胸收腹的动作，帮助手臂随球后撤并适当放松肌肉，以缓冲来球力量。同时，用手臂和手腕动作来控制垫球的方向和角度。击球的手型和部位，应根据来球的情况而作变动。当击球点稍高并靠近身体时，仍可用前臂垫球；当击球点低而距身体较远时，就要用屈肘翘腕的动作把球垫在手腕部位的虎口处。

常用的双手垫球手型有三种。除前面已介绍的叠指式（图 2-14），还有抱拳式和互靠式。抱拳式：两手抱拳互握，两拇指平行向前，两掌根和小臂外旋紧靠，手腕下压，使前臂形成一个垫击平面（图 2-15）。互靠式：两手腕紧靠，两手自然放松，手腕下压，两臂外翻，前臂形成一个垫击平面（图 2-16）。

图 2-14　　　　　　图 2-15　　　　　　图 2-16

上述三种垫球手型中，普遍常用的是叠指式和抱拳式。它们适应范围广，便于初学者掌握，在接发球、接扣球以及接一般球时都可采用。

**2. 技术要领**

两臂前伸插球下，两臂夹紧腕下压；
蹬地跟腰前臂垫，击点尽量在腹前；
撤臂缓冲接重球，轻球主动抬送臂。

### （二）体侧双手垫球

在身体侧面用双手垫球称体侧双手垫球。当来球飞向体侧，队员来不及移动对正来球时，可采用体侧双手垫球。其特点是伸臂动作快，控制范围大，但不易控制垫球方向，准确性不及正面垫球。

**1. 动作方法**

如图 2-17 所示。

图 2-17

左侧垫球时，先以右脚前脚掌内侧蹬地，左脚向左跨出一步，重心移至左脚，保持两膝弯曲，同时，两臂向左侧伸出，左臂高于右臂，右肩微向下倾斜。击球时，用右转体和收腹的动作，配合提肩抬臂在身体左侧稍前的位置截住来球，用两前臂垫击球的后下部。来球在右侧时，以相反方向的动作击球。

**2. 技术要领**

向侧跨步侧前伸臂，向内转体提肩击球。

### （三）背向双手垫球

背对垫球目标，从身前向背后双手垫球称为背向双手垫球。在接应同伴起球后，球飞得较远而又无法进行正面垫球时，以及须将球处理过网时运用较多。其特点是垫击点较高，准确性稍差。

**1. 动作方法**

如图 2-18 所示。

背垫球时,要判断好来球的方向,快速移动到球的落点处,背对垫出球的方向,两臂夹紧伸直。击球时,用蹬地、抬头挺胸、展腹和上体后仰的动作带动两臂向后上方摆动抬送,以前臂触球的前下方,将球向后上方击出。背垫的击球点一般应在肩前上方。

图 2-18

**2. 技术要领**

蹬挺抬仰两臂摆,背对目标肩上击。

## 四、垫球技术训练方法、常犯错误及纠正方法

### (一)练习方法

**1. 徒手模仿练习**

① 结合半蹲准备姿势的原地集体徒手模仿垫球练习。要求先慢后快,重心低,动作协调,教师及时检查与纠正错误动作。

② 原地与移动的徒手垫球动作练习。听教师口令做原地垫球徒手动作;看教师手势做前、后、左、右的并步、交叉步、跨步的移动垫球动作练习。要求动作正确、协调、连贯。

**2. 结合球的练习**

① 击固定球练习。两人一组,一人双手持球于腹前,另一人做垫击动作。重点体会正确的击球点、手型及手臂用力时的肌肉感觉。

② 垫抛球练习。两人或 3 人一组,相距 4 米,一抛一垫或一抛二垫。要求先教会学生用双手下手抛球,抛出的球弧度适宜,不太旋转,落点准确。垫球者先将球垫高垫稳,然后要求垫准到位。

**3. 结合移动的垫球练习**

① 移动自垫球练习。每人一球,向左、向右、向前、向后移动垫球。要求学生在移动垫球时低重心移动正面垫球。

② 两人或 3 人一组,一人抛球,另一人或两人轮流向左、右、前、后移动垫球。要求移动速度不宜太快,垫出的球要稍高,并控制好落点。垫球者尽量做到正对垫球方向垫球。

**4. 结合接发球的垫球练习**

① 两人一组相距 7～8 米,先一掷一垫练习,再过渡到一人下手发球或上手发球,一人接发球。要求接至假设的二传位置上。

② 两人一组,相距 9 米,一发一垫,或 3 人一组,一发二人轮流接发球。要求开始发球要稳,然后逐步拉长发球的距离,增加发球的难度。

**5. 结合接扣球、吊球的垫球练习**

① 两人一组,一扣一防练习。要求接扣球者做好防守准备姿势,开始练习时扣球要稳,随着防守者逐步适应,可逐步增大扣球的难度。

② 3 人一组,一扣一防一传练习。要求扣球队员扣、吊结合,防守队员相互配合,互相呼应,互相保护。

### (二)常犯错误与纠正方法

如表 2-3 所列。

表 2-3

| 技 术 | 常犯错误 | 纠正方法 |
|---|---|---|
| 正面垫球 | 1. 屈肘、两臂不平,击球部位不对<br>2. 移动慢、对不正球<br>3. 没有蹬伸、抬臂动作,垫球时挺腹<br>4. 两臂用力不当,摆动幅度过大,动作不协调,用力过猛 | 1. 模仿练习,垫固定球,自垫发力练习<br>2. 移动抢救球,两臂夹球移动垫<br>3. 多做徒手动作,在其练习时教师用手控制其腰腹<br>4. 垫固定球,体会用力和协调发力,或近距离垫抛来的低球和连续自垫低球 |
| 前扑垫球 | 1. 身体弯曲,击球无力。怕摔心理和击球时不会短促用力<br>2. 跃不出去,原地前倒 | 1. 在垫子上做垫击吊球,体会前扑时身体伸直和短促用力的击球动作<br>2. 鼓励,加强保护帮助,多做徒手前扑 |
| 单手垫球 | 1. 垫球手法不正确<br>2. 伸臂过早,击球用不上力 | 1. 对墙垫或自抛自垫以击向某个目标<br>2. 击教师抛的轻球,把球打高,加大摆幅,体会及时用力协作 |

# 第四节　发球

## 一、发球概述

队员在发球区用一只手将自己抛起的球直接击入对方场区的技术动作称为发球。发球是排球比赛的一项重要的进攻性技术,它随着排球运动的发展而不断地创新与提高。

发球是比赛的开始,也是进攻的开始。准确而有攻击性的发球,不仅可以直接得分或破坏对方进攻战术的组成,还可减轻本方防守压力,为防反创造有利条件。有威力的发球,还可鼓舞全队士气,不断扩大战果,从而打乱对方阵脚,在心理上给对方造成威胁,起到破坏对方部署和挫伤对方士气的作用。反之,如果发球攻击性不强或失误较多,不但不能直接得分或破攻,还会失分和失去发球权,也容易使对方轻松地组成进攻战术,大大增加本方防守的难度。因此,发球要强调攻击性和准确性,但首先要保证稳定性。

## 二、发球的种类

发球技术根据动作结构大体可分为六种（图 2-19）。以下重点了解前五种发球技术。其中正面上手发球是最基本的和运用最多的发球方法,正面和侧面下手发球是初级技术,适合于初学者或力量小的少年儿童使用。应该把正面上手发球作为重要技术来教学,掌握了正面上手发球后再学习其他发球技术。

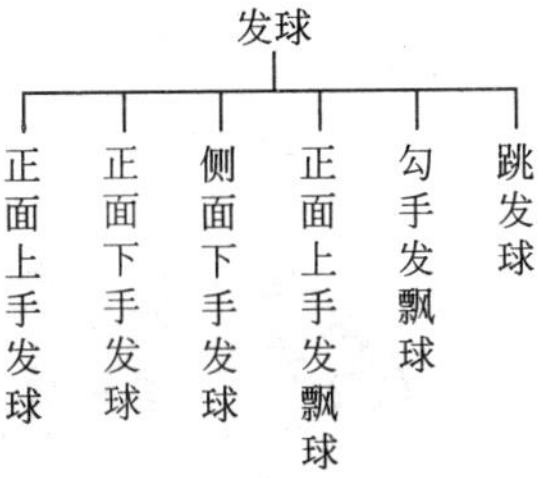

发球：正面上手发球、正面下手发球、侧面下手发球、正面上手发飘球、勾手发飘球、跳发球

图 2-19

## 三、发球动作分析（以下均以右手击球为例）

以下重点分析图 2-19 中前五种发球技术。

### （一）正面上手发球

正面上手发球是指发球队员面对球网站立,利用收腹转体动作带动手臂加速挥动,在头的右前上方用全手掌击球过网的发球方法。这种发球击球点高,可以充分利用胸腹和上肢的爆发力,加之运用手掌的推压动作使球呈上旋飞行,不易出界,因此它具有较大的攻击性和准确性。

**1. 动作方法**

如图 2-20 所示。

图 2-20

图 2-21

（1）准备姿势　面对球网，两脚自然开立，左脚在前，左手托球于体前。

（2）抛球与引臂　左手将球平稳地抛于右肩的前上方，高度适中，同时右臂抬起，屈肘后引，肘与肩平，上体稍向右侧转动，抬头、挺胸、展腹、手掌自然张开。

（3）挥臂击球　利用蹬地，使上体向左转动，同时收腹，带动手臂向前上方快速挥动。在右肩前上方伸直手臂的最高点处，用全掌击球的后中下部。击球时，手指和手掌要张开与球吻合，手腕要迅速做推压动作（图2-21），使击出的球呈上旋飞行。击球后，随着重心前移，迅速入场。

**2. 技术要领**

手托上抛高一米，同时抬臂右旋体；

转体收腹带挥臂，弧形鞭甩应加速；

全掌击球中下部，手腕推压要积极。

## （二）正面下手发球

正面下手发球是指发球队员面对球网，手臂由后下方向前摆动，在体前腹部高度击球过网的一种发球方法。其特点是动作简单，容易掌握，准确性大。但由于击球点低，球速慢，攻击性不强。这种发球方法，在比赛中已很少采用，适合初学者。初学者学习这种技术后，有利于进行接发球练习和在教学比赛中使用。

**1. 动作方法**

如图 2-22 所示。

图 2-22

（1）准备姿势　面对球网，两脚前后开立，左脚在前，两膝弯曲，上体前倾，左手持球置于腹前。

（2）抛球　左手将球轻轻抛起在体前右侧，球离手约一球左右高度，同时右臂伸直，以肩为轴向后摆。

（3）击球　右脚蹬地，身体重心随着右臂由后向前摆动而前移，在腹前以全手掌击球后下部。击球后,随击球动作重心前移,迅速进场比赛。

**2. 技术要领**

左手抛球低出手,右臂摆动肩为轴;

击球一刹不屈肘,掌根部位击准球。

### (三) 侧面下手发球

这种发球动作较简单,容易掌握,可借助转体力量来击球,便于用力,适合于女子初学者。发球失误少,但攻击性不强。

**1. 动作方法**

如图 2-23 所示。

图 2-23

(1) 准备姿势　左肩对网,两脚左右开立,约与肩同宽,两膝微屈,上体稍前倾,重心落在两脚之间,左手持球置于腹前。

(2) 抛球　左手将球平稳上抛于胸前,距身体约一臂远,球离手高度约一个半球。抛球同时,右臂摆至右侧后下方。

(3) 挥臂击球　利用右脚蹬地向左转体的力量,带动右臂向前上方摆动,在腹前用全掌、虎口或掌根击球后下方。击球后,身体转向球网,并顺势进场。

**2. 技术要领**

腹前低抛球,转体带摆臂;击球后下部,控制球路线。

### (四) 正面上手发飘球

正面上手发飘球是指采用近似正面上手发球的形式,击球力量通过球体重心,使发出的球不旋转而不规则地飘晃飞行的一种发球方法。这种球使接发球队员难以判断其飞行路线和落点。由于发球队员是面对球网站立,因此便于观察情况和瞄准目标,所以攻击性和准确性较高,目前在各类水平的比赛中均被男女队员广泛采用。

**1. 动作方法**

如图 2-24 所示。

图 2-24

（1）准备姿势　近似正面上手发球，但左手持球的位置较高，约在胸前。所站位置可选择性较大，可站在靠近端线处，也可站在离端线 8 米左右处发。

（2）抛球与引臂　左手将球平稳地抛在右肩前上方，高度应稍低于正面上手发球，并稍靠前些。在抛球的同时，右臂上举后引，肘部适当弯曲，并高于肩，两眼盯住球的击球部位。

（3）挥臂击球　与正面上手发球一样做鞭甩动作，但击球前手臂的挥动轨迹不呈弧形，而是自后向前作直线运动。击球时，五指并拢，手腕稍后仰，用掌根的坚实平面击球的中下部，使作用力通过球体重心。击球要快速用力，击球面积要小，触球瞬间，手指、手腕要紧张，不加推压动作。击球结束，手臂要有突停动作。

**2. 技术要领**

抛球稍低略靠前，挥臂轨迹呈直线；掌根击球穿重心，击后突停不屈腕。

**（五）勾手发飘球**

勾手发飘球是指发球队员侧对球网站立，利用转体动作带动手臂挥摆，使发出的球不旋转而飘晃不定地向前飞行的一种发球方法。这种发球，由于发球队员采用侧面站立，可充分利用腰部扭转带动手臂加速挥摆，便于发力，对肩关节负担较小，具有较强的攻击性，适合于各种距离的发球。

**1. 动作方法**

如图 2-25 所示。

图 2-25

（1）准备姿势　侧对网站立，两脚自然开立，左手持球于胸前。

（2）抛球与摆臂　左手采用托送动作，将球平稳地抛至左肩前上方，略高于击球高度。在抛球的同时，右臂放松向体侧后下方摆动，身体重心稍向右移。

（3）挥臂击球　击球时，右脚蹬地，上体向左转动发力，带动手臂挥动。挥动时，手臂要伸直，在左肩的前上方，用掌根、半握拳或拇指根部等部位击球的后中下部，并使身体重心移至左脚。在击球前，手臂挥动的轨迹，应有一段直线运动。手触球瞬间，五指并拢，手腕后仰，并保持紧张。击球后，手臂挥动有突停动作，使球与手很快分离。

**2. 技术要领**

抛球不宜高，抛击要协调；

击球莫屈腕，突停容易飘。

## 四、发球技术训练方法、常犯错误及纠正方法

**（一）练习方法**

**1. 徒手模仿练习**

① 全班学生徒手模仿发球挥臂动作和抛球动作，体会发球用力顺序和挥臂的轨迹，掌

握正确的挥臂方向和速度。

② 徒手做抛球挥臂击球动作练习。即做好准备姿势，左手前上置于击球点位置，右手做挥臂击球练习（击在左手掌上），体会击球手法和击球部位，练习抛球、挥臂、击球动作的协调性。

**2. 抛球的练习**

① 原地抛球手法练习。做抛球练习时，要求掌心向上平稳地托送球，练习正确的抛球手法，体会抛球的位置和高度。

② 固定目标的抛球练习。每人一球站在网或墙边，利用球网或墙壁的适当高度作为标记，练习抛球的准确性。

**3. 击固定球练习**

① 模仿发球挥臂动作击固定球练习。即一人双手持球置于腹前或头上，另一人做挥臂击球练习（不要将球击出），体会击球部位和手法。

② 击固定球或吊球练习。即一手将球按在墙上，一手挥臂练习击固定球或将球吊在空中，练习挥臂击球，主要体会挥臂动作，击球手法，击球点和击球部位。

**4. 抛击结合练习**

① 对墙或挡网做抛球与挥臂击球练习。体会抛球与手臂挥摆的配合以及击球手法的用力。

② 两人站立在两条边线上对发练习。体会挥臂路线与正确的击球部位，或两人隔网做对发球练习，先站在距球网 6 米左右，后逐渐拉长到 9 米或更长距离，体会控制球的力量与弧度。

**5. 巩固和提高发球技术的练习**

① 巩固发球练习。3 人一组，发球与接发球者相距 12 米左右，另一人站在接发球者右前方做二传，3 人规定次数与组数交换。

② 发球准确性练习。可将对方场区划分成左右或前后部分；或规定区域，进行点线（直线、斜线）结合的练习。

③ 发球攻击性练习。在准确性的基础上，降低发出球的弧度，加快发球速度，发力要重，飘度大，或向场地的"三角区"，1、5 号边角处做发球练习。

## （二）常犯错误与纠正方法

如表 2-4 所列。

表 2-4

| 技　术 | 常犯错误 | 纠正方法 |
| --- | --- | --- |
| 下手发球 | 1. 准备姿势太高<br>2. 抛球太高太近<br>3. 抛球与摆臂击球不协调<br>4. 挥臂方向不正、击球不准 | 1. 讲清概念，练习前做好准备姿势<br>2. 直臂抛球距身体一臂远，反复练习抛球动作<br>3. 反复结合抛球做摆臂练习<br>4. 击固定球或对墙做发球练习 |
| 上手发球 | 1. 抛球偏前、偏后<br>2. 挥臂未呈弧形<br>3. 手未包满球，无推压动作<br>4. 用不上全身协调力量 | 1. 讲清抛球方法，固定目标做抛球练习<br>2. 反复徒手做弧形挥臂或扣树叶练习<br>3. 对墙轻扣，体会手包球推压动作，使球前旋<br>4. 掷小网球或用杠铃片或对墙平扣 |
| 上手飘球 | 1. 抛球时高时低<br>2. 挥臂不呈直线<br>3. 击球不准，力量没通过球体重心<br>4. 抛球与挥臂动作脱节 | 1. 多做固定目标的抛球练习<br>2. 做直线挥臂，或做对墙击固定球练习<br>3. 做用掌根硬部击固定球或击固定目标练习<br>4. 随教师口令节奏进行抛球挥臂练习 |

## 第五节 扣球

### 一、扣球概述

队员跳起在空中,用一只手或手臂将本方场区上空高于球网上沿的球击入对方场区的一种击球方法叫扣球。

扣球是排球的基本技术之一,也是排球技术中攻击性最强的一项技术,在比赛中占有十分重要的地位。扣球是得分的主要手段;是一个队争取主动,摆脱被动,鼓舞士气,抑制对方的最积极有效的武器。因此,扣球的水平,最能体现一个队的进攻质量和效果,是取胜的关键。扣球的攻击性主要是由于它具有击球点高、速度快、力量大、变化多的特点,可以扣出各种不同性能、不同时间、不同角度、不同落点变化的球,使扣球更具进攻威力。

### 二、扣球的种类

扣球技术按动作可以分为:正面扣球、勾手扣球、单足起跳扣球。按区域可以分为:前排扣球、后排扣球。按用途和变化分为:快球类、自我掩护扣球类、其他变化类。

### 三、扣球技术的分析

以下重点分析正面扣球和单脚起跳扣球。

#### (一) 正面扣球

正面扣球是扣球技术中最基本的一种方法。由于面对球网,所以便于观察,准确性较高。加之正面扣球挥臂动作灵活,能根据对方防守情况,随时改变扣球的路线和力量,控制落点,因而进攻效果较好。初学者必须先掌握好正面扣一般球,再学习其他扣球技术。现以两步助跑,右手扣球为例来分析其动作方法和技术要领。

**1. 动作方法**

如图 2-26 所示。

图 2-26

(1)准备姿势　扣球助跑前采用稍蹲姿势,两臂自然下垂,站在离网 3 米左右处,身体转向来球方向,观察来球,做好向各个方向助跑起跳的准备。

(2)助跑　助跑开始时,左脚先向前迈出一步,紧接着右脚再快速跨出一大步,左脚及时并上，踏在右脚之前，两脚尖稍向右转。两臂绕体侧向上引摆。

（3）起跳　在助跑跨出最后一步（即第二步），左脚并上踏地制动的同时，两臂自后积极向前摆动，随着双腿蹬地向上起跳，两臂配合起跳有力地向上摆动。

（4）空中击球　起跳后，挺胸展腹，上体稍向右转，右臂向后上方抬起，身体呈反弓形。挥臂时，以迅速转体、收腹动作发力，依次带动肩、肘、腕各部位关节向前上方成鞭甩动作挥动（图2-27）。击球时，五指微张，以掌心为主，全掌包满球，在手臂伸直的最高点的前上方击球的后中部，同时主动用力屈腕屈指向前推压，使扣出的球呈上旋（图2-28）。

（5）落地　落地时，以两脚前脚掌先着地再迅速过渡到全脚掌着地，同时顺势屈膝、收腹，以缓冲下落的力量，立即做好下一个动作的准备。

图2-27　　　　　　　　　　　　　　　　图2-28

**2. 技术要领**

助跑节奏慢到快，一步定向二步跨；后步跨上猛蹬地，两臂配合向上摆；
腰腹发力应领先，协调挥臂如甩鞭；击球保持最高点，全掌包球击上旋。

### （二）单脚起跳扣球

单脚起跳扣球是指助跑的最后一步以单脚踏地，另一只脚直接向前上方摆动帮助起跳的一种扣球方法。这种扣球在现代排球中由于各种冲跳扣球的大量采用，使其更有了新的发展前景。单脚起跳由于第二只脚不再落回地面而直接上摆，且起跳腿下蹲较浅，因而它比双脚起跳动作快0.2秒左右。还由于它能充分利用助跑速度，加上右腿积极上摆的协调动作，比双脚起跳冲得更远，跳得更高。所以它既能高跳扣定点高球，又能追球起跳扣低弧度球，有利于控制时间和空间，兼有位置差和空间差的特点，这对突破和避开拦网有较大作用。单脚起跳扣球，可采用一步、两步或多步助跑。助跑的路线与球网的夹角宜小，以免造成前冲力过大而碰网或过中线犯规。助跑到最后，以左脚向扣球点位置跨出一大步，身体重心稍后倾，在右脚向上摆动时，左脚用力蹬地起跳，两臂积极配合上摆，起跳后的扣球动作与正面扣球基本相似（图2-29）。

图2-29

## 四、扣球技术训练方法、常犯错误及纠正方法

### （一）练习方法

**1. 助跑起跳练习**

① 原地双脚起跳练习。全班同学听教师口令练习原地起跳技术。要求双脚蹬地猛力快速，两手臂配合划弧摆动起跳，顺势扣球手臂上举，后引，抬头，展腹，身体呈反弓形，落地时双脚前脚掌过渡到全脚着地，屈膝缓冲。

② 一步或两步助跑起跳练习。集体听教师口令做一步或两步助跑起跳。要求练习速度由慢到快，手脚配合协调，注意控制身体平衡。

**2. 扣球挥臂动作的击球手法练习**

① 徒手模仿扣球挥臂练习。按规定的队形听教师口令做挥臂练习。要求挥臂放松自然，弧形挥动，有鞭甩动作。

② 扣固定球练习。扣吊球；或两人一组，一人双手持球高举，另一人原地扣固定球；或自己左手举球，右手做挥臂击球练习。要求击球时全手掌包满球，做快速鞭打动作。

③ 自抛自扣练习。每人一球，距墙5米左右先抛一次扣一次，然后连续对墙扣反弹球，或两人面对相距6~7米对扣，也可在低网上自抛自扣等。要求击球力量不宜过大，动作放松，手腕有推压鞭甩动作，使击出的球成上旋飞行。

**3. 完整扣球练习**

① 4号位扣球练习。扣球者每人一球，先将球传给3号位，再由3号位把球顺网抛或传给4号位，扣球者上步助跑起跳扣球。要求掌握好上步起跳的时机，在空中保持好人与球网的位置关系。

② 结合一传的扣球练习。接对方发的轻球，垫给3号位二传，然后二传把球传给4号位，由4号位队员助跑起跳扣球。要求以中等力量扣球，注意正确的挥臂击球手法，选好击球点，防止触网或过中线犯规。

### （二）常犯错误与纠正方法

如表2-5所列。

表 2-5

| 技 术 | 常犯错误 | 纠正方法 |
| --- | --- | --- |
| 正面扣球 | 助跑起跳前冲,击球点保持不好 | 1. 进一步讲解,并多做助跑起跳练习<br>2. 做限制性练习,如设置障碍物起跳,地上划出起跳点与落点<br>3. 扣固定球,接垫球,一步助跑起跳扣球 |
| | 上步时间早,起跳早 | 1. 以口令、信号限制起跳起跳时间<br>2. 固定二传弧度练习扣球 |
| | 击球手法不正确,手未包满,击出的球不旋转 | 1. 击固定球,对墙平扣、打旋转<br>2. 低网原地扣球练习<br>3. 练习手腕推压、鞭甩动作 |
| 调整扣球 | 撤位慢,助跑不外绕,影响选择起跳点 | 1. 多做快速撤位,快速上步的助跑起跳练习<br>2. 多做防守后再外绕助跑起跳扣球练习 |
| | 人球关系保持不好,手控制球能力差 | 1. 做自抛自扣高球练习,保持好人与球的关系<br>2. 提高手腕推压技术,做对墙、隔网扣平球练习 |

## 第六节　拦网

### 一、拦网概述

靠近球网的队员，将手伸向高于球网处阻挡对方的来球，并触及球，称为拦网。拦网是排球运动的基本技术之一。

拦网是排球比赛中的第一道防线，也是第一道进攻线。现代排球比赛中网上精彩激烈的争夺战就是扣球与拦网这一对矛盾的展开。高水平的排球比赛中，如果没有有力的拦网，后排防守将是非常困难的。拦网不仅可以将对方的扣球拦回、拦起，减轻后排防守的压力，而且可以直接将球拦死，使之成为得分的重要手段。此外，拦网还能干扰和破坏对方进攻战术的组织，削弱对方进攻的锐气，动摇对方的信心，给对方造成心理上的威胁。因此，拦网水平的高低，直接影响着比赛的胜负。拦网技术的提高和创新，对促进排球运动的发展有着重要的作用。

### 二、拦网的种类

拦网技术按人数可以分为：单人拦网、双人拦网、三人拦网。按运用与变化可以分为：原地拦网、移动拦网、拦强攻、拦快攻、拦后排攻等。以下重点分析单人拦网和双人拦网技术。

#### （一）单人拦网

**1. 动作方法**

如图 2-30 所示。

图 2-30

（1）准备姿势　队员面对球网，两脚左右开立，约与肩同宽，距网 30～40 厘米，两膝微屈，两臂屈肘置于胸前。

（2）移动　常用的步法有一步、并步、交叉步、跑步等。无论采用哪种移动步法，都要做好制动动作，以保证向上起跳，避免触网和冲撞同队队员。

（3）起跳　原地起跳时，两腿屈膝，重心降低，随即用力蹬地，两臂以肩发力，在体侧近身处，作划弧前后摆动，帮助身体迅速跳起。移动后的起跳，其起跳动作与原地起跳一样，但要注意制动并使移动与起跳动作紧密衔接。

（4）空中动作　起跳时，两手从额前沿球网向上方伸出，两臂伸直并保持平行，两肩上提。拦网时，两臂应伸过网去接近球。两手自然张开，屈指屈腕呈半球状。当手触球时，两手要突然紧张，手腕下压盖在球的前上方。

（5）落地　拦球后，要做含胸动作，以保持身体平衡。手臂要先后摆或上提，从网上收回至本方上空，再屈肘向下收臂，以免触网。与此同时屈膝缓冲，双脚落地，随即转身面向后场，准备接应来球或做下一个动作准备。

**2. 技术要领**

判断移动及时跳，两臂摆动伸网沿；

提肩压腕张手捂，眼看扣球拦路线。

### （二）双人拦网

由前排两个队员互相靠近，同时起跳组成的拦网，称为双人拦网。双人拦网是集体拦网的一种，是比赛中最常用的一种拦网形式，主要在对方大力扣球时采用。拦网的技术动作与单人拦网相同。

双人拦网时，应以一人为主拦队员，另一人为配合队员。但主拦队员不是固定的，一般情况下距对方扣球点近的队员应为主拦队员。主拦队员必须抢先移动到对正扣球点的位置，做好起跳准备，配合队员则迅速移动靠近主拦队员准备同时起跳。两队员之间的距离一定要合适：距离太远，跳起后将出现"空门"；距离太近，起跳时互相干扰，致使双方都跳不高。双人拦网起跳时，两人的手臂应该在体前划小弧向上摆伸，都要尽量垂直向上起跳，要防止互相碰撞或干扰。手臂在空中既不能重叠，造成拦击面缩小，又不能间隔太宽，造成中间漏球。扣球靠近边线时，靠边线近的拦网队员外侧的手应适当内转，以防打手出界。

## 三、拦网技术训练方法、常犯错误及纠正方法

### （一）练习方法

**1. 拦网手型练习**

① 徒手模仿练习。原地徒手练习拦网手型。要求两脚平行站立，两臂上举伸直，两手间距约20厘米，十指自然张开。

② 原地扣拦练习。两人一组，面对面相距1米左右站立，一人预先做好拦网手型，一人对准拦网人双手自抛自扣。要求扣球者准确地把球扣在拦网人的双手上，让拦网者体会拦网手型和拦网时的肌肉的感觉。

**2. 移动起跳拦网练习**

① 网前原地起跳拦网练习。学生集体听教师口令在网前做原地起跳拦网。要求起跳后保持好身体平衡，既要有伸臂过网的拦网动作，又不能触网或过中线犯规。

② 网前左右移动一步起跳拦网练习。教师站在网前高台上持球于网上空，学生依次在网前左右移动一步起跳拦网。要求学生随教师举球位置的变化而左右移动，移动制动与起跳动作要连贯。

**3. 结合球的拦网练习**

① 一抛一拦练习。两人一组隔网站立，一人向网口上沿抛球，另一人起跳将球拦回。要求拦网人体会起跳时间和拦网动作。

② 拦固定线路的扣球。教师或指定学生在高台上扣球，固定扣直线或扣斜线球，让学生依次轮流助跑起跳拦网。要求学生区别拦直线球和拦斜线球在取位和拦网手型上的异同。

**4. 集体拦网练习**

① 双人原地起跳配合拦网练习。要求两人4只手臂上举伸直，保持适当间隔距离，以中间不漏球为宜。

② 双人移动后配合拦网练习。两人一组，同时移动到3号位起跳配合双人拦网一次，

然后分别向两侧移动,与2、4号位队员双人再配合拦网一次。要求配合队员主动与2、4号位主拦队员配合,防止碰撞。

## (二) 常犯错误与纠正方法

如表2-6所列。

表 2-6

| 技　术 | 常犯错误 | 纠正方法 |
| --- | --- | --- |
| 单人拦网 | 起跳过早或过晚 | 1. 教师给予起跳信号,反复练习起跳时机<br>2. 深蹲慢跳或浅蹲快跳 |
| | 拦网时两臂有向前扑打动作 | 1. 正误动作对比示范<br>2. 在网边反复做原地提肩压腕动作<br>3. 低网一扣一拦练习,强调收腹动作 |
| | 闭眼拦网或两手臂之间距离过大造成漏球 | 1. 拦网时眼盯球,养成观察球的良好习惯<br>2. 示范两臂夹紧头部的动作或多做拦固定球的练习<br>3. 网前徒手移动起跳伸臂后不急于收臂,等落地时检查 |
| 双人拦网 | 互相踩脚或两人在空中相碰撞 | 1. 多练移动最后一步的制动动作<br>2. 多练两人移动后并拦的起跳配合 |

### 思考题

1. 准备姿势与移动对完成各项击球技术有何意义?
2. 各种发球在技术上的共同要求有哪些?
3. 怎样合理地运用垫球技术来接好各种发球?
4. 分析扣球的助跑技术中最后一步的方法和作用。
5. 近网扣高球和远网扣高球在技术动作上有何异同点?
6. 单人拦网的空中击球动作应注意些什么?

# 第三章 排球战术

**学习提示**

- 掌握排球战术的基本理论、基本知识、基本技能
- 熟练运用排球战术

## 第一节 排球战术的基本理论

### 一、排球战术的概念

排球战术是指运动员在比赛中，根据排球竞赛规则和排球运动的规律、比赛双方的具体情况和临场竞赛的变化，合理运用个人技术及集体配合所采取的有意识、有组织的行动。

### 二、排球战术的分类

#### （一）按战术的人数分类

如图 3-1 所示，分为个人战术和集体战术。

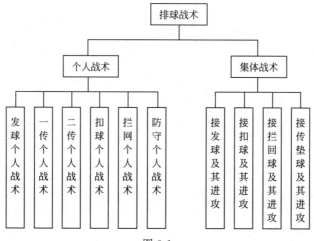

图 3-1

### （二）按战术的组织形式分类

如图 3-2 所示，分为进攻战术和防守战术。

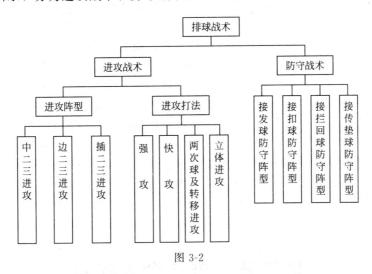

图 3-2

## 三、排球战术的阵容配备

**1. 阵容配备的概念**

阵容配备是参赛队根据比赛的任务、本队战术组织的特点及队员的身体情况，有针对性地、合理地安排出场队员及位置分工，充分地调配力量，科学地组合人员的筹划过程。

**2. 阵容配备的目的**

目的在于把全队的力量有效地组织起来，扬长避短，最大限度地发挥每一个队员的作用和特长。

**3. 阵容配备的形式**

阵容配备的基本形式有以下两种。

（1）"四二"配备 由四名进攻队员（两名主攻队员与两名副攻队员）和两名二传队员组成，他们分别站在对角的位置上。这样每个轮次前后排都能保持有一名二传队员，两名进攻队员，便于组织和发挥本队的攻击力量。目前在水平一般的球队中，采用这种配备形式的较多，如图 3-3 所示。

图 3-3

"四二"配备的优缺点：优点是前排每一个轮次都有一名二传队员和两名进攻队员，便于组织"中二三"、"边二三"进攻。战术配合有一定的稳定性。缺点是前排进攻点相对较少，隐蔽性差，不能适应高水平球队的要求。

但是，"四二"配备中如果二传队员具有较强的进攻实力，则可以在每一轮次都安排后排的一名二传队员插上组织前排的三点进攻，这样就使前排的进攻实力得到了加强。同时也有一定的缺点——后排防守压力加大，而且进攻队员要适合两名二传手的传球特点，这对二传的要求也比较高，既要能传，又要能攻，难度较大。所以在现如今世界排坛诸强中只有古巴女排采用"四二"配备。

（2）"五一"配备 由五名进攻队员和一名二传队员组成。队员位置的站位与"四二"配备基本相同。只是一名二传队员作为接应二传主要承担进攻任务。这样可以加强拦网和进

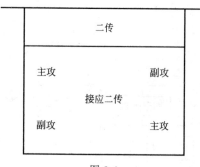

图 3-4

攻力量。接应二传也可弥补主要二传队员有时来不及传球所出现的被动局面，但主要还是承担进攻任务。目前在水平较高的队中普遍采用这种配备形式。当二传轮转到后排时，可采用插上进攻形式，组织前排进行三点进攻，如图 3-4 所示。

"五一"配备的优缺点：优点是加强了拦网和前排进攻力量，使全队的进攻队员只需要适应一名二传队员的技术特点，有利于统一指挥、相互配合，能够更好地控制比赛的进行，使进攻战术富于变化。缺点是当二传队员轮转到前排时，有三轮次前排只有两名进攻队员，进攻点过于暴露，影响了前排整体进攻的威力。

在初学者或基层进行的排球比赛中，队员尚未很好地掌握排球技术，无法采用上述两种阵容配备时，可以使传球和防守较好的队员分散站位，使全场防守力量比较均衡，以减少传接球的失误。

## 第二节　排球个人战术

### 一、个人战术的概念

个人战术是指在集体战术配合的基础上，队员根据个人的特点和战术的需要，巧妙地运用个人技术的变化，以达到有效的进攻和防守的目的。

### 二、个人战术的内容

#### （一）发球个人战术

发球技术不受对方和同伴的制约，也没有集体配合的问题，全凭个人技术和个人战术的作用。因此，发球时要树立以我为主的观念。在观察和分析对方的具体情况后，有针对性地采用不同的发球战术，以取得先发制人的效果。

比赛中常用的几种发球战术如下。

**1. 加强发球的性能**

主要体现在发出的球力量大、速度快、弧度低平、旋转性强或飘晃度大，以达到直接得分或破坏对方进攻的效果。

**2. 控制发球的落点**

① 将球发到对方两个队员之间的连接区，或边线及后场端线附近，以增加接发球到位的难度。

② 将球发向对方参加进攻的队员，落在该队员的前、后、左、右，迫使其先接球。

**3. 改变发球的方法**

（1）改变发球的位置　发球队员可采用站在距端线近处发球，也可站在距端线中距离或远距离发球。发球队员可站在端线外右半区发球，也可站在其左半区发球。发球距离和方位不同，可以发出不同性能和不同落点的球。

（2）改变发球的弧度　发球时，加强上旋或发左旋、右旋球，改变飞行弧度，从而降低一传到位率。如上空没有障碍物，可以发高吊球，利用球体下降时产生的重力加速度，使对方不适应。

**4. 改变发球的攻击性和准确性**

① 如遇到本方得分难、比分落后较多或遇到对方进攻强轮次等情况时，可采用加强攻击性拼发球的战术，以改变落后状况。

② 如本方比分领先较多时，可采用攻击威力大的发球，以扩大战果。

## （二）一传个人战术

一传个人战术的基本任务是在第一次接对方来球时，为了组成本队的进攻战术而采用有目的、有意识的击球动作。由于各种进攻战术对一传的要求不同，所以一传的方向、弧度、速度、落点也不一样。具体用法如下。

① 组织快攻战术时，如本方快攻队员来得及进行快攻，一传的弧度要低平，速度稍快，以加快进攻的节奏。如果来不及（防守后的快速反击），则应提高一传弧度。

② 组织强攻战术时，一传的弧度略高些，为二传队员创造便利条件。

③ 前排队员一传时，力量不宜太大，弧度应稍高。如来球力量不大，可用上手传球。后排队员则相反。

## （三）二传个人战术

二传个人战术的基本任务是有效地组织进攻战术，给扣球队员创造有利的进攻条件，突破对方的拦网。二传个人战术主要有以下几种。

① 根据本方队员的特点和布局情况进行合理地分球，如采用集中与拉开，近网、中网和远网，弧度高与弧度低等传球技术。

② 根据对方拦网的部署，与进攻队员在时间上和位置上进行协调配合，合理选择拦网的突破口，造成以多打少的局面。

③ 根据本方扣球队员的不同起跳时间，采用升点、降点传球给予配合；采用声东击西的隐蔽动作和假动作，打乱对方的拦网布局。

④ 根据本队一传的情况，如到位球或不到位球，高球或低球，近网球或远网球等，合理运用传球技术组织各种战术。

⑤ 根据对方防守队员的站位，在有利于自己的情况下，突然将球直接传入对方空当。

## （四）扣球个人战术

扣球个人战术的任务是扣球队员根据比赛中对方拦网和防守情况，选择合理的扣球技术和路线，更有效地突破对方的防御。扣球的个人战术主要有以下几种。

**1. 扣球线路的变化**

① 扣球时采用直线和斜线相结合，长线与短线相结合。

② 利用助跑路线与扣球路线不同的方向，迷惑对方拦网和防守队员，如直线助跑扣斜线球；斜线助跑扣直线球等。

③ 朝防守技术差和意志不顽强的队员扣球；或扣向对方空当和防守薄弱的区域等。

**2. 扣球动作的变化**

① 运用转体、转腕的扣球技术，突然改变扣球方向避开对方拦网。

② 运用超手高点扣球技术，从拦网人手上方进行突破进攻。

③ 选用正面扣球变为勾手扣球动作，造成对方拦网判断失误。

## （五）拦网个人战术

拦网个人战术的任务是拦网队员根据对方扣球的情况，利用时间、空间等变化因素，采用不同手法，达到拦阻对方进攻的目的。拦网个人战术有以下几种方式。

① 拦网队员可采用拦直线起跳向侧伸臂拦斜线或在拦斜线位置起跳拦直线的方法来迷

惑对方扣球队员。

② 改变空中拦网手的位置。如在空中拦直线时突然移动手臂改为拦斜线等。

③ 有时可制造假象，使对方受骗。如假装露出中路空当，引诱对方扣中路，当对方扣球后即突然关门拦中路球。

④ 在发现对方要打手出界时，可在空中及时将手撤回，造成对方扣球出界。

### （六）防守个人战术

防守个人战术的任务是队员在防守时，选择最有利的位置，并采用合理的接球动作，按战术要求把球防起。好的防守队员，不仅勇猛顽强，而且还要善于根据对方进攻及本方拦网的情况，做出正确的判断，并采取相应措施。防守个人战术有以下几种。

① 根据对方二传的方向和落点，迅速地做出判断，并立即移动到相应的位置，正对来球，准备接球。

② 在选择前后位置时，应根据对方二传球与网的距离和扣球队员击球点的高低选择防守。如球离网近，无人拦网时，防守取位可向前；如球离网远或近网球被拦时，防守队员取位可向后。

③ 选择左右位置时，主要根据对方扣球队员的助跑路线和扣球队员起跳的人与球所保持的关系来选择防守位置。一般来讲，防守位置应取在对方扣球队员和球连线的延长线处。

④ 根据对方扣球的特点，采取相应的防守行动，如对方只扣不吊时，则取位要靠后。如对方打吊结合时，要随时准备向前移动。如对方扣球只有斜线时，则要放直防斜等。

## 第三节　排球集体战术

### 一、排球集体战术的概念

集体战术是指运动员在比赛中，为突破对方防守或抑制对方进攻，灵活地运用合理的攻防技术，按照一定的形式，采取的有组织、有目的、有针对性的集体配合行动。

### 二、排球集体战术的内容

#### （一）进攻战术

**1. "中二三"进攻**（中一二）

"中二三"进攻阵型：在后排进攻大量和广泛运用之前，称为"中一二"阵型。是指由3号位队员作二传，将球传给3、2号位或后排队员进攻的组织形式。

**2. "边二三"进攻**（边一二）

"边二三"进攻阵型：在后排进攻大量和广泛运用之前，称为"边一二"阵型。是指由2号位队员作二传，将球传给4、3号位队员或后排队员进攻的组织形式。

**3. "插三二"进攻**（后排插上）

"插三二"进攻阵型：在后排进攻大量和广泛运用之前，称为"后排插上"阵型。是指由后排队员插到前排2、3号位之间担任二传，将球传给前排三名队员或后排队员进攻的组织形式。有1、6、5号位插上三种方法。这种进攻阵型多被高水平的球队所采用。

#### （二）防守战术

**1. 接发球防守**

接发球防守阵型由六个人的站位组成。当对方发球时，本方处于接发球状态，要事先站好位置，摆好阵型，是接好发球的基础。站位的阵型不仅要有利于接球，也要有利于本方在接起发球时所采用的进攻战术。同时，还要根据对方发球的特点，采取不同的阵型，最有利地将球接起。

**2. 接扣球防守**

接扣球防守阵型是由前排拦网与后排防守组合而成的。组织接扣球防守阵型时，首先要针对对方进攻的特点和变化进行部署；其次要充分发挥本方队员的特长，合理地分配力量。同时还要结合本方防守后反攻战术的打法进行布防。

**3. 接拦回球防守**

接拦回球防守阵型，应根据本方的进攻战术和对方拦回的情况，以及参加防守的人数来确定。本方扣球时必须加强保护，尽量组成多道保护防线，积极防起被拦回来的球，并及时组织继续进攻。

**4. 接传、垫球防守**

接对方传、垫过网的球，根据其运用的时机、条件以及来球性能的差异，一般采用5人、4人接球阵型站位。如对方一传将球垫飞，接应队员将球调整至中、后场附近，第三次无法组织进攻时，可将球调整到中场附近，因高度限制不能扣球时，采用上手平传过网的方法，本方队员应提前做出预判，后排二传要及时插到网前，前排队员迅速后撤或换位，站成5人或4人接球阵型。抓住这种"机会"球，尽量组织多点进攻战术。

## 三、排球集体战术训练方法

### （一）进攻战术训练方法

**1. "中二三"进攻战术的练习方法**

（1）徒手模仿"中二三"进攻战术站位练习　教师让学生站在自己的半场上按"中二三"进攻阵型站位，然后进行不结合球的模仿跑动和轮转练习，了解各位置的分工与配合方法。

（2）结合球在简单条件下的练习

① 教师在6号位向3号位抛、传球，3号位二传队员将球交替传给4、2号位队员扣球，扣球后相互交换位置（图3-5）。

② 场上6名学生站成"中一三二"接发球站位阵型，教师从对区抛球，学生接发球练习"中二三"进攻战术（图3-6）。

（3）结合球在复杂条件下的练习

① 场上6名队员按"中一三二"接发球站位，接教师从发球区发来的上手球，学生接发球组织"中二三"进攻战术，但在进攻队员扣球时，要求后排队员跟进保护，以提高队员的保护意识（图3-7）。

② 练习方法同上。发球一方增加1名或2名拦网队员，给进攻一方增加网上的难度（图3-8）。

**2. "边二三"进攻战术的练习方法**

（1）徒手模仿"边二三"进攻战术站位练习　教师让学生站在自己半场上按"边二三"进攻阵形站位，然后进行徒手的模仿跑动和轮转位置练习，熟悉"边二三"进攻战术各位置的跑动线路、分工及配合方法。

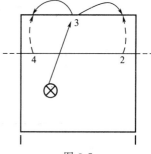

图3-5

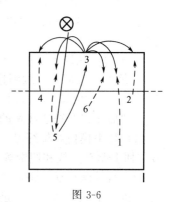

图3-6

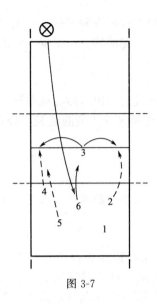
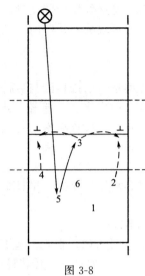

图 3-7　　　　　　　　　　　图 3-8

（2）结合球在简单条件下的练习

① 教师在 6 号位将球抛向 2、3 号位之间二传的位置，2、3 号位之间的二传队员把球传给 4 号位或 3 号位，分别由 4 号位或 3 号位的学生轮流扣 4 号位一般高球和 3 号位的半快球，进攻后相互交换位置（图 3-9）。

② 学生分别站在 4 号位、3 号位准备扣球，由 3 号位队员将球传给 2 号位的二传队员，二传队员将球传给 4 号位或 3 号位的进攻队员扣球（图 3-10）。

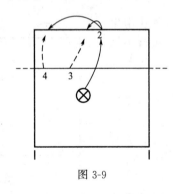
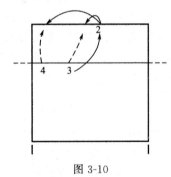

图 3-9　　　　　　　　　　　图 3-10

（3）结合球在复杂条件下的练习

① 场上 6 名队员按"边一三二"接发球站位，接起教师从发球区发来的上手球组织"边二三"进攻。

② 练习方法同上。接发球"边二三"进攻后，立即进入接拦回球反攻练习（图 3-11）。

③ 练习方法同上。教师连续向一方发 10 次球后，再换向另一方连续发 10 次。教师每次发球后，学生要转动一次位置。通过 6 对 6 的对抗攻防练习，提高战术的运用能力。

**3．"插三二"进攻战术的练习方法**

（1）徒手模仿站位练习　让学生按"插三二"进攻战术站位，然后徒手模仿练习 1、6、5 号位插上跑动路线和职责等。

（2）后排队员插上练习　教师在对方场区抛或发球过网，由 1 号位、6 号位或 5 号位插上作二传，组织"插三二"进攻战术（图 3-12 和图 3-13）。

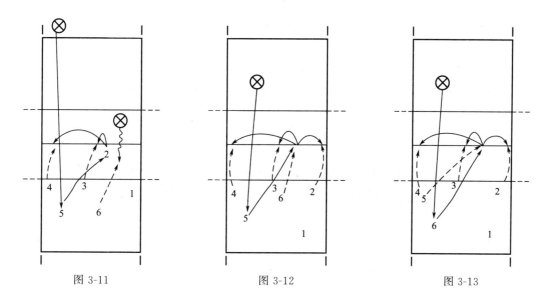

图 3-11　　　　　　　　　图 3-12　　　　　　　　　图 3-13

### （二）防守战术训练方法

**1. 调整传球和反攻练习**

教师隔网站在高台上扣球，后排 3 名队员进行各种线路的防守、调整传球和反攻练习（图 3-14）。

**2. 人盯人拦网练习**

教师在后场抛球给二传队员，扣球队员在 4、3、2 号位跑动扣球，对方 2、3、4 号位队员人盯人拦网，后排队员进行防守反击（图 3-15）。

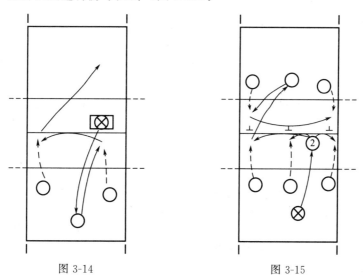

图 3-14　　　　　　　　　图 3-15

### 思考题

1. 试述排球战术、排球个人战术、排球集体战术的定义。
2. 排球比赛阵容配备的原则、要求是什么？阵容配备的形式有哪几种？
3. 排球比赛中有哪几种个人战术？二传个人战术有哪几种形式？扣球个人战术有哪几种？

# 第四章

# 排球竞赛规则与裁判工作

**学习提示**

- 了解规则和裁判员的作用
- 了解排球竞赛主要规则的概念
- 熟练运用排球规则进行排球裁判工作

## 第一节 排球竞赛主要规则与裁判方法

### 一、比赛特性与方法

#### （一）比赛计分办法

① 胜一分：某对在对方失误与犯规以及受到其他的判罚时，得一分。

② 胜一局：先得 25 分同时超出对方 2 分的队胜一局，当双方比分为 24∶24 时，比赛继续进行至某队领先 2 分（26∶24、27∶25……）为止，如果 2∶2 平局时，决胜局（第 5 局）采用 15 分并领先 2 分为胜，当比分为 14 平时，比赛继续进行至某队领先 2 分（16∶14、17∶15……）为止。

③ 胜一场：胜三局的队胜一场。

#### （二）比赛方法

① 比赛开始：裁判员鸣哨允许发球，发球队员击球时比赛开始。

② 比赛中断：裁判员鸣哨终止比赛，比赛中断。

③ 比赛上场阵容与阵容不完整：每个队场上必须保持六名队员进行比赛。如果不足六人，则为阵容不完整——输掉一局或一场比赛。

### 二、发球

#### （一）定义

后排右队员在发球区用一只手或手臂的任何部位将球击出而进入比赛的行动，称为发球。

#### （二）发球犯规的几种情况

① 发球次序错误。

② 发球队员在击球时或击球起跳时，踏及场区（包括端线）或发球区以外的地面。
③ 发球队员在第一裁判员鸣哨 8 秒内未将球击出。
④ 球未被抛起或未使持球手清楚撤离就击球。
⑤ 双手击球或单手将球抛出、推出。
⑥ 球被抛起准备发球却未击球。
⑦ 球触及发球队队员或没有通过球网的垂直平面。
⑧ 球触网后落入对方场区外。
⑨ 球越过发球掩护的个人或集体。

### （三）对发球犯规的裁判方法

① 发球犯规由第一裁判员和司线员进行判断。
② 第一裁判员对发球犯规做出最终判决。
③ 下列情况时，第一裁判应重新鸣哨发球。
a. 第一裁判未鸣哨，发球队员已将球发出。
b. 遇特殊情况如运动员受伤、场外球滚入场地影响比赛进行等。
c. 第二裁判员在第一裁判员允许发球后又鸣哨中断比赛允许某队暂停或换人的请求，而此时，第一裁判不允许中断比赛的请求。
④ 发球队员同本方后排另两名队员之间无位置错误关系。
⑤ 第一裁判员在发球队员进入发球区并拿到球做好发球准备时，在接发球一方站好位置的情况下，鸣哨允许发球，鸣哨后，第一裁判员默数 8 秒钟。

## 三、场上队员位置

### （一）比赛中队员的位置

**1. 队员场上位置**

靠近球网的三名队员为前排队员，其位置为 4 号队员（左）、3 号队员（中）、2 号队员（右）；另三名队员为后排队员，其位置为 5 号队员（左）、6 号队员（中）、1 号队员（右）。

**2. 队员的位置关系**

在发球的击球瞬间，每一名前排队员至少有一只脚的一部分，比同列后排队员的双脚距中线更近；每一名右边（左边）队员至少有一只脚的一部分，比同排中间队员的双脚距右（左）边线更近。

**3. 位置轮转**

一局比赛开始，队员按位置表填写顺序站好位置进行比赛。接发球队获得发球权后，全部队员按顺时针方向轮转一个位置。

### （二）位置错误犯规

在发球队员击球瞬间，如果队员不在其正确位置上，则构成位置错误犯规，下列情况之一者，即为位置错误犯规。

① 在发球队员击球时，场上其他队员未完全站在比赛场区内。
② 在发球队员击球时未按规则规定站位：即每一名前排队员至少有一只脚的一部分比同列后排队员的双脚步距中线更近。同列队员有三对即 4 号位同 5 号位、3 号位同 6 号位、2 号位同 1 号位队员。同排队员中的每一名左边（右边）队员至少有一只脚的一部分比同排队员的双脚距左（右）边线更近。同排队员有 4 对即 3 号位同 4 号位、3 号位同 2 号位、6 号位同 5 号位、6 号位同 1 号位队员。同排或同列相关队员进行比对都有可能发生位置错误。

### (三) 轮转错误犯规

没有按照轮转次序进行发球应判为轮转错误。

### (四) 对位置错误犯规的裁判方法

① 第一裁判员观看发球一方有无位置错误犯规，第二裁判员观看接发球一方有无位置错误犯规。

② 队员的相互位置关系：依据场上位置表所确定的队员前后顺序关系而确定。

③ 判定队员的位置，以队员脚着地部分来判定，而不是看身体位置。

④ 位置错误犯规是击球瞬间造成的。击球前、击球后均不存在位置错误犯规。

## 四、比赛中的击球

### (一) 正确的击球

① 在本方场区上空击球。允许到障碍区外救球。

② 一方最多击球三次必须过网。

③ 球可以触及身体任何部分，但必须是同时。在拦网动作中的队员（一个或几个）可以连续触球，但必须是单一动作。在第一次击球时，允许身体不同部位在同一动作中连续触球。

④ 击球时不得接住或抛出，球可以向任何方向弹出。

### (二) 击球犯规以及裁判方法

**1. 连击犯规**

(1) 定义　身体任何部分均可触球，但一名队员（拦网队员除外）连续击球两次或连续触及他身体的不同部位（第一次击球时，队员在同一击球动作中，允许球连续触及身体），即为连击犯规。

(2) 裁判方法

① 连击犯规由第一裁判员负责判罚。

② 第二裁判员可以向第一裁判员用手势表明背向第一裁判员的连击犯规，但不得坚持。

③ 第一裁判员判断的重点在于第二次和第三次击球中的连击犯规。

**2. 持球犯规**

(1) 定义　身体任何部分击球时，将球接住或抛出，即为持球犯规。

(2) 裁判方法

① 持球犯规由第一裁判员进行判罚，其他裁判均不得对持球犯规进行判罚或出示手势。

② 裁判员对持球的判断主要是根据球是否停滞在身体上。合法的击球是一个击球动作，而持球犯规是先使球停滞（接、抛），再将球击出。

③ 裁判员应根据不同比赛对象、性质掌握持球"尺度"，并力争做到双方一致、前后一致。

④ 运动员第一次击球时、抢救险球时，持球"尺度"应适当放松。

## 五、球网附近的球

① 球过网的规定：球必须通过球网上空的过网区进入对方场区。过网区是球网垂直平面部分，其范围是：球网上沿的两根标志杆及其延长线至天花板之间的空间。

② 球的整体或部分从球网的过网区外进入对方无障碍区的击球规定：队员不得进入对方比赛场地内击球；球必须由同侧过网区以外击回；对方队员不得阻碍此击球。

③ 球触球网的规定：球通过球网时可以触网；球入网后，可以在三次击球内再次击球；如果球击破球网或使球网坠落，该球重新进行。

④ 裁判员对不符合规定的球，依据各自的职权范围分别进行判罚。第一裁判员与司线员对发球过网犯规情况进行判罚；第一裁判员对球由同侧过网区以外击回和球入网犯规情况进行判罚。

## 六、球网附近的队员

### （一）球网附近的队员行为规定

① 拦网时，允许手越过球网触球，但在对方进攻性击球前和击球时不得妨碍对方。
② 进攻性击球时必须在本方场区空间内。
③ 允许队员在不妨碍对方比赛的情况下，从网下穿越进入对方空间。
④ 允许队员的一只（或两只）脚或手部分越过中线触及对方场区。而队员身体的其他部分不允许触及对方场区。
⑤ 在不影响对方比赛时，允许队员从网下穿越触及对方无障碍区。
⑥ 队员在击球时或干扰比赛的情况下的触网是犯规。

### （二）过网拦网犯规与裁判方法

**1. 定义**

对方进攻性击球前或击球的同时，在对方空间触球或触及对方队员，即为过网拦网犯规。

**2. 裁判方法**

① 过网拦网犯规由第一裁判员判罚。
② 第一裁判员要注意判断，是拦网先触球还是进攻性击球先触球，或是同时触球。
③ 在对方第一、第二次击球时，球飞向球网，如果球网附近没有队员准备击球，拦网队员可以过网触球。

### （三）网下穿越过中线犯规与裁判方法

**1. 定义**

① 从网下穿越进入对方空间并妨碍对方比赛，即为网下穿插越过中线犯规。
② 队员的一只（或两只）脚或手完全越过中线触及对方场区，以及除了手、脚外的身体部分触及对方场区，即为过中线犯规。

**2. 裁判方法**

① 第一、二裁判员均可鸣哨判罚。
② 在不影响对方比赛的情况下，队员可以网下穿越进入对方空间或进入对方无障碍区。
③ 第二裁判员在队员完成扣、拦击球动作后，视线应在网中线上做短暂停留，观察队员触网、过中线情况。

### （四）触网犯规与裁判方法

**1. 定义**

队员在击球时或干扰比赛时的触网或触标志杆即为触网犯规。

**2. 裁判方法**

① 第一、二裁判员均可对触网犯规做出判罚。
② 裁判员观察击球时的触网或触标志杆时，应理解为击球的全过程。如拦网起跳、伸臂、击球、落地，均应算为击球的全过程，在此过程中的触网或触标志杆均应算犯规。
③ 影响比赛的触网或触标志杆也算犯规。

## 七、界内、外球的规定与裁判方法

**1. 界内、外球的规定**

（1）界内球　球触及比赛场区的地面包括界线为界内球。

（2）界外球

① 球接触地面的部分完全在界线以外。

② 球触及场外物体、天花板或非比赛成员等。

③ 球触及标志杆、网绳、网柱。

④ 发球时，球的整体或部分从过网区外过网。

⑤ 击球时，球的整体或部分从过网区外进入对方场区。

**2. 对界内、外球的裁判方法**

① 对界内、外球第一、二裁判员根据自己的位置和职权范围做出相应的判断。

② 司线员对界内、外球应做出判断并出示相应的旗示。

③ 击球时，球的整体或部分从过网区外进入对方无障碍区，队员可以将球从同侧非过网区击回，对方队员不得阻碍击球，击球队员不得进入对方场区。

## 八、正常比赛间断的规定与裁判方法

**1. 正常比赛间断的规定**

① 正常比赛间断有"换人"、"暂停"、"技术暂停"。

② 每队在每局中有2次暂停机会，每次30秒，暂停可以一次用完。

③ 前四局比赛每局有2次技术暂停。比分至8分、16分时，记录台鸣哨并记录暂停时间。每次技术暂停时间60秒。第五局没有技术暂停。

④ 每队每局有6次换人机会，一人从场上下场另一人从场下上场称为一人次换人。一个队换人后需经比赛过程方可请求下一次换人。一次请求换人时，可以请求多人次的换人。

⑤ 换上场的队员只能由被他替换下场的队员来替换。替补队员一局只有一次上场机会。

**2. 换人，暂停的裁判方法**

① 第一、二裁判员均可鸣哨允许合法换人、暂停的请求。

② 换人、暂停的操作均由第二裁判员进行。

③ 换人、暂停的操作均应在换人区内准备好，否则，将被判为延误比赛。

# 第二节　裁判员主要工作职责与工作方法

## 一、裁判员的组成及其主要职责

### （一）裁判员的组成

一场排球比赛，需要临场执行任务的裁判员和相应的辅助裁判员密切配合以保证比赛的顺利进行。

一般排球比赛，需要第一裁判员和第二裁判员各一名，两名司线员，一名记录员。大型的正式排球比赛，需要一名第一裁判员，一名第二裁判员、四名司线员，两名记录员。

### （二）裁判员的主要职责

**1. 第一裁判员的主要职责**

（1）位置　一般处于高于球网的裁判台上进行工作，他的视平线必须高出球网上沿约

50厘米。

（2）赛前　第一裁判员主持场地、器材检查工作，主持挑选发球权、场区工作，主持入场仪式，掌握准备活动时间。

（3）赛中　第一裁判员的判定是最终判定，他有权更改其他裁判员的判断。第一裁判员在比赛成死球时，允许比赛队的暂停或换人请求。第一裁判员主持决胜局的挑边工作，回答场上队长所提出的解释规则等问题。第一裁判员还负责决定赛场条件是否符合比赛要求。赛中，只有第一裁判员有权对不良行为和延误比赛的犯规行为进行判罚，对高于球网上部的犯规行为进行判罚。

（4）比赛结束后　第一裁判员主持退场仪式，检查记分表确定无误后签字。

### 2. 第二裁判员的主要职责

（1）位置　第二裁判员的位置在第一裁判员对面，记录台前约3平方米的无障碍区中。

（2）赛前　协助第一裁判员进行有关准备工作。分发和收回场上阵容位置表，每局比赛前核对双方队员场上位置，第一局和决胜局比赛开始将球递给第一发球队员。

（3）赛中　第二裁判员赛中必须对以下犯规鸣哨并做出手势：接发球队位置错误，队员触及球网和第二裁判员一侧标志杆；网下穿越进入对方场区和空间；后排队员完成拦网及后排自由防守队员试图拦网；球触及场外物体、触及地面而第一裁判员处于难观察点时。在比赛中，第二裁判员可允许比赛队的暂停和换人请求，并具体进行操作，第二裁判员可以用手势指出职权以外的犯规，但不得鸣哨，不得坚持。

（4）比赛后　协助进行退场仪式，在记分表上签字。

### 3. 司线员的职责

① 位置：两名司线员时，1名处于第一裁判员右侧的边线与端线交界处2米左右位置上，另1名在另一场区的对角上；四名司线员时，各站在一条线后1~3米处。

② 司线员主要判罚"界内、外"球，并以旗示表明自己的判断。

③ 用旗示表明球触手出界犯规，球触及标志杆犯规。

④ 对发球队员脚触及端线及越出发球短线犯规用旗示表明。

⑤ 在观察判断时，因视线被挡住无法判断时，出示无法判断旗示。

## 二、裁判员的工作方法及其配合

### （一）裁判员哨音、手势、旗示

#### 1. 第一裁判员的哨音、手势

第一裁判员的哨音总的要求是：哨音要及时、果断、响亮，力争做到一成死球，即闻哨声。在开局和关键比分下的哨声要加长、加重，在一般情况下，哨声可稍轻、短促，在有争议或来回球较多情况下，哨声要加长、加重。手势总的要求是要大方、清楚、正确。手势要有短暂的展示时间。出示手势一般分三个步骤进行：第一步，一只手指向发球一方；第二步，另一只手指出犯规性质；第三步，必要时指出犯规队员。

#### 2. 第二裁判员的哨音、手势

第二裁判员的哨音除了及时、响亮外，还要求在第二裁判员职权范围内的判罚哨音要加长、加重。第二裁判员在自己职权范围内的手势也是三个步骤：第一步，一只手指出犯规队员犯规性质；第二步，必要时指出犯规队员；第三步，另一只手指向发球一方。在自己职权范围外的手势，可以跟随第一裁判员做相同手势。

#### 3. 司线员旗示

司线员旗示总的要求是：出旗果断、准确、大方、有力。司线员应一手持旗，站在指定区域内。旗示后应有片刻停留与第一裁判员对眼光后再自然收旗。

裁判员、司线员对比赛犯规判罚的具体手势参看排球竞赛规则中附图。

### (二) 裁判员的临场操作方法与工作程序

比赛过程中,裁判员除履行规定的主要职责外,还要遵循有关的操作方法与工作程序。

**1. 第一裁判员的临场操作方法与工作程序**

(1) 开赛前  第一裁判员开赛前的主要工作是在规定时间时召集双方队长到记录台前挑选场地/发球权。挑场地发球权分为两类:一类挑选发球或接发球。另一类挑选场区,先选者在这两类中任选一项,后选者再选另一类中的一项。挑选工作完毕后,双方队长需在记分表上签字。裁判员将挑选结果通知记录员。

其次,第一裁判员对场地、器材、设备进行检查。包括球的气压、网高、场地划线、运动员席、记录台、裁判椅等。

(2) 赛中  准备开赛时,待第二裁判员将第一个球递给发球队员,罚球队员准备好后开始鸣哨。第一裁判员要面向发球一方,观察发球队有无犯规行为。比赛进行中,裁判员要随时注视球、队员以及他们与网的关系。

(3) 第一裁判员同其他裁判员的分工配合  在发、接时,第一裁判员主要看发球一方,第二裁判员看接发球一方。在网上扣、拦时,第一裁判员主要看扣球一方,第二裁判员看拦网一方。第一裁判员要经常用眼光同第二裁判员、司线员、记录员联系。要注意记录员、第二裁判员出示的提醒手势。

(4) 赛后  第一裁判员主持退场式。并详细检查记分表,确认无误后,在其他裁判员签字后最后在记分表上签字。

**2. 第二裁判员的临场操作方法与工作程序**

(1) 赛前  协助第一裁判员进行有关检查与准备工作,并参加挑选场地、发球权工作。

(2) 赛中  队员接发球时,第二裁判员要观察、判断场上队员是否存在位置错误犯规。网上扣、拦时,第二裁判员主要看拦网一方从起跳到落地是否存在着过中线、触网等犯规。第二裁判员的位置要根据球和队员的位置作前后、左右移动,以便对自己职权范围内的犯规作出准确判断。

(3) 第二裁判员在暂停时的操作方法  当教练员或场上队长在死球时用相应手势提出要求后,第二裁判员首先应鸣哨,然后看表掌握暂停时间,并且观察场上情况,双方有无其他犯规行为,同记录台进行工作联系,必要时要将暂停次数通知第一裁判员和教练员。暂停时间到,第二裁判员鸣哨恢复比赛。

(4) 第二裁判员在换人时的操作方法  当教练员或场上队长在死球时用相应手势提出要求后,第二裁判员先鸣哨,然后到边线与进攻线交界处,面向记录台,先看记录员是否举单手以示合法替换,再让上下场队员在换人区进行替换,待记录员举双手示意记录完毕后,第二裁判向第一裁判高举双手,以示可以恢复比赛。

(5) 第二裁判员同其他裁判人员的分工配合  第一裁判员在比赛中不能轻易下台处理问题,因此只能通过第二裁判员进行问题处理。第二裁判员是枢纽,在第一裁判、记录员、运动员之间起着上传下达的作用。第二裁判员应经常同第一裁判员交换目光,以示默契。第二裁判员对记录员工作起监督作用。

(6) 赛后  第二裁判员在双方队长签字后在记分表上签字。

**3. 司线员临场操作方法与工作程序**

① 司线员看线的操作方法概括起来主要是:加强予判、抢好角度、看线等球、出旗果断。

② 司线员站立姿势:两脚开立,身体自然,重心居中,手持旗自然下垂。

③ 司线员对犯规的判断以相应的旗示向第一裁判员示意，但当第一裁判员未注意，比赛继续进行时，司线员收回旗示，不得坚持。

**4. 记录员工作方法要点**

（1）比赛前记录表的填写

① 在记分表上填写比赛名称、日期、地点及运动员姓名号码等，请教练员、队长核对并签名，一经签名不得更改。

② 根据第一裁判通知，登记挑边结果，记录台左方队为A队，右方队为B队。在先发球队S上划×号，先接发球队R上划×号。

③ 根据教练员交来的上场位置表，登记上场队员位置轮次与号码，记录完毕后将位置表交给第二裁判员。

④ 临赛前要核对场上队员号码是否与记分表上位置轮次顺序相符。核对完毕，举双手向裁判员示意，核对有误时，应立即通知第二裁判员进行处理。

（2）比赛开始后记录表的填写

① 比赛开始后，登记该局开始时间。

② 对发球轮次和得分的记录方法：第一个发球，在先发球队的发球次序第一轮表格内的1数字上划线，表示该位置的队员发球，同时，在接发球队第一轮表格内划×号，表示该队接发球。发球队得分时在该队右侧累计分栏上划/号，连续得分则连续划/号。发球队失分后首先在对方（接发球队）的累积分栏上划/号，然后在对方（接发球队）下一发球轮次表格内的1数上划/号，最后把发球队的当前分数记载在发球方的第一轮表格内。以后各轮次记录方法，以此类推。当6名队员轮转发球依次完毕后，再从数字2这一个栏开始记录发球轮次。

③ 换人的记录方法：某队请求换人时，应将替补队员号码填写在被替补队员号码下方格内，并在下方格内记下比分，将换人一方比分写在前面，并在某队比分上划号以示该队掌握发球权。被替补队员再次上场时，依前述方法记录，最后在替补队员号码上划圆圈，以示该名替补队员本局不能再上场替换队员。

④ 暂停的记录方法：某队请求暂停时，在该队累积分数栏下方格内，记上暂停时的比分，记录要求同换人记录方法。

⑤ 第五局记录方法：某队得8分时，应及时通知裁判员让运动员交换场区，并将记分表上左方队发球次序队员号码等移到右方后半局的相应栏内。在原左边、右边的累积分下划——横线，表示换场前双方所得分数。换到右边的队在已得分数下也划——横线，换场后得分从此开始登记。发球轮次继续依次进行记录，左方队换人、暂停栏目的内容也要换到右方相应栏内。

⑥ 一局比赛结束后，应在两队最后比分上划一圆圈，表示该队最后所得分数，并将累积分栏中多余的分数划掉。最后填写结束时间。

⑦ 延误比赛的判罚和不良行为的判罚即记录在左下方相应栏目内。因对方被判罚所得的分必须在累积分数上划一圆圈。

（3）比赛结束后记录表的填写　一场比赛后，在记分表下方栏目内填写有关汇总的内容。最后按以下顺序取得签名：记录员、双方队长、第二裁判员、第一裁判员。

> **思考题**

1. 举例说明规则对技战术发展的影响。
2. 组织一次比赛，体会第一裁判员和第二裁判员的主要职责以及临场操作方法。

# 足球篇

## 第一章

# 足球运动概述

- 了解古代足球的起源
- 了解现代足球的起源
- 了解我国足球运动的发展概况

## 第一节　足球运动的起源

### 一、古代足球运动的起源

足球运动是一项古老的体育活动,源远流长。据说,希腊人和罗马人在中世纪以前就已经从事一种足球游戏了。他们在一个长方形场地上,将球放在中间的白线上,用脚把球踢滚到对方场地上,当时称这种游戏为"哈巴斯托姆"。到 19 世纪初叶,足球运动在当时欧洲及拉丁美洲一些国家特别是在资本主义的英国已经相当盛行。直到 1848 年,足球运动的第一个文字形式的规则《剑桥规则》诞生了。然而众多的资料表明,中国古代足球的出现比欧洲更早,历史更为悠久。我国古代足球称为"蹴鞠"或"踢鞠","蹴"和"踢"都是踢的意思,"鞠"是球名。"蹴鞠"一词最早记载在《史记匪涨亓写》里,汉代刘向《别录》和唐人颜师曾为《汉书·枚乘传》均有记载。到了唐宋时期,"蹴鞠"活动已十分盛行,成为宫廷之中的高雅活动。1958 年 7 月,国际足联现任主席阿维兰热博士来中国时曾表示足球起源于中国。当然,由于封建社会的局限,中国古代的蹴鞠活动最终没有发展成为以"公平竞争"为原则的现代足球运动。这个质的飞跃是在英国完成的。

### 二、现代足球运动起源

从17世纪中后期开始，足球运动逐步从欧美传入世界各国，尤其是在一些文化发达的国家更为盛行。越来越多的人走向球场，投身到这一富有刺激性和畅快感的运动中去，以至于一度将足球运动开展得好坏作为衡量一个国家文化发达与否的标志。在这种情况下，英国人率先为足球运动的发展做出了重要贡献。1863年10月26日，英国人在伦敦皇后大街弗里马森旅馆成立了世界第一个足球协会——英格兰足球协会。会上除了宣布英格兰足协正式成立之外，制定和通过了世界第一部较为统一的足球竞赛规则，并以文字形式记载下来。英格兰足球协会的诞生，标志着足球运动的发展进入了一个崭新的阶段。因而，人们公认1863年10月26日，即英格兰足球协会成立之日为现代足球的诞生日。1904年5月21日，国际足球协会联合会（简称国际足联，英文缩写为FIFA）在法国巴黎圣奥诺雷街229号法国体育运动协会联盟驻地的后楼正式成立，法国等7个国家的代表和代理人在有关文件上签了字。1904年5月23日，国际足联召开了第1届全体代表大会，法国的罗伯特·盖林被推选为第一任主席。

## 第二节　中国足球运动的发展

现代足球运动于19世纪末至20世纪初传入中国，最初是由英国人带入香港。1908年在香港成立了中国现代足球运动的第一个组织——南华足球会。1934年，中国加入了国际足联。1958年，由于国际足联承认所谓"中华民国足球协会"为会员，中国足协宣布退出。1979年10月，国际足联决定恢复中国足协的合法权利，确认我国足协是中国的唯一代表。

1955年1月3日，新中国足球协会正式成立，从1956年起，开始实行甲、乙级联赛制度。20世纪80年代后，中国队曾多次参加世界杯及奥运会的足球预选赛，结果都差强人意。90年代末，开始实行职业联赛制度，使足球水平有了一定程度的提高。特别是女子足球，在国际上取得了辉煌的战果，被赞为"铿锵玫瑰"。在2001年世界杯亚洲区预选赛上，中国男子足球队以优异的战绩取得了出线权，完成了"冲出亚洲，走向世界"的历史使命，几代人的努力终于结出了丰硕的果实。

**思考题**

1. 根据现代足球的发展情况，谈谈足球运动的发展趋势。
2. 请你谈谈我国足球运动该如何加快发展。

# 第二章

# 足球基本技术

**学习提示**

- 掌握足球基本技术动作
- 了解足球基本技术中常见错误及纠正方法

## 第一节 颠球

颠球是指运动员用身体的各个有效部位连续地触及球,并加以控制尽量使球不落地的技术动作。

### 一、脚背正面颠球

支撑脚的膝关节微屈,身体重心移到支撑脚上,当球落至低于膝关节(离地面约 20 厘米)以下时,颠球脚的膝、踝关节适当放松,并柔和地向前稍上方甩动小腿,脚尖稍翘起,用脚背轻击球的底部,将球向上颠起(图 2-1)。

图 2-1

### 二、脚内侧颠球

支撑脚膝关节微屈。身体重心移至支撑脚上,当球下落到膝关节高度时,颠球脚屈膝盘腿,脚内侧向上摆脚内翻,轻击球的底部,将球向上颠起。

### 三、大腿颠球

支撑腿膝关节微屈,身体重心移至支撑脚上,两臂自然张开,当球下落到接近髋关节高度时,颠球的大腿屈膝上摆,当大腿摆到呈水平状态时击球的底部,将球向上颠起(图 2-2)。

### 四、颠球易犯错误及纠正方法

#### (一)易犯错误

① 脚击球时踝关节松弛,造成用力不稳定。
② 击球时脚尖向下或向上勾,造成球受力后向前或向后触碰身体,使球难以控制。

图 2-2

③ 颠球时身体其他部位不够放松，以至于动作僵硬。

（二）纠正方法

① 自抛自颠。
② 队友抛球，另一人练习若干次后交换颠球。
③ 划定一定范围，在此范围内练习。

# 第二节　踢球

踢球是指运动员有目的地用脚的某一部位把球踢向目的地。

踢球动作是由助跑、支撑脚站位、踢球腿的摆动、脚触球和踢球后的随前动作组成。

## 一、踢球技术动作环节分析

### （一）助跑

助跑是指运动员在踢球前的几步跑动。它的作用是使身体获得一定的前移速度并能调整人与球的位置、关系，以利于支撑脚处于正确的位置和增加击球力量。助跑最后一步，步幅应适当加大。为增大踢球的摆幅、制动身体前冲和提高踢球的准确性创造了有利条件。助跑分直线和斜线两种，助跑方向和出球方向相同的称直线助跑；助跑方向和出球方向成交叉的称斜线助跑。

如脚背正面踢球的助跑，大多数是在要求出球力量大的情况下使用的。那么要想使踢出的球获得最大的运动速度，就必须在比赛情况允许的条件下，在踢球前有尽可能快的助跑，使运动员的身体获得一个较快的前移速度，并把这个速度尽量多地传递给踢球脚的摆动上，从而增加击球的速度和力量。助跑最后一步要加大，就是要使踢球腿的摆幅增大，同时又使髋、膝关节前移的距离加长，从而为提高击球的准确性创造条件。另一方面，在激烈对抗的比赛中来球的情况是复杂的，运动员能否把助跑以及加快摆腿所获得的速度都作用在球上，关键是踢球时的支撑脚必须能够处于所需要的正确位置。而这个正确位置的取得也需要通过助跑来调整，才能达到踢球脚准确地触到球，并且充分发挥前面已经获得的全部力量。

### （二）支撑脚站位

支撑脚站位是指在踢球过程中支撑脚的力量、踏地方法、足尖方向和维持身体平衡的动作。它的作用主要是移动身体重心，维持身体平衡，使踢球腿得以协调发力。

支撑脚的位置：是指支撑脚与球的距离而言。支撑脚的位置对踢球运作的协调性、脚触球部位的准确性和踢出去球的高度、性能和力量有很大关系。

支撑脚踏地的前后距离直接关系到球踢出去的高度。当要踢出低平球（包括地滚球）时，为能有效地控制出球高度和加大踢球力量，支撑脚在踏地时，足尖一般落在球的后沿延长线上。左右的距离，原则上应使踏地支撑点和球的中心点连线的长度等于运动员骨盆横轴的宽度，这样便于踢球腿在快速摆动中，能够保证踢球时所运用的部位准确地击在球上。但有时由于运用踢球部位和用力方向的改变，其距离又必须进行适当调整。一般在大腿外展踢球时离球距离应适当近一些；在大腿内收踢球时应稍离球远一些。

踏地方法：支撑脚踏地的方法与运动员踢球前所处的状态有直接关系。一般在助跑踢球时，为能抵制身体向前的自然惯性，最后一步的步幅要适当加大，并要积极踏地。支撑脚踏地的顺序应是先以脚跟撑地，随着展腹，在送髋的同时，迅速地过渡到全脚掌，变斜撑为直撑，特别是在小范围内直接跨步踢球时，更需要用积极快速有力的踏地来带动踢球的摆动。为了减小撑地时的反作用力，膝关节可适当弯曲，以保证身体重心能够较稳定地落在支撑脚上。

足尖方向：支撑脚踏地时，足尖方向原则上应与出球方向保持一致。以便在踢球的刹那使身体正对出球方向；使踢球腿自然地前后摆动。同时对于踢球腿的摆动速度、击球力量的大小、击球方向的准确和身体的平衡等都有着直接影响。

维持身体平衡：是完成踢球动作的先决条件，它应贯穿在踢球动作的始终。支撑腿不仅要能够平稳地支撑住身体的重量，同时还必须能够在完成踢球动作的过程中与踢球腿协调配合，以维持身体平衡。支撑腿的膝、踝关节的屈伸动作在控制身体平衡中作用极大。其屈伸必须在撑、摆、击球的过程中协调地进行，才能做到在任何情况下身体平衡都能保持稳定。如脚背正面踢球时支撑腿的支撑任务就是让踢球腿在摆动踢球的整个过程中有一个支撑点，使踢球腿绕着这个前移的额状轴摆动，以达到自如的摆动和踢球脚的脚背正面准确地击球。支撑脚着地应是积极而迅速地以脚跟着地，同时膝关节微屈，随着身体前移支撑脚成滚动式地由脚跟过渡到脚前掌。从而在完成支撑的同时又尽量减少制动；同时使身体重心起伏波动不大地"平行"前移。这样就能把助跑时人体所获得的速度保持下来，并把这个速度加到踢球腿的摆动上，发挥最大的摆速，以增加击球力量。

踢球时，支撑脚应踏在球的侧面，其距离应接近两髋关节间的髋度，并且稍小于这个宽度，这是因为在身体重心移至支撑腿时，踢球腿的髋关节上提，骨盆必须倾斜来调节身体重心的变化，以维持身体的平衡。

踢活动球时，还要考虑到在支撑脚着地的同时，踢球腿才开始由后向前摆，而球却仍在运行中，因此在选择支撑脚的位置时，必须把摆腿所需要的时间计算在内，也就是有一定的提前量，才能确保踢球时支撑脚与球能够处于所需要的正确位置，以达到自如地摆腿和发挥最大摆速的目的。根据测定证明，踢球的刹那支撑脚处在球的侧面10～12厘米是比较理想的位置。

### （三）踢球腿摆动

踢球腿摆动是指踢球腿的动作而言。击球力量的大小是由多方面因素所决定的，但主要是取决于踢球腿的摆动。踢球腿的摆动方法有两种：一种是在跨步支撑的同时，大腿后引，小腿后屈前摆时以髋关节作轴，大腿带动小腿的摆动击球；一种是在跨步支撑时积极送髋；大腿前顶，小腿后屈，以膝关节作轴快速前摆小腿击球。

如脚背正面踢球时踢球腿的后摆应在支撑脚前跨与助跑最后一步蹬离地面时，顺势向后摆起，伸大腿屈小腿。由于小腿的后屈，使大小腿成折叠。腿的整个质量重心靠近髋关节，这样一方面前摆时转动半径缩短；另一方面小腿与地面的角度却增大，从而为踢球腿前摆产生较大的加速度做好充分的准备。

由于伸大腿屈小腿，此时臀大肌和大腿伸肌如：股二头肌、半膜肌、半腹肌参加收缩，使前摆的大腿屈肌的初长度被拉长。从而为增大踢球腿的摆幅，加快摆速积蓄了能量。

然而，这时小腿的屈曲还达不到理想的程度，这是由于在伸大腿的同时屈小腿，股后的多关节肌同时作用于两个关节，而产生张力不足，也就是主动不足，与此同时，大腿前肌群的多关节肌则产生了被动不足。但是当大腿开始前摆之后，股后肌只做小腿曲，股前的对抗肌就能充分在膝关节处被拉长。因而股四头肌能集中发力于伸膝动作，这就为小腿做爆发式摆动创造了高速有力的条件。为了增大踢球腿摆动的加速度，小腿要随着大腿前摆直到垂直于地面时应继续加深后屈，以增大摆动角，这是必须注意的重要动作。

踢球腿的前摆应在支撑脚着地的同时，以大腿带动曲屈的小腿绕前移的髋关节的额状轴，由后向前快速摆动，当膝盖摆到接近球的正上方时小腿则绕快速前移的膝关节的横轴（同时大腿绕髋关节的横轴）做爆发式的前摆，从而达到膝盖处在球的正上方时击球。

由于力量强大的大腿屈肌群在后摆时初长度被极度拉长后开始了功能性的收缩前摆，小腿的曲屈使摆动半径缩小而摆动角增大，前摆的加速度要自然增大和小腿绕着快速前移的膝关节轴做爆发式的摆动以及助跑时给身体快速前移惯性，推动髋关节在额状轴上前移等，所有这些能量此时都汇集到踢球腿的摆动上，到此踢球腿的摆动已达到运动员自身所能达到的最高速度。用这样的速度冲击在球上，球则必然以很快的速度飞进。当然它必须是在脚与球接触的部位都正确的条件下才能实现。

**（四）脚触球**

脚触球是踢球动作的核心。助跑、支撑和摆腿等动作的完成都是为了保证准确地击球。它包括击球时间、击球点和在击球刹那的动作表现。

脚触球包括脚的部位和球的部位两个因素，但并不是它的全部含义。脚触球还包含击球刹那踝关节的动作。脚触球是决定出球准确性的重要环节，也是影响出球力量的重要环节。如果踢球时脚的部位和球的部位都是正确的，并且踢球的作用力通过球心，球就会依照作用给球的力量飞向预定的目标。

用脚背正面踢球时，脚的部位应是第一、二、三楔骨和蹠骨末端部分，球的部位应是球的后中部，这是脚背正面踢球时，脚触球的理想部位。因为楔骨是脚背突起的部分，与圆形的球体碰撞、接触面比较小，因而力量集中（脚特大者多是蹠骨底和蹠骨背部）。还因为楔骨和蹠骨末端离踝关节最近，只要在踢球的刹那踝关节做紧张的蹠骨屈固定踝关节，就能使小腿与足成为一个坚固的整体，使之集中发力于膝关节，同时也延长了击球刹那的转动半径，自然地加快了击球的线速度，所以不仅力量增大，准确性也随之提高。

**（五）踢球后随前动作**

踢球后的随前动作，是要求脚与球接触时踢球腿仍以触球时的同样摆动速度继续前摆和送髋。球是弹性体，用脚踢球时脚与球并不是触到即离开，而是经过一个时间，尽管其时间极短。如果用30米/秒的摆腿速度踢球（标准气压的比赛用球）时，脚楔入球体约6～7厘米，球由静止状态转入运动状态，与此同时踢球脚仍以触球时同样的速度继续前摆，此时脚面紧贴球体，由于弹性体的球凹陷时内压增大，球又以极快的速度从凹隐恢复原状给紧贴球体的脚面以反作用力，虽然这个反作用力不会对击球刹那以同样速度继续前摆的脚发生降低摆速的影响，然而却对尚未达到最高速度的球自身运动速度起着进一步加快的作用，同时还影响出球的准确性。随着球速增大，脚速降低，球、脚分离。这时继续做随前动作对球的运动已不再发生任何作用，但是却能加长脚落地时的步幅，因而必能产生制动效果。从而达到逐渐缓和前惯性的效果。

相反，如果踢球脚触球就立即停止前摆和送髋，那就必然是在击球之前就开始减小用力。这样不仅踢球腿的摆速会降低，同时还会对快速前移的整个身体起着减速的影响，导致影响球速。总之，踢球的随前动作是影响踢球力量和出球准确性的完整踢球动作的不可缺少的环节。在教学、训练中必须给予应有的重视。

## 二、踢球技术动作方法

踢球技术按脚触球的部位不同主要有脚内侧踢球、脚背正面踢球、脚背内侧踢球、脚背外侧踢球、脚尖踢球和脚跟踢球等。下面重点介绍脚内侧踢球、脚背正面踢球、脚背内侧踢球、脚背外侧踢球技术。

### （一）脚内侧踢球

#### 1. 脚内侧踢定位球

动作方法：踢球时应直线助跑，跨步支撑时眼睛要看球。脚落地时足尖应与出球方向保持一致，距球10～15厘米，膝关节微屈，两臂自然张开，维持好身体平衡。踢球腿以髋关节为轴由后向前摆动，在前摆过程中髋关节外展，脚翘起，脚内侧与出球方向约成90°，以大腿带动小腿快摆击球。击球时脚跟前顶，脚腕用力绷紧，以脚内侧部位击球的后中部。击球后，踢球腿应继续保持击球时的形状随球前摆。

踢地滚球：脚内侧踢地滚球的动作方法基本上和踢定位球相同。所不同的是因为球在地面滚动，因此，在支撑与摆腿击球的过程中，要根据球滚动的方向、速度，对动作方法中的某些环节适当调整。

球从迎面滚来时，踢球前身体要正对来球方向，眼睛看着球以判断球滚动的速度和考虑完成踢球动作的时间。踢球时依球滚动速度，支撑脚踏地的位置要稍偏后些。因为支撑脚落地时球仍在运行中，故一定要把踢球腿从后摆动到前摆击球的时间计算在内。摆腿击球动作一般多运用敲击的方法，脚击球时间以球正滚到支撑脚脚尖的垂直线上为宜。

球向前滚动时，可以调整跑的速度尽快地接近球。踢球前，依球向前滚动的速度，支撑脚要稍向前踏些，以便在摆腿击球时能够踏在所需要的正确位置。摆腿击球时多运用摆击的方法将球击出（图2-3和图2-4）。

图 2-3　　　　　　　　　图 2-4

#### 2. 踢反弹球

脚内侧踢反弹球时，首先要根据来球的弧度及时准确地迂到球的落点，身体要正对来球，支撑脚的位置一般选在球侧。如来球弧度小，可偏后些，提腿击球时间及时准确地掌握在球落地反弹刚要离开地面的刹那，用摆击的方法击球的后中部。

#### 3. 踢空中球

脚内侧踢空中球时，身体要正对来球方向，两眼准确观察球在空中飞行的路线，大腿抬起，小腿拖在后面。击球时利用小腿的摆动平敲球的后中部，如要踢出高球，可踢球的中部（图2-5）。

图 2-5

**4. 脚内侧踢球易犯错误及纠正犯法**

（1）易犯错误

① 踢球腿膝踝关节外展角度不够，脚趾没勾翘，击球脚型不正确。

② 踢球腿直腿摆击球，出球乏力。

（2）纠正方法

① 可进行分解练习或无球模仿练习。

② 踢定位球时，确定支撑脚的支撑点，运用敲击的方式固定脚型。

## （二）脚背正面踢球

脚背正面踢球是用脚的一、二、三楔骨和蹠骨末端部分击球，这个击球部位较为坚硬。脚背正面踢球由于腿的摆动与人的髋膝关节的自然结构相适应，其用力方向与出球方向一致，并且同人的日常走、跑动作相一致，因此便于加大摆幅和加大摆速，所以便于大力踢球（图 2-6）。

图 2-6

**1. 踢定位球**

直线助跑，随着身体与球接近，两眼要紧紧地盯住球。跨步支撑时步幅要大而积极，支撑脚一般踏在球的后沿侧方 10～15 厘米处，足尖与出球方向一致，膝关节微屈。踢球腿在跨步支撑的同时大腿后引，小腿尽力后屈。在支持脚着地的同时，弓身送髋。在支撑腿由斜撑过渡到直撑的同时，以髋关节为轴，大腿带动小腿由后向前摆动。当膝盖提至接近球的后上方时，小腿加速前提。击球瞬时，脚背绷直，脚腕压紧，以脚背的正面击球的后中部。击球后，踢球腿应随球继续前摆。

**2. 踢地滚球**

脚背正面在踢迎面或向前的地滚球时，除应正确完成踢定位球的主要方法外，还应根据球滚动的速度，调整支撑脚踏地的位置，原则上支撑脚在踢迎面来的地滚球时应稍靠后些，踢向前地滚球时应稍靠前些。因为支撑脚踏地时球仍然在滚动，故一定要将踢球腿前摆击球这段时间计算在内。

**3. 踢反弹球**

脚背正面踢反弹球时，首先要准确判断球的落点、落地时间和反弹角度。踢球时，支撑脚踏在球的侧方，当球将要落地时踢球腿小腿急剧前提，在球刚落地反弹离地时，以脚背正面击球的后中部。

**4. 脚背正面踢球易犯错误及纠正方法**

（1）易犯错误

① 支撑脚的位置靠后，造成踢球时身体后仰而踢球的后下部，使踢出的球偏高。

② 摆动腿前摆时，小腿过早前摆，造成直腿踢球，出球无力。

③ 踢球时怕脚尖触地，脚背不敢绷直，造成脚趾触球。

（2）纠正方法

① 用线标出支撑脚的位置反复练习，并结合踢固定实心球体会脚触球的部位，要求身体稍前倾，重心跟上。

② 强调小腿摆动的时机，要求摆动腿的膝关节接近球的垂直上方时，加速摆动小腿。

③ 做上一步踢球模仿练习，要求脚背绷直，脚趾扣紧，足尖向下（图2-7）。

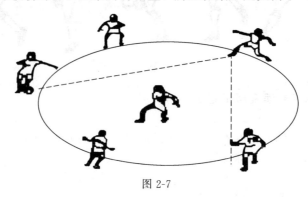

图 2-7

### （三）脚背内侧踢球

**1. 踢定位球**

图 2-8

斜线助跑，助跑方向与出球方向约成45°，支撑脚以脚掌处积极着地，踏在球的侧后方25～30厘米处，膝关节微屈，足尖指向出球方向，身体稍向支撑脚一侧倾斜。在支撑脚着地的同时，身体顺势向出球方向转动，踢球腿以髋关节为轴，大腿带动小腿呈弧形由后向前摆动。当膝盖提到接近球的内侧垂直上方的刹那，小腿加速前提，脚尖稍外转，脚面绷直，脚趾扣紧，脚背指向斜下方，以脚背内侧部位击球的后下部。踢球后，踢球腿随球继续前提（图2-8）。

**2. 踢地滚球**

脚背内侧踢地滚球时，无论球沿什么方向滚动，正确完成踢球动作的首要条件必须先明确出球方向，然后在助跑接近球的同时调整身体与出球方向的角度，使其保持在45°角。踢球的动作方法与踢定位球基本相同，只是支撑脚踏地的位置应根据球滚动的方向稍加调整。

**3. 踢过顶球**

动作方法基本与踢定位球相同。支撑脚可踏在球的侧后方，踢球脚不必过于绷紧，踢球的后下部并有弧下切的动作。踢球后，脚不随球前提，使球产生向后的旋转，以控制球速，使球呈抛物线缓慢下落。

**4. 转身踢球**

助跑最后一步略带跨跳动作，支撑脚的脚背和膝关节尽可能转向出球方向，利用腰的扭转协助提腿和做踢球动作。

**5. 踢弧线球**

助跑和支撑脚与踢定位球的动作方法相同，用脚背内侧踢球的后外侧，摆腿用力的方向不通过球的中心。在踢球的一刹那，踝关节用力向里转，脚稍上翘，使球成侧旋并沿一定的弧线运行。

**6. 脚背内侧踢球易犯错误及纠正方法**

（1）易犯错误

① 踢球方法本身：任何踢球方法最终都是由踢球时所要运用脚的某一部位去完成。因

此在学习掌握动作阶段应着重从运用的脚法上去发现错误。

② 动作完成的客观效果：任何踢球技术动作在运用时都应该有明确的目的，无论传球或射门，其动作完成都应达到预计效果。

（2）纠正方法　方法选择要有针对性，要抓住产生错误的主要方面，如脚法不准，着重解决摆腿路线和击球时脚型的控制等。传球不准属于方向错误的，应强调击球点的选择和摆腿用力与出球方向之间的关系对准确性的影响等；属于力量不当的，应从摆腿方向、摆腿发力击球等方面去解决。

### （四）脚背外侧踢球

#### 1. 脚背外侧踢球的动作要领

踢定位球时，正面直线助跑，最后一步稍大，支撑脚积极而迅速地以脚跟着地，踏在球的侧后方 10~15 厘米处，膝关节微屈，足尖正对出球方向，摆动腿以髋关节为轴，大腿带动小腿屈膝积极向前摆动，当膝盖摆到接近球的垂直上方时，小腿加速前摆，同时足尖内转，脚面绷直，脚趾扣紧，足尖指向斜下方，用脚背外侧击球的后中部。踢球后，踢球腿随球向前继续摆动（图 2-9）。

#### 2. 脚背外侧踢球易犯错误及纠正方法

（1）易犯错误

① 踢球时膝关节和脚尖内转不够，造成脚触球的部位不正确。

② 身体左转，小腿的摆动不够，造成直腿用脚背外侧去推球。

（2）脚背外侧踢球纠正方法

① 反复踢定位实心球练习，体会脚尖内转动作。

② 踢定位实心球练习，强调屈膝摆动，要求用脚背外侧触球的后中部。

图 2-9

# 第三节　停球

停球是指运动员有目的地用身体的合理部位把运行中的球接下来，控制在所需要的范围内，以便更好地衔接下一个技术动作。

## 一、停球技术动作环节分析

### （一）观察和移动

为了更好地完成停球动作，事先要注意观察来球的情况。从球的运行路线、球的旋转与速度等情况中，迅速判断落点，及时移动，使自己能处于做停球动作时所需要的最佳位置。

### （二）选择停球部位和停球方法

选择停球的部位和停球方法：停球的不同部位和采用不同的方法，各有其不同的作用，因此，必须根据临场的情况及下一步动作的需要，恰当地选择停球部位与停球方法。

### （三）改变来球的力量

根据来球力量的大小和停球实际需要，还可按照反射定律调整入射角，获取理想的反射角。

### （四）随球移动

停球动作完成后身体立即随球移动，紧密衔接下一个动作，在停球与处理球的动作之间不能有停顿。

## 二、停球技术动作方法

停球技术按脚触球部位不同主要有：脚内侧停球、脚背外侧停球、脚背正面停球、大腿停球、胸部停球等。

### （一）脚内侧停球

**1. 脚内侧停地滚球**

支撑脚正对来球，膝关节微屈，接球腿屈膝外转并前迎。脚尖稍翘起，当脚与球接触前的一刹那开始后撤，在后撤过程中用脚内侧接触球，把球控制在衔接下一个动作需要的位置上。如果需要将球接到自己的侧后方，在接球撤到支撑脚的侧方时，再继续以髋关节外转和腿后引的动作将球引向侧后方，同时以支撑脚脚掌为轴使身体转向出球方向。

脚内侧接地滚球时还可用挡压法。当球运行到支撑脚的侧方或侧前方时，接球脚以脚内侧挡压球的后上部，同时稍下膝。挡压球的力量大小要随来球力量大小而有所增减；来球力量大，挡压力量要小些；来球缓慢，挡压力量可稍大些。当需要将球接到支撑脚外侧时，接球脚的脚尖稍向前，脚内侧挡压球侧后上部，同时脚尖里转，支撑脚以前脚掌为轴身体转向出球方向。

**2. 脚内侧停反弹球**

支撑脚踏在球的落点的侧前方，膝关节弯曲，上体稍前倾并向接球方向微转，同时接球脚提起，踝关节放松，用脚内侧对准球的反弹路线。当球落地反弹刚离地面时，用脚内侧推压球的中上部。如果要把球接向左侧，支撑脚应踏在球落点的左侧方，脚尖指向左侧，同时上体也向左侧前倾。

**3. 脚内侧停空中球**

根据来球的高度，将接球脚举起前迎，脚内侧对准来球路线，在脚与球接触前的刹那开始后撤。在后撤过程中，用脚内侧接触球，把球控制在衔接下一个动作需要的位置中（图2-10）。

图 2-10

**4. 脚内侧停球易犯错误及纠正方法**

（1）易犯错误

① 触球时，接球脚的踝关节过于紧张，不利于缓冲，球接得离身体过远。

② 接地滚球时，脚离地过高，使球通过。

③ 接反弹球时，对球落地的时间判断不准，传球漏过或接不稳。

④ 接空中球时，因判断不好而举腿过早。

（2）纠正方法

① 可进行分解动作和无球模仿练习。

② 用手接反弹球，体会接球的时机是在球离地面的瞬间。

## （二）脚背外侧停球

### 1. 停地滚球

停球脚稍提起，膝关节和脚内转，用脚背外侧对正来球，在支撑腿的前侧方接触球的侧后方（偏支撑脚一侧），脚与球接触的刹那向外侧轻拨，将球停在侧方或侧前方。

### 2. 停反弹球

面对来球，支撑腿的膝关节微屈，停球脚在支撑脚前方稍提起，脚内翻，使小腿与地面成一定角度，踝关节放松，当球刚反弹离地时，用脚背外侧触球的侧上部，将球停在体侧。

### 3. 脚背外侧停球易犯错误及纠正方法

（1）易犯错误

① 支撑脚选位不当，影响整个接球动作的完成。

② 掌握不好球的落点，身体配合不协调延误推压动作的时机。

（2）纠正方法

① 学生从不同的方向对固定的球，进行模仿练习。

② 练习接反弹球时，可进行自抛自接练习。

## （三）脚背正面停球

### 1. 脚背正面停球动作要领

停球时，身体面对来球，支撑腿微屈维持身体平衡，停球腿屈膝抬起，小腿前伸主动迎球，用脚背正面接触球的底部，当脚背触球前的一刹那，小腿下撤以缓冲来球的力量，同时膝关节和踝关节放松，将球停留在体前适当的位置（图 2-11）。

图 2-11

### 2. 脚背正面停球易犯错误及纠正方法

（1）易犯错误

① 触球时，踝关节过于紧张，球接得离身体过远。

② 球接触脚背的后上部，缓冲不了来球力量。

③ 接球脚下撤太晚，使球不能随脚下撤。

（2）纠正方法

① 进行无球模仿练习。

② 进行无球身体的协调性练习，使膝、踝关节在练习中充分放松。

## （四）大腿停球

### 1. 停高球

判断好来球的落点，面对来球，停球腿大腿抬起，以大腿中部对准球的落点，在大腿与球接触的刹那，肌肉适当放松并迅速撤引，使球落在与下一个动作衔接所需要的位置（图 2-12）。

图 2-12

**2. 停平直球**

面对来球，对准来球的飞行路线，停球腿屈膝前迎，用大腿中部触球，在触球的刹那后撤，使球落在与下一个动作衔接所需要的位置。

**3. 大腿停球易犯错误及纠正方法**

（1）易犯错误

① 接球腿过于紧张，不能较好地缓冲来球力量。

② 接球腿下撤过迟，使球不能随腿下撤。

（2）纠正方法

① 可进行一抛一接的配合练习，掌握接球时引撤的时机。

② 大腿的颠球练习，在练习中找到接球的部位和缓冲效果。

### （五）胸部停球

**1. 挺胸停球**

身体正对来球，两脚前后开立，两膝微屈，上体后仰，重心落在两脚之间，两臂自然张开，微收腹，当球运行到胸部接触的刹那间，两脚蹬地，胸部上挺、憋气，使球触胸后向前上方弹起，改变运行方向然后落于体前（图2-13）。

**2. 收胸停球**

身体正对来球，两脚前后开立，两臂自然张开，重心前移，挺胸迎球，当球运行至胸部接触前的刹那，重心迅速后移，收胸、收腹以缓冲来球力量，将球停于体前（图2-14）。

图 2-13　　　　　　　　图 2-14

**3. 胸部停球易犯错误及纠正方法**

（1）易犯错误

① 接球时，球在空中的位置选择不准，未能用正确部位接触球。

② 收胸接球时，收胸和收腹过晚，未能缓冲来球力量。

③ 没有收下颚。
(2) 纠正方法
① 可进行一抛一接的配合练习，找到合理的接球位置。
② 可进行分解动作的模仿收挺练习，使身体与下肢协调配合。

## 第四节　运球

运球是指运动员在跑动中，用脚的推拨动作有目的地使球保持在自己控制的范围内而做的连续触球动作。

### 一、运球技术动作环节分析

**1. 支撑脚踏地蹬送阶段**

蹬送动作的作用是推动人体重心前移，维持身体相对平衡，保证运球脚顺利完成触球动作。

**2. 运球脚前摆触球阶段**

在支撑脚蹬送的同时，运球脚前摆触球给球以推动力。触球动作包括触球部位、触球时间、触球力量和触球方向等因素。

**3. 运球脚踏地支撑阶段**

运球脚触球后应顺势落地支撑，并随即过渡到蹬送动作，以保证重心移动的连续性，使人体与球的移动保持一种协调关系。

### 二、运球技术动作方法

运球技术按脚触球的部位主要分为脚内侧运球、脚背外侧运球、脚背正面运球等。

#### （一）脚内侧运球

**1. 脚内侧运球动作要领**

脚内侧运球时，支撑脚向前跨，踏在球的侧前方，膝关节稍弯曲，上体前倾向里转，随着身体向前移动，运球脚提起，在落地之前，用脚内侧推球的后中部（图 2-15）。

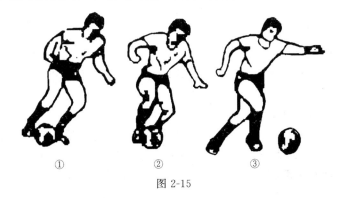

图 2-15

**2. 脚内侧运球易犯错误及纠正方法**

（1）易犯错误

① 只顾低头看球，而不能随时观察场上情况，以致不能及时传球或射门。
② 运球时，不是推拨球，而是踢球，以致球离身体过远而失去控制。

(2) 纠正方法

① 练习时前面设定目标，学员要提醒自己注意观察目标的变化。

② 练习原地脚内侧推拨球，体会脚内侧与球接触的感觉。

③ 可进行带球绕竿练习（图 2-16）。

### （二）脚背外侧运球

**1. 脚背外侧运球的动作要领**

跑动时身体自然放松，上体稍前倾，两臂自然摆动，步幅要小些。运球脚提起时，膝关节弯曲，脚跟提起，脚尖稍内转，用脚背外侧向前推拨球中下部（图 2-17）。

图 2-16    图 2-17

**2. 脚背外侧运球易犯错误及纠正方法**

(1) 易犯错误

① 运球时，膝关节没弯曲，推球力量大，球离身体过远，失去控制。

② 脚尖不内转，触球部位不正确，控制不好运球方向。

③ 身体重心过高或臀部后坐，身体重心不能随球前移。

(2) 纠正方法

① 用左脚脚尖将球向自己身体这侧拉回来，然后用右脚脚背外侧将球推出去。接着用右脚脚尖拉回。反复进行上述练习。

② 走或慢跑中做脚背外侧直线运球，一步一触球。

③ 单脚拨球练习，用单脚脚背外侧连续向外侧转圈拨球。一步一步拨球，球沿小圆圈路径运行。

### （三）脚背正面运球

脚背正面运球多在越过对手之后，前方纵深距离校长，仍需要快速运球前进的情况下使用。

**1. 脚背正面运球动作要领**

跑动时，身体自然放松，上体稍前倾，两臂自然摆动，步幅不宜过大。运球脚提起时，膝关节弯曲，脚跟提起，脚尖下指，用脚背正面向前推拨球前进（图 2-18）。

**2. 脚背正面运球易犯错误及纠正方法**

(1) 易犯错误

① 运球时，不是推拨球，而是捅球，球离身体过远，失去控制。

② 支撑脚离球过远，身体后仰；触球后，身体重心不能随球前移。

(2) 纠正方法

① 多做原地运球练习，体会脚与球接触的感觉。

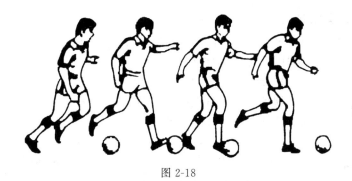

图 2-18

② 反复做无球跑动练习，提醒自己重心降低。

# 第五节　头顶球

## 一、头顶球技术动作环节分析

头顶球是指运动员有目的地用前额部分将球击向预定目标的动作。为准确完成击球动作，主要由以下三个环节组成。

### （一）移动与选位

移动与选位是正确完成头顶球动作的前提。它直接影响到顶球时间、方向、力量和准确性。判断是选位的依据。二者息息相关，因此选位前必须对球的性质，运动路线、弧度进行敏锐的观察，做出准确的判断。选位时两眼一定要注视来球，判断的过程中考虑位置的选择。移动既要考虑动作完整，又要重视完成的效果，否则将失去选位作用。选择的位置一般在以球飞行的自然弧线与两眼正视来球的视线直接相遇为宜，有的由于来球高度和弧线大小不同，在选位时适当调整身体姿势，如腾空跳起或屈膝下蹲。

### （二）身体的摆动

蹬地顶球时有两个作用：一是通过单脚或双脚起跳动作，利用蹬地产生的反作用力帮助身体向上腾起；二是通过单脚或双脚有力后蹬，加速身体的向前摆动，从而增大头部击球力量。

身体摆动是头部击球力量的重要来源。一种方法是上体借助两腿迅速有力蹬地的反作用而向前摆动，带动头部快速迎击来球。这种方法能够充分发挥腹背肌肉的屈伸作用，使头部击球前预先获得一定的摆动速度，增大头部击球力量。另一种是借助弓身拉长腹部肌肉群快速地发力，以头部迎击来球的方法，这种方法没有明显的准备动作，顶球突然快速，击球隐蔽，方向变化难测。但力量较小，一般用于短距离顶传。

### （三）头触球

头部击球时间直接影响到击球作用的发挥。一般情况下，当身体前摆即将恢复到直立状态时击球较为合适。

## 二、头顶球技术动作方法

头顶球技术的种类主要以顶球时运用的部位来区分。正确的部位只能是前额骨的正面和侧面。在这两种技术当中，由于顶球前的准备动作不同，又可分为原地顶球和跳起顶球。

## （一）额正面头顶球

前额正面坚硬平坦，触球面积大，它处于头的正前方和两眼上方，便于在顶球时观察来球周围情况，击球准确有力（图 2-19）。

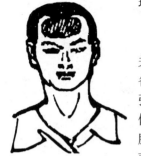

图 2-19

### 1. 原地顶球技术动作方法

顶球时先选好站位，使身体正对来球方向，两脚前后开立，膝关节微屈，重心在后，两眼注视来球，判断好来球的速度，做好准备工作，两腿前后开立腰部前挺，胸部上提、下颌平收、两臂自然张开，上体后倾、身体重心放在右脚上，顶球时后脚迅速蹬地，上体由后向前摆动，在即将触击球的刹那，两腿迅速用力蹬伸，以腰腹和颈部的快速摆动主动迎击来球。击球时，颈部肌肉保持紧张，两眼注视出球方向。

### 2. 跳起顶球

原地双脚起跳顶球：身体正对来球，两脚左右开立 15～20 厘米，脚尖稍内转，膝关节微屈，上体稍前倾，两臂屈肘后伸，身体重心平均落在两脚上，两眼注视来球。起跳时，两臂由后向前上方振臂，同时弓身、提胸、收下颌，两脚积极用力蹬伸，在跳起上升的过程中挺胸展腹，两臂自然张开，两眼注视来球，当跳到最高点准备顶球时，身体成背弓，当球运行到身体垂直部位前的刹那，快速收腹，折体前摆并且甩头，用前额正面将球顶出，顶球后两腿自然屈膝，屈踝落地（图 2-20）。

## （二）额侧面头顶球

额侧面顶球的部位是前额的两侧。这个部位虽然坚硬，但不平坦，面积亦小，又是在两眼的侧前方，顶球时摆体用力方向与来球方向不是迎面相遇，出球力量较小。故在击球时间、出球方向等方面都难以额骨正面顶球。其优点是动作突然，能变换出球方向，特别是前锋队员在门前得边锋传中球射门时威力更大（图 2-21）。

图 2-20　　　　　　　　　　图 2-21

### 1. 原地顶球

顶球前与出球方向同侧腿向前跨出一步，两膝微屈，身体重心放在后脚上，上体和头稍向异侧倾斜并转体约 45°，两眼斜视来球，两臂自然张开。顶球时，后脚蹬地，上体和头向出球方向迅速扭转，屈体甩头，在与出球方向同侧肩的前上方，用额骨侧面顶球。

### 2. 跳起顶球

一般用单脚起跳。起跳动作与前额骨正面顶球的单脚起跳动作相同。在跳起上升的过程中，上体侧屈，侧对来球。在跳到最高点顶球时，急速转体、甩头，用额骨侧面将球顶出。顶球后，两膝微屈缓和落地（图 2-22）。

图 2-22

### (三) 头顶球技术易犯错误及纠正方法

**1. 易犯错误**

① 顶球时闭眼或球与头接触的部位不对。
② 顶球时缩头、耸肩。
③ 球顶不远、无力。

**2. 纠正方法**

① 闭眼是恐惧心理和条件反射所致,可利用吊球反复练习自己体会。
② 缩头是不敢主动迎击球,多进行无球动作练习,之后可采用自抛自顶练习。
③ 要多练习腰腹肌力量,特别注意蹬地、收腹、甩头协调用力的练习。

## 第六节 抢截球

抢截球技术是指运动员在足球竞赛规则允许的范围内,使用身体的合理部位将对手的球抢过来或破坏掉的技术动作。抢截球可分为正面抢截球和侧面抢截球。

### 一、正面抢截球

两脚前后开立,膝微屈,身体重心下降并落在两脚间,面向对手。当运球者的球离开脚的一瞬间,支撑脚立即用力蹬地,抢球脚以脚内侧对准球并屈膝向球跨出,挡住球的前进方向,支撑脚立即前跨跟进,上体前倾保持身体平衡,把球控制住(图2-23)。

### 二、侧面抢截球

当与对手并肩跑动时,身体重心稍下降,同对方接触的上臂要紧贴身体,当对方靠近自己一侧的运球脚离开球时,用肘关节以上部位,冲撞对方相应部位,使对方向外侧倒斜而暂时失去身体平衡,乘机将球抢过来(图2-24)。

### 三、抢截球易犯错误及纠正方法

#### (一) 易犯错误

主要是抢球时机掌握不准,其次是抢球方法不当。

#### (二) 纠正方法

① 练习时加强对球的判断,即球没动或球还在对方控制范围内时,不要盲目伸脚。平时

图 2-23

图 2-24

可多做抢球的模仿练习。

② 两人一球,用脚内侧做抢球的模仿练习。方法是一人做脚内侧模仿运球动作,一人跨步做脚内侧抢球,还可以结合触球后的提拉动作。

③ 两人一球相对站立,相距 3~4 米将球放在中间,听信号后,两人同时上前伸脚拼抢。

④ 两人相距 6~8 米,一人向前运球,另一人上去做跨步抢球。

## 第七节　守门员技术

守门员技术是指守门员运用身体的合理部位所采取的有效防御的动作方法和在接球后所做的有助于本队进攻的动作方法。

### 一、守门员位置要求与技术环节分析

守门员技术主要包括选位、准备姿势、移动、接球、扑球、拳击球等。

#### (一) 位置选择

守门员首先要选择正确合理的站位。位置的选择应根据对方的射门角度来决定。一般情况下应站在两球门柱与射门时球所处的位置所形成的分角线上。当对方准备射门时,守门员应尽可能靠近射门者,这样可以缩小对手的射门角度。当球向中场或前场移动时,守门员可前移到球门区线附近,并根据球的发展及时调整自己的位置,当对方在中场直接插入突破时,守门员应抓好时机及时出击断球。

图 2-25

#### (二) 准备姿势

两脚左右开立,约同肩宽,两腿自然弯曲并稍内扣,脚跟稍提起,身体重心落在前脚掌上,上体稍前倾。两臂于体前自然弯曲,两手五指自然张开,掌心相对,两眼注视来球。

#### (三) 移动

守门员为了更好地堵截和接住对方的传球和射门,必须根据对方射门前球和人的位置变化而相应调整自己的位置,向所需位置移动,一般采用侧滑步与交叉步(图 2-25)。

### 二、守门员技术动作方法

#### (一) 接球

接球是守门员最主要的技术,包括接地滚球,接平直球、接高空球等内容。

## 1. 接地滚球

有直腿式和单腿跪撑式两种（图 2-26）。

图 2-26

(1) 直腿式接球　两腿自然张开，脚尖正对来球，上体前倾，两臂自然下垂，两小手指靠近，手掌对球稍前迎，两手接球的后底部，在手触球的一刹那，立即后引、屈肘、屈腕、两臂靠近将球抱于胸前（图 2-27）。

(2) 单腿跪撑式接球　身体正对来球，两腿前后开立，前腿弯曲支撑身体重心，后腿跪立，膝盖接近地面并靠近前脚脚踵。上体前倾，手臂下垂，手掌对准来球，稍向前迎，两手接球的后底部。在手触球的一刹那，两手后引，屈肘屈腕，两臂靠近将球抱于胸前，然后起立（图 2-28）。

图 2-27　　　　　　　　　　　　　　图 2-28

## 2. 接平直球

平直球又分为低于胸部和与胸齐肩的两种平直球。在接法上有所不同。

(1) 接低于胸部的平直球　身体正对来球，两脚左右开立，上体稍前倾，两臂下垂并屈肘前迎，两手小指相靠，手掌对球，当手触球的一刹那，两臂后引并屈肘，顺势将球抱于胸前。

(2) 接齐胸高平直球　身体正对来球，两臂屈肘并稍上举，两拇指相靠，手掌对球，当手触球时，手腕和手指适当用力，同时屈臂后引，翻掌将球抱于胸前（图 2-29）。

## 3. 接高空球

当判断好球在空中运行路线和确定接球点后，迅速移动并跳起，两臂上伸迎球，两手拇指相靠，手掌对球，当手触球时，手腕和手指适当用力将球接住，同时屈肘回缩并下引，顺势翻掌将球抱于胸前（图 2-30）。

## 4. 接球易犯错误及纠正方法

(1) 易犯错误

① 接球时肘关节外张，手腕没有扣紧，影响接球效果。

图 2-29　　　　　　　　　　　　　图 2-30

② 接球时两手掌相对，手型后仰，使球从两手臂间漏掉或脱手。
③ 挑起接球时，时机掌握不好，没有跳至最高处接球，影响接球控制空间。
（2）纠正方法
① 进行模仿性练习，注重强调手型和屈臂夹肘的动作。
② 进行自抛自接练习。

### （二）扑球

守门员来不及用其他接球动作时，常采用扑球动作把球接住，扑球是守门员技术中难度较大的技术动作。

**1. 扑两侧的低球**

如扑侧低球时，右脚迅速蹬地，左腿屈膝向左跨出一步，身体左倒，左脚着地后，随着用小腿、大腿、臀部、上体和手臂的外侧依次触地，同时两臂向球伸出，左手掌心正对来球，右手在左手前上方，两拇指靠近，两手腕稍向内屈，触球后把球收回胸前，然后立即站起。

**2. 跃起扑侧面地滚球**

来球离守门员较远时，可用这样的扑球方法，扑球时，两膝弯曲，身体重心下降，在身体向扑球方向侧倒的同时，同侧脚用力蹬地跃出，身体展开，两臂自然伸出，两手拇指靠近手指自然分开，掌心对球，向球扑去。手触球时，手指和手腕用力，以屈肘、扣腕、翻掌的连续动作将球抱于胸前，同时屈膝团身。落地时，以小腿、大腿、臀部、上体侧面和肩外侧依次着地。

**3. 跃出扑脚下球**

跃出扑脚下球的动作与扑地滚球的动作基本相似，但必须在对方还来不及起脚的情况下就要冲到对方跟前，并在对方起脚射门前的一刹那或起脚射门的同时，扑到对方脚下，扑到球后，要屈膝团身保护自己和球（图 2-31）。

**4. 扑侧面平高球**

扑这种球时，身体重心先移向靠近来球一侧的脚上，同时该脚用力蹬地向侧面跃起，身体展开，两臂自然伸出，两手拇指靠近，手指自然张开，手掌对球，当手触球时，以扣腕动作将球接住，落地时，以两手按球，前臂、肩部、上体侧面和下肢依次着地，同时屈肘、翻掌将球抱于胸前，并屈膝团身。

**5. 扑球易犯错误及纠正方法**

（1）易犯错误
① 迎球侧跨步时，上体不做压扑动作，影响倒地速度。
② 接球手臂伸出不一致，影响接球手型，接球不稳。

（2）纠正方法

① 进行模仿性倒地练习，注重强调侧蹬地和上体的下压。

② 进行跪地侧倒地接球练习，注重身体的充分伸展。

### （三）拳击球

在守门员没有把握接住或有对方猛烈冲力的情况下，为了避免接球脱手，可采用拳击球。拳击球有单拳击球和双拳击球两种。

**1. 单拳击球**

单拳击球动作灵活，活动范围较大，击球点高，击球力量大，多用于击两侧的传中球和高吊球（图2-32）。

图 2-31　　　　　　　　　　　　　　图 2-32

动作方法：屈肘握拳于肩前，身体跳起接近来球，在击球前的一刹那，快速冲拳，以拳面将球击向预定的目标。

**2. 双拳击球**

双拳击球动作，接触球的面积大，准确性高，多用于击正面高球或平高球。

动作方法：两臂屈肘握拳于胸前，两拳相拢，拳心相对，当跳起接近最高点即将触球的一刹那，两拳同时快速冲击，以拳面将球击向预定的目标。

**3. 拳击球易犯错误及纠正方法**

（1）易犯错误

① 跳起时机把握不准，击不住球。

② 拳面和击球点位置没掌握好，影响击球的力量和方向。

（2）纠正方法

① 在原地做双拳击球动作练习，确定击球点和整个动作的发力点。

② 做固定球或抛球练习，进行起跳击球和落地时的缓冲练习。

### 思考题

1. 试分析颠球、踢球、停球、运球头、顶球的技术动作过程。
2. 试分析踢球、停球技术的易犯错误和纠正方法。
3. 试分析守门员接球的技术方法。

# 第三章

# 足球基本战术

**学习提示**

- 了解个人战术和局部战术的行动准则
- 掌握如何建立自身的进攻与防守意识
- 掌握二过一和定位球等战术

## 第一节 个人战术

### 一、足球战术分析

足球战术是指在足球比赛中，为了战胜对手，根据主客观情况所采取的个人和集体的配合方法和形式。足球战术可分为进攻战术和防守战术两大系统。各系统又都包含个人战术、局部战术、整体战术、定位球战术及比赛阵型。

### 二、足球战术分类

#### （一）个人进攻战术

个人战术是指队员为完成全队战术配合及取得比赛的胜利而采取的个人行动和方法。个人进攻战术包括跑位、传球、射门和运球突破。

**1. 跑位**

比赛中无球队员不断地进行有目的的跑位，对完成全队的战术配合，起着极其重要的作用。跑位也就是为完成全队的战术配合服务的。

根据不同的战术目的，跑位分为接应跑位、拉策跑位、切入跑位等。不论哪种跑位，都要掌握好跑位的时机、方向和地点。跑位时机要恰到好处，若跑得早，同伴可能传不出球或看不到，同时易被对方识破，起不到应有的战术作用。所以跑位要在同伴可能传球时，突然摆脱防守及时跑位。跑位的方向有三个：向前跑、向后跑和向两侧跑。向前跑是主要的、积极的，首先考虑能否向前跑，加快推进速度；其次才是向后、向两侧跑，接应控球或扯拉空当。在中后场控球，队员要积极向前跑位，向前传球是可取的，在前场距门 40 米左右，跑位则是在球前面的队员向后跑位拉出防守队员，制造空当，在球后面的队员则突然插入空当接传球，突破防守。跑位方向要因场区而异，不可千篇一律。跑位地点同样注意不要几名队员跑一个方向，一个地点。跑向对方球门是最有威胁的。所以在跑位时要注意协调配合，几名队员跑位要注意先后次序，防止跑向一个地点，一个方向。另外，每名队员不应只做一种一次性的跑位，而是要根据比赛实际不断调整、改变跑位的目的、方向和位置。

### 2. 传球

传球在比赛中运用得最多，传球和跑位是构成集体进攻战术配合的基本条件。传球是组织进攻、变换战术和创造射门机会的有效手段。

传球的目标只有两个：一个是向同伴脚下传球，一个是向空当传球。向脚下传球的力量可大些，这样用力传球不易被对方抢断，同伴还可直接出球。向同伴脚下传球时还应注意向远离防守者的一侧传球。向空当传球要注意力量和落点，力量要适当，做到人到球到。向空当传球比向脚下传球的威胁要大，在比赛中应多向空当传球，队员也应向空当跑位，才能加快进攻速度、突破防守。总之，传球要准确、及时。

### 3. 运球突破

运球突破是个人进攻战术动作，它可以在局部地区造成以多打少的人数优势，运球突破最后一道防线即可直接威胁对方球门。也为本队其他队员制造射门得分机会。

要想突破对手的防守，需要掌握全面技术，特别是快速起动和运球过人的技术。运球过人突破防守的方法有强行突破、假动作过人突破、人球分走、穿裆过人等。

### （二）个人防守战术

个人防守战术包括选位与盯人及抢截战术。

这是个人防守战术的统一整体，选择正确的防守位置才有利于盯人，欲要有效地盯人，要有正确的防守位置。

选位应是根据比赛实际，不断调整防守位置，但应始终站在对手与本方球门中心所构成的直线上。在场地的任何位置防守，都要根据要里不要外、要中不要边、要后不要前的原则选位，并在选位的同时做到人球兼顾，切不可只顾球不盯人，或者相反，都是不对的。

盯人是紧逼盯人还是松动盯人，应根据场上的活动情况灵活运用。紧逼盯人是贴近对手，不给对手从容活动的余地；松动盯人是与对手保持适当的距离，以便随时上前抢断对手的球。一般情况下，有球的一侧要采用紧逼盯人，无球的一侧松动盯人。松动盯人的队员要注意人球兼顾，既要注意对手的活动意图，又要注意保护门前危险地区。

# 第二节　局部战术

局部战术可分为：局部进攻战术和局部防守战术。

### （一）局部进攻战术

局部进攻战术按形式有：传切配合、交叉掩护配合、二过一配合。

常用的"二过一"配合有：斜传直插二过一、直传斜插二过一、回传反切二过一、踢墙式二过一等形式。

（1）固定防守（标杆）二过一战术配合练习　每组8～10人，分成两队，相距10米左右，两人为一组，进行二过一配合练习（图3-1）。

（2）固定第二传球者二过一配合练习　全队分成若干组，每组固定一个第二传球者，每组同时练习一种战术配合，也可分别练习某一种战术配合，并结合射门进行练习（图3-2）。

（3）固定第二传球者往返二过一配合练习　每组7人，再分两小组，每组3人，相距

30米，成纵队面对面站立，中间一人为固定传球者，①运球传给⑦，⑦直接传给①，①得球传给④，④按①的方法进行练习（图3-3）。

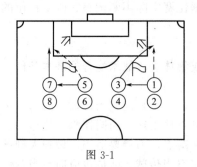

图3-1

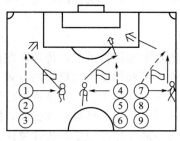

图3-2

（4）回传反切直插二过一配合练习　分两组，每组2人，成纵队面对面站立，相距20米左右，②向回扯动接①的传球，得球回传给①后，快速反切接①传球后传给④，跑到④身后，④得球后与①做回传反切二过一配合练习（图3-4）。

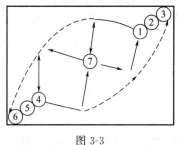

图3-3

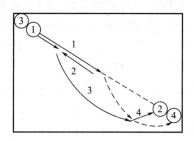

图3-4

（5）连续二过一配合练习　每组8～10人，再分两小组，相距30米左右成纵队面对面站立。①运球，②迎球接应，①传给②，②横传给①做二过一配合，②运球，③迎球接应，②传给③，③横传给②做二过一配合，依次反复练习（图3-5）。

（6）连续二过一配合射门练习　每组7～10人，有两人固定（或轮流）作传球者。①和②分别传给③和④，③和④直接传给①和②，①和②接球变向，再传给⑤和⑥，⑤和⑥传给①和②，①和②直接射门或运球射门（图3-6）。

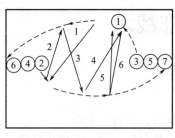

图3-5

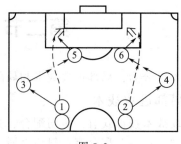

图3-6

（7）有防守的二过一配合射门练习　三人一组，两人进攻一人防守，进攻者根据防守者的位置练习二过一配合射门（图3-7）。

## （二）局部防守战术

局部防守战术的主要形式有：保护，补位，围抢。

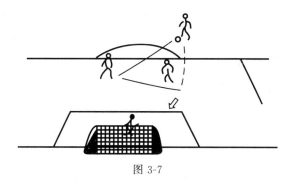

图 3-7

## 第三节 整体战术

整体战术分为整体进攻战术与整体防守战术。

### 一、整体进攻战术

整体进攻战术是指为了完成进攻战术任务所采用的全局性的进攻配合方法。整体进攻战术按形式可分为：边路进攻、中路进攻、转移进攻。

### 二、整体防守战术

整体防守战术是指全队所采取的防守战术方法。

整体防守战术按形式可分为：区域盯人防守、人盯人防守和混合盯人防守。

## 第四节 定位球战术

定位球战术是指比赛开始或成死球后恢复比赛时所采用的战术配合方法。

定位球战术包括：中点开球、任意球、角球、掷界外球、球门球和点球。

在势均力敌的高水平比赛中，定位球战术有时起决定胜负的作用。在配合上要利用简练的一次配合取得射门机会，配合越复杂成功率就越低。故要进行专门性的练习，才能在比赛中奏效。

### 一、任意球攻守战术

#### （一）直接射门

在场地中间或两侧获得任意球的机会时，只要有可能射门，最好的办法就是直接射门，随着守队排墙人数的增加，直接射入对方球门变得更加困难，因此，射手更需要掌握高超的踢弧线球的技术。同时攻队队员常采用在对方人墙的两侧或中间"夹塞"的办法，或者在罚球点自行排成人墙，以此在射门前阻挡守门员的视线，使其看不清罚球队员的动作，而在射门时这些队员迅速让出空当，使射出的球通过空当。

#### （二）配合射门

在罚球区的侧角和两边，当不可能直接射门时，则应进行配合射门，经常采用的有短传配合和长传配合两种。但配合的传球次数宜少，宜简不宜繁。传球和射门配合要默契。为避开人墙要用声东击西的假动作分散对方注意力。

## 二、掷界外球攻守战术

### （一）掷界外球进攻战术

**1. 接回传**

由接球者直接或间接回传给掷球者，由掷球者组织进攻。

**2. 接球**

用突然的变速变向摆脱防守，接应或插入接球，展开进攻。

**3. 传攻击**

由擅长掷球的队员掷出长传球，由同伴在对方门前配合攻击是经常用的方法。如掷球给跑动中的同伴，接球后用头顶后蹭传球，另两名队员配合同时包抄抢点攻门。

### （二）掷界外球防守战术

① 在掷球局部要紧逼，特别是有可能接球者，要盯紧。

② 比较危险的地域和有可能出现的空当要重点防守和保护。

③ 手在前场掷球时，应采取相应的防守对策，派人在掷球者前面影响掷球的远度和准确性，对重点对象要盯紧，选择防守的有利位置。

# 第五节　比赛阵型

为了适应攻守战术的需要，全队队员在场上的位置排列和职责分工，称为比赛阵型。

各阵型的名称是按队员排列的形状而定的。自 19 世纪中期世界上有了第一个足球比赛阵型到至今的"四三三"、"三五二"、"四二四"等，以及某些国家所采用的"水泥式"、"锁链式"等，都是沿着这一个客观规律演变和发展的。

**思考题**

1. 个人进攻与个人防守的基本方法和要求是什么？
2. 何谓整体战术与定位球战术？

# 第四章

# 足球竞赛规则与裁判法

**学习提示**

- 了解各级别足球比赛的裁判工作的基本理论
- 掌握鉴赏足球比赛的要领

## 第一节 足球竞赛规则简介

### 一、比赛场地与比赛用球

#### （一）比赛场地

**1. 球场面积**

球场呈长方形，长 90～120 米。宽 45～90 米。国际比赛场地长 100～110 米，宽 64～75 米。球场边线和长度允许适当伸缩，但场内各区域的尺寸是固定不变的。各线是该场区的一部分，其宽度均不得超过 12 厘米（图 4-1）。

**2. 场地各线、区、点、圈、弧及球门的作用**

足球场地由四线、三区、二点、一圈、一弧、一门构成。

（1）边线与端线是球场四周边界　边线较长，端线较短，当球的整体从地面或空中全部越过边线或端线时为球出界。比赛进行中，队员未经裁判员允许亦不得擅自出入此线。

（2）球门线　两门柱之间的端线部分叫球门线，其长 7.32 米，是判断球是否进门的标志线，当球的整体在球门框内从地面或空中全部越过球门线外沿时为球进门，对方胜一球。

（3）中线　中线将场地横向分为两等份，它是开球时双方队员的限制线，还是判定队员越位的一条界线。

（4）罚球区　在距球门柱两内沿各 16.50 米的端线外沿向场内各画一条 16.50 米的垂线，两端相连构成罚球区。该区在足球比赛中有许多影响、制约队员的作用，概括为以下几方面。

① 罚球点球区——防守队员在此区域内犯规被判罚直接任意球时，执行罚球点球。

② 守门员特区——守方守门员在此区域内可以用手触球。

③ 点球限制区——罚点球时，在球未向前踢出之前，除守门员和主罚队员外，其他队员均须退出罚球区。

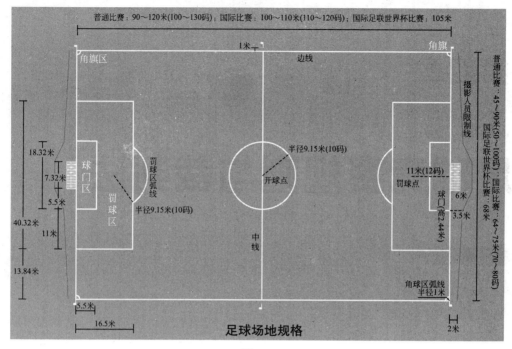

图 4-1

④ 比赛恢复区——防守队员踢球门球，或在罚球区内踢任意球，球须被直接踢出罚球区，比赛方重新恢复。

⑤ 对方队员限制区——防守队员踢球门球，或在罚球区内踢任意球，攻方队员须退出此区域。并至少距踢球地点 9.15 米，球被直接踢出该区域之前，不得进入罚球区。

⑥ 守门员接回传球限制区——比赛进行中，禁止守门员在此区域内用手接同伴用膝盖以下部位传来的球和本方队员掷出的界外球。但以下两种情况是允许的：

a. 可以用手臂以外的部位接控球和处理球；

b. 可以用手接同伴在与对方队员争抢中无意碰出的球。

（5）球门区　在距球门柱两内沿各 5.50 米的端线外沿向场内各画一长 5.50 米的垂线，两端相连构成球门区。它是踢球门球的区域，也是守门员保护区，除守门员正在接球或有阻挡对方队员的行为外，攻方队员不得向守门员进行合理冲撞。

（6）角球区　以边线和端线交点外沿为圆心，1 米为半径画一圆弧线，在场内与边线和端线相交的区域叫角球区；区顶应竖一高度不低于 1.5 米的平顶旗杆，上挂小旗一面。

（7）中点　中点是中线的中心点，其直径 22 厘米，是开始比赛或胜一球后重新恢复比赛时球的放置地点。

（8）罚球点　在罚球区内距球门线中央垂直距离 11 米处，画一直径同于中点大小的圆点叫罚球点，它是罚点球时球的放置地点。

（9）中圈　以中点为圆心，9.15 米为半径画圆所形成的圆形区域叫中圈，它是中圈开球时对方队员限制区。

（10）罚球弧　以罚球点为圆心，9.15 米为半径画弧，与罚球区线相交的一段弧线叫罚球弧，它是罚点球时的限制区。

（11）球门　球门是双方争取得分的目标，设在两条端线正中央，与两侧角球区相等距离，由直径不超过 12 厘米的两根立柱和一根横梁构成，两立柱内沿相距 7.32 米，横梁下沿离地面 2.44 米。正式比赛，球门后应张挂一网，以挡住射入门内的球，便于裁判员对胜一球的判定。球网应成弓形并适当撑起，使守门员有充分活动的空间。

### （二）比赛用球

① 球体圆匀，外壳用皮革或其他许可的材料做成，正式比赛用球的周长为 68～71 厘米，比赛开始时的球重为 396～453 克，充气后的压力是 0.6～1.1 个大气压。

② 比赛用球由裁判员审定，正式比赛须有备用球。

③ 比赛进行中发现球体漏气、破裂，应暂停比赛，更换球以后，由裁判员在暂停比赛时球的所在地点以坠球方式恢复比赛。

## 二、队员及其装备

### （一）队员

① 队员人数：每队上场 11 人，任何时候均不得少于 7 人，其中 1 人必须是守门员。

② 替补规定：从 1970 年第 9 届世界杯赛起，国际比赛每队可替补 2 人（在此之前无替补规定），从 1990 年第 14 届世界杯赛起，增至可替补 3 人，其中 1 人只能替补守门员。我国的联赛规定可替补 3 人，且位置不限。一般正式比赛，竞赛规程应明确规定各队替补人数。但任何正式比赛，被换下场的队员不得重新上场。

③ 队员替补：替补应在比赛成死球时，经裁判员同意后，在第一巡边员一侧中线处的边线外进行，先下后上。

④ 守门员与其他队员交换位置是可以的，但须事先通知裁判员，并在比赛成死球时进行。新担任守门员的队员，其服装应区别于场上其他队员和裁判员。

⑤ 比赛开始前，队员因故被取消比赛资格，可由其他队员替补，并不算一次换人。比赛开始后（包括中场休息）队员被取消比赛资格则不得替补。

### （二）队员装备

① 队员着装有运动衣、短裤、长袜和球鞋，球衣背面及短裤前面的号码应一致，队员之间不得重号，守门员上衣颜色应区别于其他队员和裁判员。

② 规则中没有规定队员比赛必须穿足球鞋，若多数人穿足球鞋，就不允许个别未穿足球鞋的队员参加比赛，反之亦然。竞赛规程应有明确规定。队员亦不得佩戴有可能伤及他人的物件，如手表、纪念章、硬沿帽等。

③ 由国际足联和中国足协举办的比赛，队员须佩戴护腿板，队长须佩戴袖标。

## 三、比赛时间及计分方法

### （一）比赛时间

① 正式比赛为 90 分钟，上、下半场各 45 分钟，中间休息 15 分钟（由裁判员掌握）。90 分钟战成平局而又必须决出胜负时，加时赛 30 分钟，上、下半场各 15 分钟，中间不再休息，双方交换场地后即进行比赛。若决胜期双方仍战成平局，则以踢点球方式决胜负。

国际足联秘书长布拉特先生在第 15 届世界杯决赛阶段比赛时宣布，从 1998 年第 16 届世界杯赛起，将实行延长期"突然死亡法"的新规定，即某队在延长期比赛中先攻入一球，将获得该场比赛的胜利。这一规定在 1994 年的第 12 届亚运会足球赛和日本等国的职业联赛中已试行。

② 比赛开始与恢复：裁判员鸣哨后，球被踢入前场并滚动至球的周长距离时，比赛即开始。队员踢任意球、角球及罚点球时，球滚动一周距离，界外球被直接掷入场内，即恢复

比赛。而踢球门球或在本方罚球区内踢任意球时，球须被直接踢出罚球区，比赛才恢复。

### （二）比赛成死球及比赛在进行中

**1. 比赛成死球**

① 裁判员鸣哨令比赛停止。
② 球的整体从地面或空中全部越过边线或端线时。

**2. 比赛进行中**

① 队员似有犯规而裁判未予判罚。
② 球触及球门柱、横梁或角旗杆弹回场内。
③ 球触及站在场上的裁判员、巡边员身上弹落于场内。

### （三）计分方法

**1. 胜一球**

进攻队员用手臂以外的其他部位触及球，使球的整体从两门柱间横梁以下越过球门线垂直面时，为胜一球。球触及裁判员或地方队员而入门，也算胜一球。

**2. 胜场记分**

从第1届到第14届世界杯赛，在决赛阶段的分组赛，每胜一场得2分，平一场得1分，负一场为0分。从第15届世界杯赛起，在决赛阶段的分组赛，每胜一场得3分，平局得1分，负一场为0分。其他正式比赛的胜场得分应在竞赛规程中明确规定。

**3. 外来因素进场触及将要进门的球的处理方法**

① 比赛进行中，外来因素进场触及将要进门的球，应停止比赛，在触球地点用坠球方式恢复比赛。若触球地点在球门区内，则退至球门区线上进行。
② 罚点球时，外来因素进场触及将要进门的球，应重罚。但点球踢出后触及守门号身体或触及立柱、横梁弹回场内，再被外来因素进场触及，则在触球地点用坠球方式恢复比赛。若触球地点在球门区内，则退至球门区线上进行。

## 四、定位球

当球出界、进门、比赛开始或裁判员鸣哨令比赛停止成死球时，需用（掷）定位球方式恢复比赛。包括中圈开球、任意球、角球、球门球、罚点球及掷界外球。此外，还有裁判员以坠球方式恢复比赛的定位球。

### （一）中圈开球

上、下半场开始或某队胜一球后进行中圈开球。开球前，双方队员应站在本方半场，守方队员不得进入中圈。裁判员鸣哨后，开球队员必须将球向前半场踢出并使球滚动一周距离时，比赛方为开始。中圈开球不能直接射门得分，开球队员不得连踢。

### （二）任意球

比赛进行中裁判员判罚队员犯规，由对方在犯规地点踢任意球恢复比赛。

任意球有两种，直接任意球可以直接射入对方球门得分，间接任意球须经场上另一队员（无论攻守）触及后方可入门得分。

任意球放定后即可罚踢，不必等待裁判员鸣哨，但攻方队员有越位限制。防守队员须退至9.15米以外进行防守，如果罚球地点距球门线不足9.15米，防守队员可退至球门线上进行防守。在球门区内踢任意球有两种情况：

① 攻方踢任意球，罚球地点应后移至球门区线上；
② 守方踢任意球，罚球地点可以是球门区内任何地点。

守方队员触球出端线，由攻方在球出界较近的一侧角球区踢角球。角球可以直接射门得分，直接接得角球的队员无越位限制。踢角球时，球的整体须放定在角球区内，踢球队员不得连踢，不得移动角旗杆。防守队员须退至 9.15 米外进行防守。

### (三) 球门球

攻方队员触球出端线，由守方在球门区内任何地点踢球门球。球门球须直接踢出罚球区，比赛方恢复。球未出罚球区之前，对方队员不得进入。主踢队员不得连踢，球门球不能直接射门得分，直接接得球门球的队员无越位限制。

### (四) 罚点球

守方队员在罚球区内故意犯规，被判罚直接任意球时，执行罚点球。罚球时，除主罚队员和守门员外，其他队员均须退至罚球区和罚球弧以外的场地内。点球须向前踢出，可以直接射门得分，但不得使用假动作，不得连踢；当球向前滚动至球周长距离时，比赛即恢复。点球未踢出之前，守门员双脚须站在球门线上，可以沿球门线左右移动。

队员过早进入罚球弧或罚球区是违例行为，应作如下处理。

① 攻方队员过早进入。罚中无效，重罚，并警告该队员。
② 守方队员过早进入。罚不中重罚，并警告该队员。
③ 双方均有队员过早进入。无论罚中与否，均重罚，并警告有关队员。

在半场或全场比赛结束时或结束后执行罚点球，应延长至点球踢完，即裁判员判定此球是否入门为止。球触及门柱、横梁或守门员身体后入门，仍判胜一球。

### (五) 掷界外球

① 比赛中，当球的整体从地面或空中越过边线时即为球出界。应由出界前最后触球的对方队员在离球出界处的边线外 1 米范围内，将球掷入场内。防守队员不允许在掷球队员身前进行干扰（图 4-2）。

② 掷球时，两脚可以平行站立或前后站立，脚可以踏在边线上或边线外。不允许队员跪在地上掷界外球。

③ 掷球时，允许脚在地上滑动，但任何一脚不得全部离地。

④ 掷界外球的方法应是：双手持球置于头的后方，面向场内，两手平均用力，从头后经头顶用一个完整的连贯动作将球掷入场内。

⑤ 掷界外球时，以合法的动作故意掷击对方队员是犯规行为，应由对方在犯规接触点罚直接任意球。

⑥ 掷界外球不能直接胜一球。如果直接掷入对方球门，由对方踢球门球，如直接掷入本方球门，由对方踢角球。球掷出并经其他队员触及而进入球门，应判胜一球。

图 4-2

⑦ 如队员不在球出界处掷界外球，裁判员应判由对方在原球出界处掷界外球。

### (六) 坠球

坠球是恢复比赛的特殊方式。比赛进行中，裁判员遇到下列情况可以鸣哨停止比赛，处理完后，再在鸣哨时球所在地点用坠球方式恢复比赛。

① 球体漏气、破裂，需要换球。
② 场上无犯规情况，但队员出现严重伤情。
③ 因雷电、暴雨，或观众干扰，裁判员认为须暂停比赛。
④ 队员射门，球进门之前被进场的外来因素触及，或罚点球时触及守门员身体弹回场

内,被进场的外来因素触及。

坠球时,裁判员单手持球于腰腹高,双方各出一名队员争球,距球约1米距离,当球下落触及地面,比赛即恢复。

## 五、犯规与不正当行为

足球比赛对抗性强,允许进行合理冲撞,在快速、剧烈的对抗中,运动员要克服许多困难去争抢球、控制球、处理球,以便充分发挥其身体、技术等方面的优势,一些非技术性动作、犯规与不正当行为时有发生。裁判员如果能把握队员企图,识别动作性质,对非技术性动作及时教育和处罚,对一般犯规和严重犯规善于区分处理,就能较好地控制比赛气氛,保障双方技战术的正常发挥,保证比赛的顺利进行。

在规则第十二章关于直接任意球和间接任意球的判罚条款中,都包含有冲撞犯规的内容,不合理冲撞属犯规动作,须判罚直接或间接任意球。而合理的冲撞动作却是足球比赛中应予鼓励的,它是运动员技术、身体、意志、拼搏精神的综合表现,因此我们要正确区分合理冲撞与不合理冲撞两类动作。

所谓合理冲撞,包含目的为球和动作合理两方面。

目的为球——指球在双方控制范围(2米)以内。

动作合理——指以肩以下肘以上部位冲撞对方相应部位,冲撞时手臂不得张开,冲撞动作不猛烈和不带危险性。

### (一)直接任意球和点球的判罚

队员故意违犯上述9项条款中的任何一项,被判罚直接任意球,防守队员在本方罚球区内故意违犯下述9项条款中的任何一项,不论球当时的位置,均判罚点球。这9项犯规概括为"两脚"、"三撞"、"四手"。

**1. 两脚**(脚部犯规两种)
① 踢人或企图踢对方队员。
② 绊摔对方。系指腿脚的勾绊和身体的蹲俯。

**2. 三撞**(冲撞犯规三种)
① 跳向对方冲撞。
② 带有暴力的危险性冲撞。
③ 从身后冲撞对方(有阻挡行为可适当冲撞)。

**3. 四手**(手部犯规四种)
① 打人或企图打对方队员,或向对方吐唾沫。
② 拉扯对方。
③ 推搡对方。
④ 手球。指用手或臂部携带球、推击球。

企图打人、企图踢人的"企图",系指犯规队员的踢、打动作已经做出,只是由于其他原因而未触及对方身体,其严重性质同于打人和踢人。

如果进攻队员在突破对方防守时或突破对方防守后,防守队员违犯上述9项条款中的任何一项,且其犯规后果破坏了进攻队明显的进攻机会,或破坏了进攻队明显的射门得分机会,裁判员必须判罚直接任意球并对上述两种情况的犯规队员分别给予警告或罚令出场(如果该犯规地点在罚球区内,则应判罚点球)。

### (二)间接任意球的判罚

技术性犯规一般判罚间接任意球,主要有五种:

**1. 危险动作**

队员目的为球,但动作有伤及对方的可能。例如蹬踏、抬脚过高或企图踢已被守门员控制的球。

**2. 阻挡**

队员目的不为争球而是挡住对手,或从对手与球中间穿过,以使本队得到利益。

**3. 冲撞时机不当**

冲撞动作合理,但球并不在双方控制范围(2米)以内。

**4. 冲撞守门员**

守门员的球门区内,除已经抓住球或有阻挡对方队员行为时,对方队员不得冲撞守门员。

**5. 守门员违例**

有以下五种情况。

① 四步违例。守门员在罚球区内用手控制住球后,无论持球、拍运或抛运球,都须在行走四步以内将球掷、踢出去。

② 守门员持球行走4步的过程中,已使球进入比赛状态,在未经对方队员触及前,再次用手触球。

③ 6秒违例。裁判员认为守门员持球时间过长,故意延误时间,有意停顿比赛,以使本队获利。

④ 用手接同队队员用膝盖以下部位传来的球,或接同队队员故意用脚挑起后,再用膝盖以上部位传来的球。

⑤ 接同队队员掷出的界外球。

此外,队员越位、连踢和比赛进行中裁判员对运动员不正当行为的判罚,均为间接任意球。

## (三) 黄牌——警告队员

队员有下列情况之一时将被裁判员出示黄牌警告:

① 比赛进行中未经裁判员允许,擅自出入场地;

② 连续违犯规则;

③ 对裁判员的判决以言语或行动表示不满;

④ 有不正当行为,例如对方踢任意球时,故意将球踢开,或不退出9.15米距离。

## (四) 红牌——罚令队员出场

队员有下列情况之一时将被裁判员出示红牌罚令出场:

① 暴力行为或严重犯规,例如从身后踢人、铲人、猛撞,故意踢人、打人,或报复性行为;

② 用粗言秽语进行辱骂;

③ 经黄牌警告后,因犯规或不正当行为,又被第二次警告。

# 六、越位

越位是足球运动的一项特殊规则,也是比赛中难度较大的一项判罚。并不是所有的越位情况都要判罚,而是有的应判,有的不判,在攻守双方队员争夺激烈,位移频繁的情况下,既要观察双方队员的位置变化,又要掌握传球时间,需要裁判员、巡边员准确的观察与配合。应抓好以下四个问题。

## (一) 越位位置

比赛进行中,只有处在越位位置的队员有可能被判罚越位。队员处于越位位置须同时具备以下三个条件:

① 在对方半场；
② 在球前面（与球平行是可以的）；
③ 与对方端线之间对方队员不足两人

进攻队员接到同队 9 号队员的传球，为越位。因为他较球和最后第二名防守队员更接近于对方球门线，并用越位位置获得了利益（图 4-3）。

图 4-3

### （二）判罚越位

处于越位位置的队员有"企图"或"干扰"情况时，应被判罚越位。

（1）企图　企图得球，即与同伴的传球形成了传接关系。

（2）干扰　越位队员虽没有得球企图与可能，但他的行为干扰了比赛或干扰了对方防守行动。

进攻队员 9 号越位。因为他对守门员构成了干扰而"卷入"现实比赛中（图 4-4）。

图 4-4

### （三）越位而不判罚

处于越位位置的队员，下列情况下不予判罚。

① 仅仅处于越位位置即越位队员不存在干扰比赛、干扰对方防守行动的情况，也没有得球的企图与可能性。

当同队 10 号队员踢球时，虽然一名进攻队员处于越位位置，但他不应被判罚越位，因为他没有利用越位位置获得利益，而未"卷入"现实比赛中（图 4-5）。

② 直接接得球门球、角球和界外球。

### （四）判罚越位的关键

进攻队员是否处于越位位置，是否判罚越位，关键是看同队队员踢球或触球一刹那，该队员是否处于越位位置。举例如下。

图 4-5

① 同队队员向前传球的触球一刹那，某队员尚不处于越位位置，待球传出后才跑至越位位置不应判罚。

② 同队队员向前传球的触球一刹那，某队员已从不越位位置位置跑至越位位置时则应判罚越位。

③ 同队队员传球时的触球一刹那，处在越位位置的进攻队员，无论他继续前跑企图得球或跑离传球区域，企图表示不接球，或向回跑至不越位的位置接球，均应判罚越位。

# 第二节　足球裁判法简介

裁判法是足球比赛过程中，裁判员与助理裁判员执行工作时相互配合的方法。正式比赛由一名裁判员和两名助理裁判员执行裁判工作，还须有一名预备裁判员。

## 一、裁判员、助理裁判员的职责

### （一）裁判员的职责

① 执行竞赛规则。
② 与助理裁判员及当有第四官员时，和他们一起控制比赛。
③ 确保任何比赛用球符合规则第二章的要求。
④ 确保队员装备符合规则第四章的要求。
⑤ 记录比赛时间和比赛成绩。
⑥ 因违反规则停止、推迟或终止比赛。
⑦ 因外界干扰停止、推迟或终止比赛。
⑧ 如果他认为队员受伤严重，则停止比赛，并确保将其移出比赛场地。
⑨ 如果他认为队员只受轻伤，则允许比赛继续进行直到成死球。
⑩ 确保队员因受伤流血时离开比赛场地。该队员经护理流血停止，在得到裁判员信号后方可重回场地。
⑪ 当一个队被犯规而根据"有利"条款能获利时，则允许比赛继续进行。如果预期的"有利"在那一时刻没有接着发生，则判罚最初的犯规。
⑫ 当队员同时出现一种以上的犯规时，则对较严重的犯规进行处罚。
⑬ 裁判员不必立即向可以被警告和罚令出场的队员进行处罚，但当比赛成死球时必须这样做。

⑭ 向对自己行为不负责任的球队官员进行处分，并可酌情将其驱逐出比赛场地及其周围地区。
⑮ 对于自己未看到的情况，可根据助理裁判员的意见进行判罚。
⑯ 确保未经批准的人员不得进入比赛场地。
⑰ 比赛停止后重新开始比赛。
⑱ 将在赛前、赛中或赛后向队员和球队官员进行的纪律处分及其他事件的情况用比赛报告的形式提交有关部门。
⑲ 裁判员根据与比赛相关的事实所作出的决定是最终的。
⑳ 只有在比赛未重新开始前，裁判员可以根据自己的判断或助理裁判员的意见而改变确实不正确的决定。

### （二）助理裁判员的职责

助理裁判员是裁判员的助手，通过旗示协助裁判员执行工作，应维护裁判员的最后判决权，完成裁判员交给的工作，其主要职责有以下几点。
① 看好边、端线。用旗示确定某队掷界外球，踢球门球或角球。
② 看好越位线。攻势向本方半场发展时，应始终与守方倒数第二个队员（通常是最后一名后卫）平行站位，并根据场上防守队员位置的变化及时调整位置。
③ 看好球门线。攻方射门时，及时移动到端线附近，观察球是否进门。
④ 完成裁判员交予的其他工作。例如：观察犯规、提示换人，记录比赛时间、比赛成绩、红黄牌情况等。
⑤ 当裁判员因故不能执行工作时，由第一助理裁判员代替执行裁判工作。

### （三）预备裁判员职责

① 记录比赛成绩（进球队员号码、进球时间、红黄牌情况等）。
② 掌握换人。
③ 维持运动员坐席秩序。
④ 替补做助理裁判员工作。当裁判员、助理裁判员中有人因故不能执行工作时，上场做助理裁判员工作。

## 二、裁判员与助理裁判员的配合

### （一）越位的配合

① 判罚越位是助理裁判员协助裁判员的一项重要工作，裁判员应经常保持与处在同一半场的助理裁判员的联系，这是避免"漏旗"的首要条件。
② 由于判罚越位的首要条件是同队队员踢（触）球的一瞬间，他是否处在越位位置，因此，比赛进行中，队员向前踢球时，裁判员认为攻方某队员可能越位，即应注视助理裁判员有无越位旗示。有时还会考虑助理裁判员因故举旗较慢，而在适当的时刻第二次看旗。
③ 为了协助裁判员掌握好对越位的判罚，助理裁判员始终与守方倒数第二名防守队员齐平，并随时注视攻方队员的集团，重要的是扩大视野和观察的范围，以利于判断队员踢球时同队队员是否越位。如发现队员越位，应及时将旗上举，向裁判员示意，裁判员则应及时鸣哨判罚越位犯规。
④ 尽管裁判员判罚越位在很大程度上需要助理裁判员的协助，但裁判员始终不应放弃自己的主观观察和判断，做到心中有数。
⑤ 裁判员看见助理裁判员的越位旗示后，认为不需要或不应判罚时，应回以简明的信号，助理裁判员则应及时收回旗示（这种情况在场上应尽量避免）。

⑥ 如助理裁判员的越位旗示是正确的而裁判员又漏看了旗示，其发展可能有以下两种情况。

a. 球被对方截获或踢出成死球，越位给守方造成的威胁已不复存在，助理裁判员应及时收回旗示。

b. 越位队员对守方的威胁仍然存在，继续进攻有可能进球或已射球入门，此时助理裁判员应坚持其上举的旗示，以供裁判员发现后改正，这只是一种补救的方法，裁判员应尽量避免漏看旗示。

⑦ 在罚球区附近攻方踢任意球时，如果裁判员负责观察越位，则助理裁判员一定要跑到球门线看球是否进门。两人形成一条对角线。在球场上绝对不能形成两个人站在一条直线上的情况。当攻方队员踢球后不存在越位和球进门时，助理裁判员应及时回到原来的位置观察越位。

## （二）定位球的配合

### 1. 开球

裁判员应站在开球半场内中圈附近，球的左侧后方，一面观察球是否合法开出，一面保持与守方半场助理裁判员面向联系，两个助理裁判员则分别与两队倒数第二名队员齐平观察可能出现的越位等情况。

### 2. 球门球

裁判员应站在中圈附近，观察球踢出后双方争夺及攻守发展情况。

### 3. 角球

无论在哪一角球区踢角球，裁判员应根据双方队员的位置，在罚球区的左侧区域选择自己便于观察的位置。踢角球所在半场的助理裁判员根据裁判员的配合要求，站在球门线延长线的角旗后面，裁判员与助理裁判员互相配合，观察球是否合法地放在角球区内；守方队员在球踢出前距球是否够 9.15 米；球踢出后运行中是否在空中越出球门线；以及球踢出并进入比赛状态后，可能发生的犯规及球进门的情况。另一名助理裁判员在中线附近，注意守方踢出的球和可能的长传反击。

### 4. 点球

裁判员应站在罚球区内与罚球点平行的延长线上，以便于观察球是否合法地放在罚球点上、守方守门员及攻守方其他队员在球未踢出前是否站在合法位置上、球是否合法地踢出等。该半场助理裁判员应站在近端的罚球区线与球门线交接处场外。

### 5. 任意球

若在中场踢任意球，裁判员应站在便于观察犯规情况并能与助理裁判员保持联系的位置上。若在接近守方罚球区处踢任意球，裁判员应站在与守方倒数第二名防守队员齐平的位置上，观察球踢出时的越位、犯规和球是否进门等情况。

## （三）掷界外球的配合

在掷界外球时，裁判员应注意掷球队员的手部动作，助理裁判员应注意掷球队员的脚部动作。

## （四）球出界的配合

### 1. 球出边线

规则赋予助理裁判员的职责之一，就是举旗示意球的整体越出边线，并示意由哪一方掷界外球。当助理裁判员明显看清最后触球者时应及时举旗示意由对方掷界外球；若球出界时助理裁判员距球较远或因其他原因看不清最后触球为哪一方时，助理裁判员可将旗上举，裁判员应迅速出示手势批示由某队掷界外球，助理裁判员根据裁判员手势作出相应的旗示。

**2. 球出球门线**

规则赋予助理裁判员的又一职责，就是举旗示意球的整体越出球门线，裁判员应迅速出示手势指示球门球或角球，助理裁判员根据裁判员手势作出相应的旗示。

## （五）球进门的配合

球进门判某队胜一球，是足球比赛裁判工作中至关重要的问题，必须借助助理裁判员的旗示。对球的整体是否在地面或空中越过球门线作出准确的判定，裁判员必须有自己的主观判断。

因此，裁判员应随时观察，当球有可能入门时，必须全力接近罚球区，在不影响队员活动的情况下，深入到球门区附近，以便观察准确。助理裁判员也必须跑到球门线，以协助裁判员观察球进门情况。其配合如下。

① 若是清楚、无事故的球进门，助理裁判员从靠近球门线的位置上沿边线向中线快速移动向裁判员示意球已进门，裁判员见到助理裁判员的行动信号，结合自己的判断，再鸣哨判定球进门。

② 双方在球门前争夺，一瞬间发生球的整体越过球门线，裁判员由于位置不利等原因未看清楚，如助理裁判员所处的位置已经看清楚球已进门时，助理裁判员应将旗直接指向中圈，示意球已进门，裁判员根据助理裁判员的旗示判胜一球。

③ 如果在混乱中，守方队员故意用手和臂部阻止球入门，而裁判员没有看到这个犯规，助理裁判员却已清楚地看到这个手球犯规，应及时举旗摇动，裁判员根据助理裁判员的旗示，立即停止比赛，作出相应的判罚。

④ 双方在球门前的争夺中，裁判员对某一球是否进入球门有怀疑时，必须密切注意助理裁判员的旗示，如助理裁判员清楚地看到球并未入门，应站在原位置不动，按比赛前准备会预定的信号，向裁判员提示球未进门。

## （六）比赛时间的配合

上、下半时即将结束时，根据准备会的分工，在最后3分钟内助理裁判员应给裁判员一个明显的信号提示，裁判员再根据场上的实际情况决定延长多少时间，并在最后1分钟内用明显信号通知第四官员。

第四官员根据裁判员的决定，将延长时间用换人牌向观众显示。在延长时间内，因故损失的时间裁判员仍可补足，最终由裁判员决定比赛结束。

## （七）决胜期罚点球的配合

第一助理裁判员站在球门线上，负责观察守门员是否站在球门线上、球的整体是否越过球门线；而裁判员则观察守门员是否站在球门线上，球未向前移动时，守门员是否向前离开球门线和攻守双方的其他犯规情况；第二助理裁判员则在中圈附近负责管理双方准备罚球的队员。

## （八）场上运动员发生突发事件的配合

**1. 在裁判员视线以外的突发事件**

在裁判员视线以外的突发事件，就是指裁判员未看见的突发事件。一般较多发生在裁判员身后，有时也可能发生在裁判员身前，只是由于各种原因，裁判员视线被挡而未看见。当比赛中出现裁判员视线以外的突发事件时，凡就近看清的助理裁判员应予协助，具体可视情节轻重，举旗示意裁判员停止比赛，或在比赛成死球时举旗。如果裁判员背向举旗的助理裁判员，不能及时看见旗示，则另一名助理裁判员应迅速呼应，举旗提示裁判员。此后，裁判员可根据助理裁判员提供的情况和建议，对有关运动员作出教育和处罚。

### 2. 围攻裁判员的突发事件

这种情况一般发生在比赛成死球时。具体可视情节轻重，采取由裁判员独自处理，就近助理裁判员观察情况，默记主要肇事者号码，或者就近助理裁判员（必要时另一助理裁判员和第四官员）迅速进场协助裁判员处理，并保护裁判员和默记主要肇事者号码。一旦在事件平息后，当裁判员需要时，助理裁判员能够提供情况，从而有利于裁判员作出准确的处罚。

### 3. 转攻助理裁判员的突发事件

一般多见于在比赛成死球时。当裁判员发现这种情况时，应及时上前制止，并视情节轻重，作出准确的处罚。如果这种情况发生在裁判员身后，被围攻的助理裁判员可举旗示意，另一侧助理裁判员亦举旗示意。此后，裁判员应迅速到达围攻地点予以制止，并根据助理裁判员提供的情况和建议对有关运动员作出准确的处罚。

## 三、哨声，手势和旗示

### （一）哨声

裁判员鸣哨要及时、果断、响亮，通过哨声长短与轻重缓急的变化，使人们易于辨别场上发生的情况。

① 比赛开始——长音响亮。
② 一般犯规——短促有力。
③ 严重犯规——有力洪亮，声音有爆发力。
④ 胜一球——长音洪亮，带有拖音。
⑤ 比赛结束——一短一长或两短一长。
⑥ 制止有可能引发纠纷的行为——连续短声。

### （二）手势

裁判员鸣哨判罚后，手势是给予重新恢复比赛的信号，要及时、准确、大方，防止手势不明或过分模仿队员犯规动作的情况。

① 直接任意球——单臂前平举或侧平举，指向罚球方向（图4-6）。
② 间接任意球——单臂上举，面向罚球方向（图4-7）。
③ 球门球——单臂前平举或侧平举，掌心向下，指向球门区。
④ 角球——臂斜上举约60°，掌心向下，指向球出界一侧的角球区。
⑤ 界外球——同于直接任意球手势，指向掷球队员进攻方向。
⑥ 有利而不判罚——两臂张开向前挥摆（图4-8）。

图4-6　　　　　　　图4-7　　　　　　　图4-8

### （三）旗示

旗示是助理裁判员表示应对场上发生的情况进行某种判罚时与裁判员的联系信号，要及时、准确、舒展。当犯规队员并未取得利益，或助理裁判员对情况一时难以判断时，上旗要稍慢，防止贸然举旗。

① 界外球——单臂执旗斜上举约45°，指示掷球方向。

② 球门球——单臂执旗前平举，指向球门区（图4-9）。

③ 角球——单臂执旗呈45°斜下举，指向近侧角球区，同时向端线跑动。

④ 越位——单臂执旗上举，待裁判员鸣哨判罚后，再下旗呈斜上举（远端越位）或前平举（中路越位）或斜下举（近端越位）（图4-10）。

⑤ 犯规——单臂执旗上举，直臂左右摆动，待裁判员鸣哨判罚后，再下落至斜上举，指向罚球方向。

⑥ 队员替补——双手持旗杆两端平举过头，将旗在头上展开（图4-11）。

图 4-9

图 4-10

图 4-11

### 思考题

1. 判罚任意球必须具备哪些条件？
2. 什么情况下判罚越位犯规？
3. 裁判员的判罚手势与旗语有哪些？

# 网球篇

## 第一章 网球运动概述

**学习提示**

- 了解网球运动的起源
- 了解国际重大网球赛事

### 第一节 网球运动的起源与发展

#### 一、网球运动的起源与发展

网球运动最早起源于12~13世纪法国传教士在教堂回廊里用手掌击球的一种游戏。后来成为宫廷里的一种室内消遣娱乐活动。也有人认为，网球运动的起源应追溯到"百年战争"（1337~1453年英法两国战争）以前在法国民间流传的一种名叫海欧·德·巴乌麦的球类游戏。网球的直径在6.541~6.858厘米之间。起初的网球，只是两个半球填充草、树叶或头发等制成的，后来随着网球的不断发展，球的制作也越来越讲究。

到了14世纪中叶，法国的一位诗人把这种球类游戏介绍到法国宫廷中，用作皇室贵族男女的消遣。当时玩这种游戏，场地是宫廷内的大厅，没有网也没有球拍，球是用布卷成圆形后用绳子绑成的。场地中间架起一条绳子为界，利用两手作球拍，把球从绳上丢来丢去，法语叫做tennez，英语叫做"takeit! play"，意即："抓住！丢过去"，今天"网球（tennis）"一语即来源于此。不久，木板的球拍被用来代替双手。16世纪初，这项球类游戏被法国国民发现，出于好奇心开始仿效，很快地传播到各大城市，同时改良了用具。球制造得比较耐用，

## 球类运动

拍子由木板改为羊皮纸板，拍面面积放大，握把的柄也加长。场地中间的绳子，增加了无数短绳子向地面垂下，球从绳子下面经过时，可以明显地发觉。后来被法国国王路易斯下令禁止，并规定这是宫廷中的特权游戏。17世纪初，场地中间不再用绳帘，而改用小方格网子，网比帘的作用更好，拍子改用穿线的网拍，富有弹性而且轻巧方便。在法国宫廷中进行这种游戏时，球场旁边放置一只金色容器，每次比赛完毕后，观众将金钱投入盘中，作为胜利者的奖品。这种方法起初的用意很好，后来渐渐演变成为一种赌博。开始时数目尚小，久而久之越赌越大，甚至有人因此倾家荡产，于是纠纷迭起，法国国王遂下令禁止再进行此种游戏，这就是18世纪初期网球衰败的主要原因。

大约在1358～1360年间，这种球类游戏从法国传到了英国。英国国王爱德华三世对此特别感兴趣，下令在宫内建造一处室内球场。从此，网球开始在英国流行，成为英国上层社会的一种娱乐活动，所以有"贵族运动"之雅称。这期间流行的主要是室内网球。

1873年英国人沃尔特·克洛普顿·温菲尔德将早期的网球打法加以改进，使之成为夏天在草坪上进行的一种体育活动，取名"草地网球"，并出版了一本《草地网球》手册，制定出最早的网球运动规则。因此温菲尔德被称为"近代网球的创始人"。此后网球便成为一项室内、户外都能进行的体育项目。同时在英国各地建立了网球运动俱乐部。1875年建立了全英网球运动俱乐部。这个俱乐部建造了世界上的第一个网球场地，并于1877年举办了全英草地网球男子单打锦标赛，即后来闻名于世的温布尔登网球赛。网球运动的广泛开展和比赛活动的日益频繁，没有统一的规则当然是不行的。于是在1876年，由一些地区的著名网球运动俱乐部派出代表，一起开会研究和讨论制定一个全英统一的网球规则。经过多次协商，各方代表终于对网球运动的场地、设备、打法和比赛等方面取得了一致的意见，并形成了一个统一的规则。大约在1878年以后，英国大多数网球俱乐部都逐渐按照新的打法开展活动，进行训练和比赛了。

1874年，在百慕大度假的美国女士玛丽·奥特布里奇在观看了英国军官的网球比赛后，对这项体育活动颇感兴趣，于是将网球规则、网拍和网球带到纽约。在美国，网球运动最初是在东部各学校中开展的，不久就传到中部、西部，进而在全美得到普及。此时网球运动已经由草地上演变到可以在沙土上、水泥地上、柏油地上举行比赛，于是"网球（tennis）"的名称就慢慢替代了"草地网球（lawn tennis）"的名称，这就是我们今天网球（tennis）名称的由来。

### 二、网球协会的产生和发展

1881年，世界上出现了第一个全国性的网球协会，即美国全国草地网球协会（"全国"两字于1920年取消）。该会于当年8月31日～9月3日，在罗得岛纽波特港举行了第一届美国草地网球男子单打和男子双打锦标赛，采用了温布尔登的比赛规则，参加比赛的有26人。

1904年，澳大利亚草地网球协会成立，并于1905年开始主办澳大利亚锦标赛，设男子单打、男子双打两个项目。1922年又增加了女子单打、女子双打和混合双打三项。法国网球锦标赛、英国温布尔登网球锦标赛、美国网球锦标赛和澳大利亚网球锦标赛合在一起是世界上最有声望的"大满贯"网球锦标赛。任何一名选手或一组双打选手能在同一赛季中，赢得这四个锦标赛的冠军时，便获得"大满贯"优胜者的荣誉。

1913年3月1日，由澳大利亚等12个国家的网球协会代表，在巴黎成立了国际网球联合会（ITF），协调国际网球活动，安排全年比赛日程表，修订网球规则并监督它的执行。目前，ITF有198个会员国，是世界上较大的体育组织之一。1972年，国际男子职业网球选手协会成立。1973年，国际女子网球协会成立。

# 第二节　国际重大网球赛事介绍

## 一、温布尔登网球公开赛

温布尔登网球锦标赛是近代网球史上最早出现的赛事。始于1877年，1884年设立了女子项目。首次正式比赛"全英草地网球锦标赛"在位于伦敦西南部的温布尔登总部举行；1905年起正式成为公开赛。开赛时间固定于每年6月最后一周至7月初，作为最古老和最有声誉的赛事，温布尔登大赛具有永恒的魅力。

## 二、法国网球公开赛

法国网球公开赛与温布尔登大赛一样，是世界网坛享有盛名的传统比赛。通常在每年5月下旬至6月上旬举行。此赛事创始于1891年，女子项目始于1897年。开始时，大赛只限于本国人参加，1925年后对外开放，成为公开赛。法国网球公开赛自开赛以来，已走过了100多年的历程，除了两次世界大战被迫停赛11年外，每年一届的赛事一直延续到今天。

## 三、美国网球公开赛

首届美国网球公开赛于1881年在罗得岛新港举行，该赛事的女子项目设立于1887年。赛事每年一次，通常在8月底至9月初举行。1968年后成为公开赛，是一年中最后举行的大满贯赛。

## 四、澳大利亚网球公开赛

澳大利亚网球公开赛是四大公开赛中最晚创建的赛事，始于1905年（女子为1922年），1968年正式成为公开赛，但它又是每年最早开始的大满贯赛事。

## 五、网球大师杯赛

网球大师杯赛是ATP男子年度总决赛，也是世界男子网坛顶级的赛事。2000年世界网坛三大组织——世界男子职业网球协会（ATP）、四大公开赛赛会和国际网球联合会（ITF）将原先的大满贯杯（1990～1999年）和男子职业巡回赛世界锦标赛（1990～1999年）合二为一，成为现在的大师杯赛。

## 六、WTA冠军锦标赛

WTA冠军锦标赛是每年一度的世界女子网球年终总决赛，是群英荟萃的顶级赛事。只有年终世界排名前16位的单打选手和前8位的双打配对选手能自动获得参赛资格。首届赛事始于1972年，由世界排名前8位的选手参赛，奖金为10万美元，创造了当时女子赛事奖金额的最高纪录。

## 七、戴维斯杯男子团体赛

一年一度的戴维斯杯赛是世界男子网球团体赛的顶级赛事，始于1900年的首场戴维斯杯赛是英国和美国之间的友谊赛，在波士顿的板球俱乐部举行，美国队以5∶0获胜。之后，又有比利时、法国等国家加入了戴维斯杯赛，赛制确定为挑战赛制，即上届冠军直接进入决赛，另一决赛名额由各参赛队决出。

随着参赛队伍的增多，出现了区域赛，如欧洲区、亚洲区、太平洋区等，并于1972年废除了挑战赛制，赛制改变为由16个最强的国家队组成世界组；世界组设立8个种子队，捉对厮杀后，前8强争夺戴维斯杯。

### 八、联合会杯团体赛

联合会杯是每年一度的世界女子顶级团体赛事。1963年，为纪念国际网球联合会成立50周年，一项类似戴维斯杯的世界女子网球团体赛（联合会杯）诞生了，16个队参加了首届比赛。在伦敦女王俱乐部进行的决赛中，美国队击败澳大利亚队荣获冠军。

为适应世界女子网球运动的变化，更好地推动女子网球运动的发展，联合会杯赛的赛制也进行了多次调整。从2001年起，进入决赛周的8个国家先进行分组循环赛，获小组前4名的队进入半决赛。半决赛采用交叉淘汰制，胜者争夺联合会杯。由于取消了原先对上届冠军队保留的直接进入前4名的特权，使比赛可以在更公平的环境下进行。

目前，联合会杯已成为与戴维斯杯齐名的赛事，受到普遍的欢迎。

## 第三节　网球运动礼仪

对喜欢打网球的人来说，网球场是一块充满挑战和乐趣的宝地，蓝天白云、明媚的阳光、新鲜的空气、涔涔的汗水、悦目的场地、文明的交往，打网球为无数陌生的朋友搭起了一座座友谊的桥梁。

"尊重网球场上的一切人与物"，这是打网球者最起码的行为准则，它包括尊重对手、观众、工作人员、服务人员，包括尊重球网、网柱、球拍、球等。运动员品行的优劣是烘托球场气氛的一个因素，也是运动员个人形象的一个重要组成部分。下面阐述的内容可以帮助初学者尽快地融入网球场独有的气氛中去。

当球滚入邻场而邻场的运动员正在练球之际，若贸然入场捡球显然是非常不礼貌的，也是很不安全的，可以稍等一下待其结束击球后再快步入场捡球或请其帮忙将球传出来。

当球场有运动员正在进行比赛时，其他人不可以进入比赛场区内捡球，并且也要尽量避免在运动员视线范围内随意走动，否则不仅不礼貌而且还会被认为是"意外阻碍"而影响比赛的正常进行。如果一定要穿越球场，可先站在一边观看，等球成"死球"后再从场边快步通过。

练球时，当自己击球出界或还击下网使对方因此失去一次连续练球的机会时，尽管自己不是有意的也应向对方说声"对不起"。细心的朋友会发现"谢谢"和"对不起"是网球场上使用频率最高的两个词。

要发球时先看一看对方是否已做好了接球的准备，不要连看都不看一眼就把球发出去完事，如果在练球时这样做，会被认为是对对方的不尊重，也极有可能导致"误击事件"的发生，如果在正式比赛中要被判为发球无效重新发球。练球时应主动承担起为对方观察司线的责任，告诉对方打过来的球是"In"（界内）、还是"Out"（出界）。

尽量不要从球网上面一跨而过，或者将身体压在其上面去捡对面场地上的球，否则网绳很容易因经不住压力而断掉。

进入网球场一般不允许穿硬底鞋、皮鞋、钉鞋等有损球场表面平整的鞋，鞋底的质地、颜色也以不致在场地表面留下痕迹为宜，赤脚或光脚穿鞋入场打球是被认为有失雅观的。

裁判员与运动员之间有时会因界内界外的问题发生分歧，这时候运动员应尽量保持情绪上的稳定，如有球印的话可向裁判指出，没有则服从裁判，而裁判所要做的是尊重球员，认真地裁决每一个球，避免错判、漏判的发生。

裁判员不仅是场上的执法官，也在一定程度上控制着比赛进行的节奏和气氛。比如在适当的时候他（她）会请观众坐好，会提醒观众不要用闪光灯拍照，也会请观众注意其他事项，如请尊重双方选手，等等。作为观众应留意到裁判员的提示，以免不小心影响比赛的进行。

观看比赛时应尽量避免携带能发出鸣叫声音的物品或关掉其声音。从运动员开始准备发球到一分结束，观众在此过程中最好不要随意交谈、吃东西、叫好、喝彩、鼓掌，否则不仅不礼貌甚至还会影响比赛的顺利进行。

运动员应尊重观众，而观众也应尊重运动员，应给双方运动员以平等的支持和鼓励，如因心理上对某一方运动员有所偏好而做出一些对另一方不利的事情，如喝倒彩等，这就显得不够宽容不够大度了。

运动员参加比赛时，在赛前练球热身的过程中应把对方视为与己同等的参与者并有义务为对方的练习提供帮助，任何有意妨碍对方练习的做法都是有失风度的，赛事跌宕起伏、扣人心弦。它为所有观赏者提供了同样的旋律或图景，为观赏者各自不同的审美观和欣赏能力变幻出不同的韵味和内涵。网球运动的美丰富多彩，观赏者可根据自身需求，细心体会，精心挖掘，从而使心灵得到陶冶，精神和感官得到享受。

### 思考题

1. 概括说明网球运动的由来和发展。
2. 例举"四大网球公开赛"。

# 第二章

# 网球运动基本技术

**学习提示**

- 了解网球击打的基本理念
- 掌握各项击球动作要领和训练途径
- 掌握基本技战术

## 第一节 网球必备的基本装备

### 一、球拍

选择网球拍时,除了考虑球拍的品牌、材料、价格外,还应注意到以下几个因素。

#### (一)重量

网球拍重量有轻(L,<368克)、中轻(LM,368～382克)、中(M,382～396克)、重(T,>396克)。个人可根据自身情况,选择重量合适的拍子。

#### (二)拍面

由于拍面整体或半径的不同,又可分为小型拍头球拍、中型拍头球拍和大型拍头球拍。拍面大小的选择,是颇为讲究的。

① 以旋转球为主的打法,可选购拍框较薄的球拍。
② 底线型选手可选择拍头稍重的球拍,上网型选手可选择拍头稍轻的球拍。
③ 要增加力量或攻击力,则可选择小拍面或拍头较重的球拍。
④ 要增加灵活度可选择小拍面或拍头稍轻的球拍。
⑤ 如要避震效果好,可选大拍面或材质、握把设计经过消震处理的球拍。
⑥ 如挥拍动作比较大(底线型)则可选择球拍材质较软、配方较有弹性或拍框较薄的球拍;挥拍动作比较小则可选择球拍材质较硬或拍框较厚的球拍。

#### (三)球拍柄粗细的选择

选择球拍拍柄粗细与运动员手掌大小有密切关系。一种公认的确定球拍拍柄粗细的测量手掌长度方法是:手指充分伸展,将三角尺顶角放在手掌的第二掌线上,将直尺放在无名指上。测量从第二掌线到中指指尖的长度,得出的长度就是适合本人使用的球拍拍柄粗细的尺寸。

### （四）网球拍的几项技术指标

挑选球拍时，还要考虑以下几项技术指标。

**1. 最佳击球区（甜点）**

击球最合适的点，一般是球的中心。其大小决定于球拍，只有从甜点打出的球最舒服，最不容易失误。在甜点周围击出的球会自然的带有不同的旋转，打不中甜点的话容易造成球拍的大幅度震动。

**2. 减震指数**

表示击球时，拍子产生震动的消失能力，分 1~10 级。指数高（6~10 级）说明震动能迅速减弱到 0。

**3. 硬度指数**

表示击球者对球拍的感觉，分 1~10 级。指数低（1~4 级）是软性球拍，指数高（6~10 级）为硬性球拍，硬度指数越高，表明球拍能提供更好的稳定性和更多的力量。但过硬的球拍可能会引发网球肘的症状。

## 二、吸汗带和减震器

握把部分缠绕拍柄胶皮或握把胶贴，目的是使自己手感舒适，握拍牢固，吸汗防滑。在选用握把胶贴时，针对自己的手掌大小和拍柄粗细等特点，可选择厚型或薄型柄贴。缠绕后拍柄的尺寸应符合自己手掌大小，在握拍时有舒适、防滑、挥拍自如的感觉。建议初学者使用减震器，减震器对减少震动的确有一定作用。减震器与球线接触面积越大，减震效果越好，但是相应的击球损失的手感就越多，就是感觉"木"一些。

## 三、网球

网球是用橡胶化合物制成内胎，外表覆盖以毛质纤维，在挑选时首先要注意球的外表，优质的网球应重量均匀，毛质纤维细密，手感好（不能是软绵绵的），表层毛质纤维织物厚度均匀，与内胎粘接牢固，接缝精致。网球应具有良好的弹性，用手指按压时软硬适中。当球从 2.54 米的高处自由落下时，应能在平硬的地面上弹起 1.35~1.47 米的高度，在选购网球时不妨用此法试一试。

## 四、服装及配件

网球服装从它诞生的那天起，就一直透着浓郁的时代气息。长时期内，白色一直被人们作为网球运动的标准颜色，它所代表的纯洁、高雅为网球运动树立了良好的形象。到了近代，男运动员的白色长裤变成了短裤，女运动员的裙子也逐渐演变成了今日的网球短裙。今日男子服装，图案美观、协调，突出了个性特征。

女子则短裙得体，集妩媚与运动为一身。近代的网球比赛中，虽商业化特征日益明显，但运动员仍不可穿着圆领长袖运动衫、体操短裤、西服衬衫、圆领衫或其他适当的运动服装，对服装上的广告数量和尺寸大小也有明确的规定。当然，明星运动员服饰的"示范效应"能给网球场上带来亮丽的风景线，如耐克公司为桑普拉斯设计的 Swoosh 系列：在 T 恤的领子及袖口处以蓝色及浅咖啡色饰边，下身配以色调酷似沙滩的格子短裤，使着装人浑身充满阳光活力。同是耐克公司为阿加西所设计的反传统的牛仔风格的球服，不再以白色为主要颜色，而是将大块的黑、红或紫色混合在一起，给人以醒目、亮丽的感觉，使人耳目一新。

## 五、网球鞋、袜

打网球时需要做许多次前后左右各个方向的急停、急起动、急变向，并且重心基本都在前脚掌上。选择网球鞋时应考虑透气性好、鞋面舒适贴脚、鞋底的纹路适于各种地面的摩擦等因素，而且内垫应有很强的支持力且具备良好的弹性，能够顺应足底的曲线来缓冲和吸收脚部的压力。

大多数网球场地均由三类性质不同的材料构成（草地、沙土、硬地），因此，不同形状的鞋底几乎决定了运动员在不同场地的发挥效率。草地场地首选有突出胶状纹路的鞋底，但对于沙土场地则应选择宽波沟纹路的鞋底，而现在使用得最多的是硬地球场（塑胶、沥青），则要选择细密人字形纹路的平滑鞋底。如果经常奔波于三种场地之间，为免更换麻烦，也可仅选择一双综合功能鞋底的运动鞋。

运动时鞋带应一直系到脚趾，切莫拉得太紧。网球袜只要吸汗、舒适就可以了。

常见的网球装备还有遮阳帽、束发带、太阳眼镜和护具等，除了相应的功能外，多被运动员当作装饰品来利用，也是一个地道的网球运动员所需要的"行头"。

## 第二节 网球运动技术

### 一、网球运动技术概念

#### （一）网球技术的概念

在网球规则允许的条件下，运动员采用的各种合理的击球动作和为完成击球动作所必不可少的其他配合动作的总称就是网球技术。网球技术主要由手法和步法两部分组成，手法是指击球时手部对于球拍和球的控制所需要的动作方法；步法是指快速的脚步移动、助跑和起跳的动作方法。快速灵活的步法是保持好人与球合理位里关系的前提，同时为手法的运用创造良好条件，而手法的准确熟练，也可弥补步法的不足，减少失误。网球技术动作多种多样，每一项技术动作都有不同的动作结构和不同的动作方法，凡属于合理的击球动作，首先要符合网球规则的要求，符合人体解剖学和生物力学的原理，同时要结合个人特点，完成动作时要做到协调、轻松、正确、省力，能够充分利用时间和空间变化，发挥人的体能和技能。网球技术中运动员采用的合理的击球动作指各种直接触球的动作，如发球、接发球、挑高球、高压球和截击球等技术，这些又称为有球技术。而各种准备姿势、移动、跑动和握拍方法等没有直接触及球的配合动作，称为无球技术网球技术。

#### （二）网球技术的分类

按照分类标准的不同，网球技术有两种分类方法，具体如下。

一种是按照网球比赛过程的先后次序分为发球、接发球、底线球、截击球、挑高球、高压球等；另外一种则将网球技术分为无球技术和有球技术两大类（图2-1）。

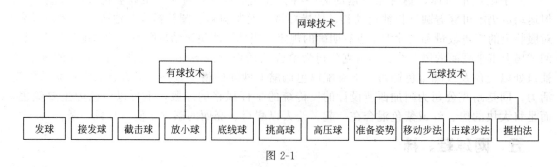

图 2-1

## 二、网球运动使用技术

### (一) 握拍方法及注意事项

在所有的网球技术中,最基本的就是握拍法,它可以直接影响球拍面接触球的角度,因此选择何种握拍方法是击球的关键。一般来说,最理想的握拍方式就是握住球拍时,拍面在击球时与地面保持垂直状态。由于世界各地网球场的建造材料不同,而且每位运动员本身状况也不相同,所以对于握拍方法的模式也不必强求一致。每个人都应该根据本人的情况和练习、比赛的状况找到适合自己的握拍方式。

目前世界上流行的握拍法有几种:东方式、大陆式、西方式、半西方式。不同的握拍法产生了各种不同的击球效应和打法,不同的打法在世界网坛上都获得了较好的成绩。因此,我国在开展网球运动中,几种不同的握拍方法都应提倡,相互促进,推动网球技术不断地发展。

**1. 东方式握拍法**(以右手为例)

东方式握拍法最先在美国东海岸一带流行,因而取名东方式。

东方式正拍握拍法:用右手掌根与拍柄右上斜面贴紧,拇指垫握住拍柄的左垂直面,食指微离中指,食指下关节压住拍柄右垂直面。由此拇指与食指成"V"形,对准拍柄的右上斜面和左上斜面的上端中间(图2-2)。

**2. 大陆式握拍法**(以右手为例)

与东方式握拍法不同,大陆式握拍法在进行正、反拍击球时都无需变换握法。握拍时用手掌根贴住拍柄上部的平面,食指与其余三指稍微分开,食指上关节聚贴在右上斜面上,拇指垫贴在拍柄的左垂直面上(图2-3)。

图 2-2

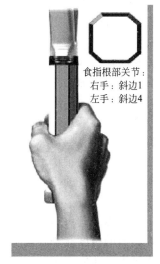

图 2-3

**3. 西方式握拍法**(以右手为例)

手掌心朝下,手掌的大部分放在拍柄的底部,手掌根贴在拍柄的右下斜面上,拇指压在拍柄的上部手面,食指的下关节握住拍柄的右下斜面。拇指与食指的"V"形对准握柄的右垂直面。握拍的形状好似"一把抓"(图2-4)。

**4. 半西方式握拍法**

以东方式握拍,然后逆时针方向(左手握拍则顺时针方向旋转)旋转球拍,使食指根部压在下一条拍棱上(图2-5)。

### 5. 双手反手握拍法

右手是"大陆式"握拍法，握在拍柄的后方，左手是"半西方式"握拍法，握在拍柄的前方（图 2-6）。

图 2-4

图 2-5

图 2-6

### 6. 握拍方法注意事项

（1）东方式握拍方法注意事项

该握拍法非常适宜底线击球，东方式正手握拍可以被称为"万能握拍法"，多为初学者使用。采用这种握拍，可以击打出很大力量和穿透性的平击球。同时，东方式握拍很容易转换到其他握拍方式，因此，对喜欢上网的选手，东方式握拍也是不错的选择。

与大陆式握拍相比，尽管东方式握拍的击球点在身体前部要更高更远一些，但它仍不适用于打高球。虽然东方式握拍击出的球比较有力量和穿透性，但更多的是平击球，这就导致稳定性会差一些，因此很难适应多回合的打法。因此东方式握拍不适用那些希望打出更多上旋球的选手。

（2）大陆式握拍法注意事项

由于该握拍法不需变换握拍位置，所以具有简便灵活的特点。适合处理低球，对上网截击也很有利。但对于腰部以上的来球，不易控制拍面，故打高球不太方便，同时也打不出强有力的上旋球。

这种握拍法还被称为"榔头"式握拍法，因为采用这种握拍时，食指根部压在与拍面水平的那个平面上，拍面的角度几乎与地面垂直，所以你仿佛在用拍框的侧面钉钉子一样。大陆式握拍法适合用来击打任何类型的球，但在发球、打截击球、过顶球、削球以及防守球时采用这种握拍效果更好。

运用大陆式握拍法可以使你在发球或打过顶球时手臂自然下压，这样不但攻击的效果最好，而且给手臂的压力也最小。由于在打正手和反手球时不需要调整握拍法，因此大陆式握拍法也是打网前截击球的最佳选择，因为采用这种握拍法可以使攻防转换十分迅速。同时，它还适合于在防守时击打已到达身体侧面、击球点较晚的球。

用大陆式握拍法很难打出带上旋的击球或削球。这就意味着你的击球点必须要比球网高，由于球在这一点停留的时间非常短暂，所以给你留下的击球时间就很短。另外，这种握拍不容易处理高速的落地球。

大陆式握拍还用来发球、打高压球、正反手截击球、正反手削球、防守性挑高球等，其应用非常广泛。

（3）西方式握拍法注意事项

该握拍法有利于抽击出强有力的上旋球，特别适合打腰部及腰部以上的来球。由于握拍手在球拍柄的下方，所以对比较低的来球，正、反拍都比较难处理。

这是一种很"极端"的握拍，手腕的位置迫使拍面强烈地击打球的后部，从而产生更多的上旋。你可以让击出的球恰好过网，但过网后它就会立刻下坠，而球在落地后还会高高地弹起，这就会迫使你的对手退至底线后回球。这种握拍比其他任何一种正手握拍法的击球点都要更高更远。正是因为西方式握拍法对高球的良好控制，因此许多上场选手和青少年都很青睐这种握拍法。

回击低球是此种握拍法的致命点。这就是为什么许多采用这种握拍的职业选手在球速较快、球的反弹较低的硬地或草地场上比赛时表现得不尽人意的原因。同时，你需要以更快的挥拍动作来给球加上必要的旋转，否则，击出的球就会既没有速度也没有深度。对于一部分选手来说，采用这种握拍也很难打出线路较平的球。

## （二）发球技术

常见的发球技术有平击发球、切削发球和上旋发球三种，以下将对这三种发球技术进行分析和研究。

### 1. 平击发球

当做好了发球的准备之后，两手同时动作，左手离开球拍经体前下落，伸直上臂再向前向上将球平稳地离开手指，右臂自然下落经体侧后引，拍头经右脚上面摆向身体后边，拍子继续向上摆动，当拍子与肩同高时转肩，使拍头垂于背后呈搔背状态，同时身体向右转动，身体重心由前脚移至后脚，下颌抬起，身体形成最大限度的背弓。从搔背动作起蹬地转体，转肩，身体重心移至前脚，两眼盯住球，网拍和手臂尽量向前上方伸展，以平行于球网的拍面击球后上部，网拍击中球后，两眼继续注视球飞进的方向，继续以随挥的力量将球拍经体前从左膝侧面挥向身后，上体前倾，右肩明显低于左肩，右脚上步维持身体平衡或向前跨步做上网准备（图 2-7）。

图 2-7

### 2. 切削发球

切削发球动作技术基本上类似于平击发球，切削发球要有力量，必须让球拍尽可能地往后，当球拍在背后，肘关节要比平击发球抬得高，才能发出有力量的球，球拍接触球一刹那，球拍是从后侧擦击球，使球产生侧旋，提高球的命中率，球发生后跟进动作在身体左侧下方结束，这种球发出后，飞机轨迹成弧线形，其落点比较容易控制。

### 3. 上旋发球

上旋发球时，球在空中有强烈的上侧或伴有侧旋，落地后弹跳比平击发球要反弹较高，给对方造成一定的困难，发球时要尽量隐蔽，看上去像是在发平击球或切削球。旋转发球的抛球比平击和切削球抛得更靠近身体。为了得到所需要的旋转，球拍应向上并翻越过球，这就需要与切削球和平击球发球有不用的击球位置和明显的扣腕动作。

### 4. 发球技术构成研究

网球的发球技术由以下六个部分构成。

（1）握拍法

采用大陆式握拍法，初学者也可以先从东方正手握拍开始。

（2）准备姿势

以右手持拍为例，在左区发球时左肩对着左边网柱，侧身站立，两脚分开约同肩宽，左脚指向右网柱，右脚约与端线平行，重心在左脚上，身体自然前倾。左手拇指、食指及中指三指持球，无名指和小指自然曲于球后，右手握拍，拍头指向前方。在右区发球时，左脚与端线平行，右脚指向右网柱（图2-8）。

（3）抛球

抛球的方法：持球手的肘部渐渐伸直并向下靠近持球手同侧的大腿，然后从腿侧自下而上将球抛起。在整个动作过程中，手臂保持伸直的状态，其走势与地面垂直，掌心向上，以拇指、食指、中指三指将球平稳托起，尽量避免勾指、甩手腕等多余的手部小动作，以免影响球的平稳走势，球在空中的旋转越少越好。球脱手的最佳点在手掌走势的最高点，脱手过早容易造成球在空中旋转和位置过于靠前，出手过晚则会令球的位置过于靠后。脱手时手指展开，将球送至空中。图2-9所示是抛球的持球方法。

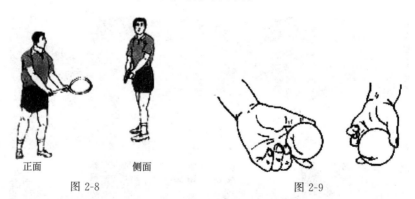

图 2-8　　　　　　　　图 2-9

抛球的高度：球抛到空中的高度大约到握拍手臂向上充分伸展时球拍的顶部，但也要视个人情况而定。

（4）后摆拉拍

后摆拉拍动作与抛球是同步开始的，当持球手在左脚前上举时，球拍向下向后做弧形摆动，举至背后，肘关节抬起，同屈膝屈体协调一致，形成一张拉满的"弓"，为有力的挥拍击球做好充分的准备。

(5) 挥拍击球

当球从最高点开始下落时，在屈膝、弓背动作的基础上自下而上依次蹬直踝部、膝部，反弹背弓并向出球方向转体。在蹬腿转体的同时，右肘关节继续抬起、拍头下垂，左臂逐渐下落，最后，以肘关节为轴带动手、拍头摆向击球点（图2-10）。

图 2-10

(6) 随挥动作

击球后身体向场内倾斜，保持连续的完整的向前上方伸展的随挥动作。球拍挥至身体的左侧（美式旋转发球球拍随挥至身体的右侧，这种发球难度大而且容易造成身体伤害，这里不做介绍），同时重心前移，向场内上一步保持身体平衡。

## （三）接发球技术

比赛从发球接发球开始，双方机会相等。在提高发球攻击力的同时，必须同步提高接发球技术。无论在单打比赛还是双打比赛中，接发球都与发球同等重要。若一名运动员两项技术相差悬殊，发球的优势被接发球的劣势抵消，在实力相当的比赛中则无法胜出。当今网球的技术朝着积极快速的方向发展。尤其在快速场地上，发球的威力和发球后上网抢攻战术对接发球提出更高的要求。可以看出，接发球技术水平的高低是攻守平衡的首要标志，因为比赛的第一回合就是从发球、接发球开始的，如果你处于劣势，其他技术将受到很大压力，甚至无法发挥。

可以说，当今网球的空前高水平、五彩缤纷的表演是从发球、接发球开始的。网坛高手们除了具有强有力的发球外，都极力改善发球技术，以求从被动中争取主动。我国网球水平之所以与先进水平存在差距，与发球接发球这对孪生技术存在的问题有直接关系。

由于接发球在态势上是被动的，是受发球制约的，有时不是某种特定的动作可以奏效的。为适应战术上的需要，它和发球一样，都有一定的准备时间，先预判对方的发球意图，计划好接发球的方法，但是要在瞬间处理好，难度是很大的。必须指出：接发球的指导思想应该是"摆脱被动，力争主动，敢于挑战强有力的发球。"要在第一回合的交锋中在气势上压倒对方。

网球的接发球技术主要由准备动作和引拍、向前挥拍和触球及随挥动作三部分组成。

(1) 准备动作和引拍

当使用进攻的接发球时，球员应使用合适的正反手握拍法（即半西式或东式握拍法）。引拍动作应与正常地击落地球的动作相似，尽管根据来球的速度，它的幅度可小一些。接发球的难度越大，引拍动作的幅度应该越小。应该提前向前斜向移动击球，以便缩小发球手回击的角度，减少发球手回球的时间。

当使用防守型接发球时，如果对来球来不及做出反应，球员可能不得不使用中间握拍法（即大陆式握拍法）。引拍动作应与截击时或击直线落地球时使用的动作相似。尽管根据来球的速度，它的幅度可小一些（即挡击式的接发球）。

（2）向前挥拍和触球

使用进攻型接发球的向前挥拍与球拍击带上旋的落地球的轨迹（由低向高）相似。触球区通常比正常的击带上旋的落地球的触球区更高、更靠前，因为发的球弹跳得更高（如带上旋的二发）。当球员跨步击球时，由于使用他的身体链的所有部分，击球就有了速度。但同时，他们应力求保持身体所有这些部分，特别是头部和上体的动态平衡。

防守型接发球的向前挥拍通常与截击时球拍的轨迹（由高向低）或击直线落地球时球拍的轨迹（由后向前）相似。接发斜线球时，触球区通常比正常的截击更靠前，或者像正常截击时更靠近身体。球员击球时应力求收紧挥拍动作，握紧球拍以控制球速。

（3）随挥动作

使用进攻型接发球的随挥动作与击带上旋的落地球的随球动作相似，球员接发球后上网的情况除外。在这种情况下，球员通常采用"屏风"式移动，击球时就开始前移上网。

使用防守型接发球随挥动作，根据发球的力量与正常的截击或凌空拦击（击球动作小）的随挥动作相似。在这种情况下，球员通常力求接好发球并尽快复位准备再次击球。

接发球的基本类型有两种：进攻型的接发球和防守型的接发球。进攻型接发球的主要目的是给发球一方施加压力。通常使用它来对付力量小的一发或者对付二发。当使用进攻型的接发球时，高水平的球员经常跑向他的反手一侧，侧身正手向发球一方最弱的一侧击上旋球或平击球。

防守型接发球的主要目的是接好发来的球。通常用它来对付威力极大的一发或大角度的二发。当使用防守型接发球时，高水平球员用挡击控制球速。如果对手站在后场，防守型接发球可以打高打深；如果对手发球后上网可以挑高球。

### （四）击球技术

网球常见的击球技术有正手击球技术和反手击球技术两种。

**1. 正手击球**

正手击球动作由准备姿势、后摆引拍、挥拍击球和随挥跟进四个动作技术环节组成。

（1）准备姿势

面对球网，双脚向前自然分开与肩同宽或略大于肩宽，两膝放松，重心稍前移，落在前脚掌上，左手扶住拍颈，拍面与地面垂直，拍头指向对方，注意对方来球，做好击球准备（图2-11）。

（2）后摆引球拍

当判断来球需用正拍回击时，要快速向后引拍，持拍的手臂放松向后向上拉拍，引拍的路线是直线向后，球拍指向球场后端的挡网，拍底正对着球网，拍头向上稍高于手腕，转动双肩，重心后移，左脚前踏（与端线成45°角），左肩对网，尽量保持侧身迎击球，左手一定要随着侧身转体而指向前面的来球（图2-12）。

（3）挥拍击球

击球时应转动身体，用力蹬腿，以肩关节为轴，手腕固定，用大臂挥动带动小臂，提前挥拍，沿着来球的轨迹挥出去，击球点一般在左脚右侧前方与腰齐高的高度击球，当来球较高时，就快速后退，来球较低时应上前，屈膝，让球保持与腰齐高的高度击球（图2-13）。

图 2-11 　　　　　　　　　　　图 2-12

（4）随挥跟进

球触拍后，使拍面平行于网的时间尽量长些，挥拍沿着球飞行的方向前送，重心前移落在左脚上，身体转向球网，拍头随着惯性挥到左肩的前上方，肘关节向前，用左手扶住拍颈，随挥跟进结束，立即恢复到准备姿势（图 2-14）。

图 2-13 　　　　　　　　　　　图 2-14

**2. 反手击球**

（1）准备姿势

面对球网，双脚向前自然分开与肩同宽，双膝微屈，腰部略向前，用非握拍手轻托拍颈，拍头与下巴齐平，双肘弯曲，将球拍舒适伸在前面，身体前倾，重心落在双脚上。当判断对方来球朝你的反拍方向飞来时，轻握拍颈的左手应该迅速帮助右手握拍变换为反拍握拍法（图 2-11）。

图 2-15

（2）后摆引球

向左肩转髋带动右手向左后方摆动，左脚向左转 90°与底线平行，同时右脚向左前方上步，左肩对着球网，手腕绷紧、后伸，双肩夹紧，右手拇指靠近左腿的上部。后摆时肘关节自然弯曲、下垂，重心移向后方的脚上。反拍的后摆动作应比正拍后摆动作更早地完成。单手反拍时，左手可轻托拍颈，伴随着向左转的协调动作；若是双手反拍挥臂，需要更充分的转体动作，右肩转向左侧的网柱（图 2-15）。

（3）前挥击球

从后摆进入向前挥动时应紧握球拍，手腕固定，右脚与网成 45°角，转动双肩、躯干和臀部，挥拍向球，反拍的击球点应在身体的左侧前方，击球时球拍与右脚应在一条直线上。击球瞬间，挥拍头的挥动最快，对准来球把球打正，肘部应伸直，球拍与手齐平，双眼盯住球。随着身体重心从后脚移向前脚。反拍上旋球的击球动作其拍头轨迹是自上而下的（图 2-16）。

（4）随挥动作

球击出后，拍面平行于网的时间尽量长些，挥拍沿着球飞行的方向前送，球拍随球向前的距离小于 60 厘米，重心前移，落在右脚，身体也随着转向球网，挥拍在右肩上方结束，拍头指向上方（削击球则不同），完成好随挥动作有助于控制球的落点和方向。随挥动作要比后摆动作大而充分，从而保证击球动作的完整和稳定。随挥跟进动作结束，身体转向球网，迅速恢复原来的准备姿势，准备下一次击球（图 2-17）。

图 2-16

图 2-17

### 3. 击球技术注意事项

（1）正手击球的注意事项

正手击球的全过程，眼睛要始终盯住球，要尽早、尽快地向后摆引拍。正手击球的击球点正对着前髋，击球时，要握紧球拍，绷紧手腕，球拍随球送出，充分随挥至左前上方。

（2）反手击球的注意事项

反手击球时，运动员要迅速转体、转肩，球拍及早后摆，眼睛要自始至终盯球。击球时，要握紧球拍，绷紧手腕，向上挥拍，将球送出，随挥动作在旁侧的高处结束。

## （五）截击球技术

截击球是网前技术中的一种攻击性击球方法，当球在落地之前，将球击回到对方半场区，它回球速度快，力量重，威胁大。良好的网球截击技术是优秀网球运动员必须具备的，比赛中常被采用在发球上网或正反手击球后上网截击，截击球技术是攻击性打法不可缺少的重要内容。常见截击球技术有正手截击球、反手截击球等。

### 1. 正手截击球

来球向正手侧飞来时，身体快速向右转体，带动球拍向后引，左脚向右前方跨出，拍头要高于握拍手，手臂几乎伸直，球拍和手臂呈"V"字形，手腕固定。身体重心主动跟上，在左脚着地的同时，球拍截击球，以便产生较大的击球力量。截击时的动作以撞击或挡击的方式完成，在拍面短促向前撞击的同时，拍面微微向下做切削球的动作，使球以下旋的形式飞出，击球时保持拍面上翘，拍面稍向后仰，手腕稳固。击球后仍紧握球拍，并向前做小幅度送拍动作（图 2-18）。

### 2. 反手截击球

当来球向反手侧飞过来时，身体快速向左转体，同时左手向后拉拍，拍头要高于握拍手，手臂几乎伸直，球拍和手臂呈"V"字形，手腕固定。挥拍击球时，左手松开稍向后伸，右手握紧球拍前挥，并在身体前方切削球。身体重心主动跟上，在右脚着地的同时，球拍截击球。向前挥拍时，两只手的动作好像在拉一根橡皮筋，以保持身体平衡。由于是在左侧击球，限制了右手的引拍幅度，反手截击往往比正手截击更容易掌握（图 2-19）。

### 3. 截击球技术注意事项

截击球技术由握拍法、准备姿势、后接引拍、前挥击球、随挥跟进五部分组成。

图 2-18

图 2-19

(1) 握拍法注意事项

截击最理想的握拍方式是大陆式握拍。手指之间有一些缝隙，特别是食指和中指要形成扣扳机状，便于球员对球拍拍头有更多的控制。使用大陆式握拍的好处在于可用它来打正手截击和反手截击，这样可以节省变换握拍方式的时间，把注意力集中在看球上。对初学者来说，如果感觉用大陆式握拍击球有困难，可以试试在打正手截击时使用东方式正手握拍，这样击球可以使球与球拍有扎实的接触，稳定性较强，但在有一定掌握后，还应采用大陆式握拍法。

(2) 准备姿势注意事项

面对球网，双脚向前自然分开与肩同宽，双膝微屈，上身保持正直并向前倾斜采用大陆式握拍法，用非握拍手轻托拍颈，拍头与下巴齐平，双肘弯曲，将球拍舒适伸在前面，重心落在双脚脚尖上，注意力高度集中。当对手击球的瞬间，应用垫步作为准备姿势的一部分，并立即判断出球的方向、高度和路线，以便快速移动和上前截击。

垫步在移动击球尤其是在截击中发挥着极其重要的作用。网前是分秒必争之地，截击越近网越没有多余的时间让球员做多余的动作，否则定会延误战机甚至被动挨打，因此快速、稳定、紧凑、小幅度是网前技术的要点。此时的垫步非常有利于截击时最接近来球方向的脚向前跨出，易与身体重心前移，动作连贯到位，从而实现力量从脚到躯干到手再到拍的连贯性传递。很多截击不注意垫步的使用，往往造成截击动作的贻误。

（3）后接引拍（主要是横向）注意事项

引拍动作一定要以转肩为主，迅速、简单、幅度要小，眼睛紧盯着来球。引拍是手腕和拍面固定，引拍后要保持拍头高于手腕。

（4）前挥击球注意事项

看到来球要迅速随着正手出左脚、反手出右脚向前跨步，随着重心前移，身体转向正对球网，击球点保持在体前，拍面对着来球，依靠身体向前移动的惯性所产生的力量截击球，以短促的动作向前向下切削来球。

（5）随挥跟进注意事项

击球手臂随着身体移动的惯性向前跟进，推送动作明显。恢复原来的准备姿势，准备下一次击球。

### 思考题

1. 从事网球运动的基本装备有哪些？
2. 网球技术中的有球技术都有哪些？
3. 说明发球技术的不同类型及其平击发球的动作要领。
4. 正手击球动作的技术环节是什么？

# 第三章

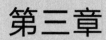 

# 网球基本战术

**学习提示**

- 掌握基本发球和接发球战术
- 掌握基本战术策略

## 第一节 单打战术

单打是一个人对一个人在 23.77 米×8.23 米的场地上进行的对抗。比赛时需要运动员充分发挥个人的技术、智慧、体力等因素，以己之长对彼之短，从而达到取胜的目的。战术体现主要是运动员在一次击球之后，需要考虑下一回合的击球方式，甚至要考虑之后几个回合的击球思路，考虑得越远，其战术意识越强。本章仅介绍发球战术、接发球战术以及对打中的几个主要战术。

### 一、发球战术

发球是网球比赛中唯一可以直接由自己控制而不受对方及外界干扰的技术。比赛双方都有相同的发球机会，发球局能否不被对方破发，是比赛的关键，因而提高发球技术以及发球战术的运用是网球训练中的重要任务。

战术 1：右区发球时，平击发球至对方发球区外角，当对方回击直线或斜线时，进行大力变线回击。即对方回击直线，我方回击斜线；对方回击斜线，我方回击直线。

战术 2：右区平击发球至对方发球区的外角，然后上网截击。当对方回击斜线时，正手截击至对方左区底线或者大角度回击至其右区边线；当对方回击直线时反手截击斜线至对方左区，或者反手截击至对方右区底线（图 3-1）。

战术 3：右区平击发球至对方右区外角，对方回击斜线，发球者用正手放直线小球，将对方吸引至网前，然后大力攻击对方薄弱处；若对方回击直线，则反手放小球，吸引对方上网，然后大力攻击对方薄弱处。

战术 4：右区发球至对方右区内角，对方若回击斜线，则用上旋球回击大斜线；若对方回击直线，则用反手击斜线至对方左区边线。

战术 5：左区发球至对方左发球区外角，若对方回击斜线，则用反手回击大角度斜线至对方左边线，或反手攻直线至对方右区边线底线处，或反手放小球至对方右区网前；当对手

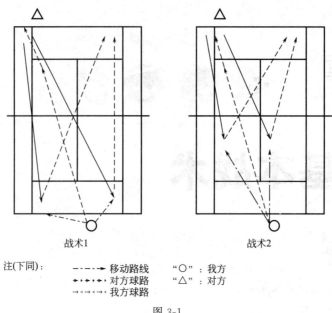

注（下同）：
- - - -→ 移动路线　　"○"：我方
·→·→·→ 对方球路　　"△"：对方
·-·-·-→ 我方球路

图 3-1

回击直线时，则用正手攻击大角度斜线至对方右区边线处，或用正手放斜线短球，将对手吸引至网前，然后大力攻击对方薄弱处。

战术6：左区发球至对方左区内角，当对方回击至右区时，则用正手大力攻直线，或用正手上旋击右方大角度斜线，将球攻击至对方右区边线处；当对方回击至左区时，用反手攻斜线，将球回击至对方左边线处，或用反手攻斜线，将球回击至对方右边线底线处（图3-2）。

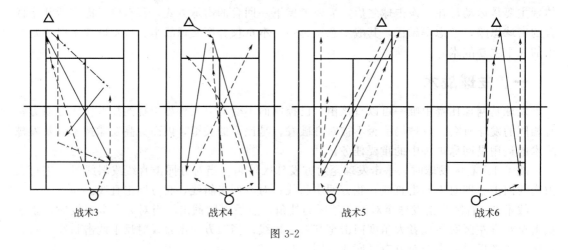

图 3-2

## 二、接发球战术

战术1：当对方在右区发球至我方外角时，若对方不上网，可将球挡回至对方左区底线处；若对方发球上网，可用正手上旋球回击至对方右区边线，或大力攻击对方左右两角以及打追身球；若对方上网后站位偏前，则挑高球至对方的左区边线。

战术2：当对方在右区第二发球至我方外角时，若对方不上网，则用正手大力攻击对方底线两大角；若对方上网，则用正手大力攻击对方的左右两大角，或击上旋球至对方的脚下，或挑高球至对方的两大角。

战术 3：当对方右区发球至我方右内角时，将球快速回至对方底线左右角处，然后迅速上网截击。

战术 4：当对方左区发球至我方外角时，若对方不上网，可用挡、削等技术将球回击至对方左区底线，若对方发球后上网，则大力攻击对方的左右角，或用挑高球将球回击至对方底线。

战术 5：对方左区第一发球至我方内角，如对方不上网，可将球挡至对方底线两角，若对方上网，则用正手攻击对方左右两边线，或挑高球至对方底线。

## 三、对打中的战术

### 1. 连续定向球突变方向的战术

无论对手攻击我方的是正手还是反手，我方始终攻击对方的一个方向，并且落点深，速度快，角度大。将对手的注意力吸引到该方向上，然后突然改变攻击方向，以较大的速度和角度攻击另一方向。

### 2. 交叉攻击两角

对方从右区打来的球，我方变线攻其左区，对方从左区打来的球，我方变线攻其右区。其变化形式如下：正手一拍，反手一拍，正手两拍反手一拍，正手一拍反手两拍，等等，要求真假不定，虚实无序，方能出其不意。

### 3. 放短球与攻底线相结合的战术

对于前后移动能力较差，中场技术尤其截击技术比较差的对手，可以采用放短球，吸引其上网截击，然后再打穿越球，或者挑高球让其后退击球。

# 第二节 双打战术

双打比赛是两人对两人在 23.77 米×10.97 米的场地进行的比赛。由于场地加宽，需要两人协同作战，加强配合。双打比赛比单打比赛的速度要快，需要运动员有更高的战术意识。争取上网是双打比赛的战术原则，一有机会就上网是比赛能够取胜的保证。

## 一、双打中的发球战术

### （一）双打的发球站位

右区发球时，发球员站在底线右侧中点与双打边线间略微偏右的位置；同伴站在网前 2～3 米，左侧双打边线与中线中间的位置。

左区发球时，发球员站在左侧双打边线与中线略微偏左的位置，同伴站在网前 2～3 米右双打边线与中线中间的位置。

右发球区发球时，发球员站在右区底线距离中点较近的位置，其同伴站在网前 2～3 米右双打边线与中线中间的位置。这样可以防止接球员打斜而短的破网球，迫使接球员打直线球。

发球员常规站位，同伴站在发球线附近，边线与中线中间的位置。这样有利于占据中场，适宜截击快攻，可以防守对方挑高球，并且有利于我方挑高球至对方底线。

### （二）双打的发球战术方法

战术 1：右区发球时，将球发至对方右区的外角，然后迅速上网，发球员抢击斜线，同伴抢击直线，击球至接球员的脚下或对方两人的中间底线附近，使接球员不能大力击球或立即上网。接球员若挑高球，发球员的同伴则负责回击，将球高压回击至中路，其余球由发球员负责。若对方回击斜线，则由发球员负责回击，大力回击直线，或直线高球，同伴则稍微后撤进行防守。

战术2：右区发球时，将球发至对方场区的内角。若对方将球回击至发球方右区，由发球员负责回击，回击至对方中路；若接球员将球回击至左区或中路，则由发球员的同伴负责，回击的落点最好偏向接球员一方。若接球员挑高球，则发球员跟同伴各自负责本区，对方挑中路，则固定由高压球技术好的一人负责回击。

战术3：发球员左区发球至对方左区外角，然后上网，移动至中线附近，发球员同伴则稍偏右移动。若接球员回击直线，则由发球员同伴负责，将球回击直线或中路，从而抑制接球员上网。若对手回击斜线或中路，则由发球员负责回击，落点在对方中线或左边线，若接球员移动至中线，可以直接攻击对方左边线。若接球员挑高球，直线球由发球员的同伴负责，斜线或中路则由发球员负责，以中路和对方左区为主。

## 二、双打接发球战术

在双打比赛中，确定第一接球员和第二接球员要根据两人的技术特点和习惯，同时考虑战术的安排。

接右区球时的站位，第一接球员站在右区底线附近，左右距离视发球员的站位而定。第二接球员站在左区发球线附近，稍靠近中线。

接左区发球时，第二发球员站在左区端线附近，第一接球员站在右发球区发球线附近，稍偏向中线。

## 三、双打对打战术

### （一）对打中的基本站位

双打比赛的基本站位是一人在前一人在后。双打比赛中，谁抢占了网前，谁就能控制比赛的局面，因而对打中也经常采用双上网的站位，其他的站位形式还有双底线站位。

### （二）对打中主要战术方法的制定原则

对打战术的指导思想是以攻为主、积极上网、变化多端，注意队友之间的协调配合与交流。

对打中战术方法的制定首先要根据对手的战术方法来制定，使本方的战术方法可以克制和抑制对手的发挥；其次要根据本方运动员的特点，战术方法需要综合考虑运动员的技战术特点、身体素质特点、心理素质特点等不同的因素来制定；再次，对打中的战术安排要根据对方的薄弱点来安排。对方技战术中的薄弱环节，对方队员中的技术稍差的队员，是战术安排中要考虑的因素。

### 思考题

1. 简要说明网球单打中发球战术方法有哪些？
2. 双打比赛中的战术意义是什么？

# 第四章

# 网球竞赛规则

### 学习提示

- 了解网球场地的基本情况
- 熟悉网球界内、外球的判罚准则
- 熟悉网球单、双打竞赛规则
- 掌握网球竞赛中的判罚标准
- 熟悉网球比赛判罚的依据

## 第一节 基本准则介绍

### 一、场地规则

#### (一) 网球场地尺寸

球场包括双打和单打区域,单打区域长 78 英尺（23.77 米）宽 27 英尺（8.23 米）。双打区域为 36 英尺（10.97 米）宽,比单打球场每边多 4.5 英尺（1.37 米）。两发球线间的单打球场边线为发球区的边线,其余各项单双打区域相同。中间由一条挂在最大直径为 1/3 英寸（0.8 厘米）粗的绳索或钢丝绳上的球网分开（图 4-1）。

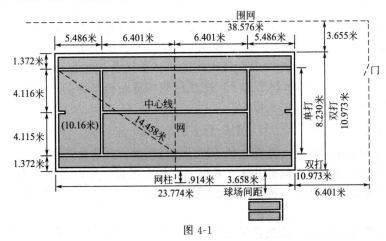

图 4-1

## （二）球网

球网粗绳索或钢丝绳最大直径为 1/3 英寸（0.8 厘米），网的两端应附着或挂在两个网柱顶端，网柱应为边长不超过 6 英寸（15 厘米）的正方形方柱或直径为 6 英寸（15 厘米）的圆柱。网柱不能超过网绳顶端 1 英寸（2.5 厘米）。每侧网柱的中点应距场地 3 英尺（0.914 米），网柱的高度应使网绳或钢丝绳顶端距地面的垂直距离为 3 英尺 6 英寸（1.07 米）。在单双打两用场地上悬挂双打球网进行单打比赛时，球网应该由两根高度为 3 英尺 6 英寸（1.07 米）的"单打支杆"支撑，该支杆截面应是边长小于 3 英寸（7.5 厘米）的正方形方柱或直径小于 3 英寸（7.5 厘米）的圆柱。每侧单打支杆的中点应距单打边线 3 英尺（0.914 米）。球网需要充分拉开，以便能够有效填补两根支柱之间的空间，并有效打开所有网孔，网孔大小以能防止球从球网中间穿过为宜。球网中点的高度应该是 3 英尺（0.914 米），并且用不超过 2 英寸（5 厘米）宽的完全是白色的网带向下绷紧固定。球网上端的网绳或钢丝绳要用一条白色的网带包裹住，每一面的宽度介于 2 英寸（5 厘米）与 2.5 英寸（6.35 厘米）之间。在球网、网带及单打支杆上都不能有广告（图4-2）。

图 4-2

## （三）球场线

球场两端的界线叫底线，两边的界线叫边线。在距离球网两侧 21 英尺（6.4 米）的地方各画一条与球网平行的线，为发球线。球网与每一边的发球线和边线组成的场地再被发球中线分为两个相等的区域，为发球区，发球中线是一条连接两条发球线中点并与边线平行的线，线宽须为 2 英寸（5 厘米）。每一条底线都被一条长 4 英寸（10 厘米）、宽 2 英寸（5 厘米）的发球中线的假定延长线分为相等的两个部分，由一条短线分隔，该短线为"中点"，它与所处的底线呈直角相连，自底线向场内画。除了底线的最大宽度可以不超过 4 英寸（10 厘米）以外，所有其他线的宽度均应在 1 英寸（2.5 厘米）到 2 英寸（5 厘米）之间。所有的测量都应以线的外沿为准。

## （四）永久固定物

网球场地上的永久固定物不只包括球网、网柱、单打支杆、网绳、钢丝绳、中心带及网带，以下情况也算永久固定物，如球场四侧的挡板、看台、环绕球场固定或可移动的椅子、观众，以及所有场地周围和上方的配套设施，还有出于各自预定位置的裁判、司网裁判、脚误裁判、司线员和球童。

如果广告位于球场后侧司线的椅子后面，则广告中不能包括白色或黄色。浅色只有在不干扰球员视线的情况下才允许使用［ITF 说明 1：在戴维斯杯、联合会杯和国际网联主办的巡回赛中，对于底线后侧和边线两侧区域大小的具体要求分别包括在各项赛事的相关条款中。ITF 说明 2：对于俱乐部和业余选手，底线后侧场地距离至少为 18 英尺（5.5 米），边线侧面距离至少为 10 英尺（3.05 米）］。

## （五）球场种类

网球场可分为室外和室内，且有各种不同的球场表面。其将由经济因素所决定。例如草地网球是最基本的户外场地，但是其建立和保养费用太昂贵，所以现在已由人造球场取代，它较便宜，容易保养。另外有一种在欧洲盛行的红土球场，法国公开赛即为此种球场。

### 1. 草地场

草地球场是历史最悠久、最具传统意味的一种场地。其特点是球落地时与地面的摩擦小，球的反弹速度快，对球员的反应、灵敏、奔跑的速度和技巧等要求非常高。因此，草地往往被看成是"攻势网球"的天下，发球上网、随球上网等各种上网强攻战术几乎被视为在草地网球场上制胜的法宝，底线型选手则在草地网球场上难有成就。但是，由于草地球场对草的特质、规格要求极高，加之气候的限制以及保养与维护费用昂贵，很难被推广到世界各地。目前每年的寥寥几项草地职业网球赛事几乎都是在英伦三岛上举行，且时间集中在六、七月份，温布尔登锦标赛是其中最古老也最负盛名的一项（图4-3）。

### 2. 红土场

更确切的说法是"软性球场"，其最典型的代表就是红土场地的法国网球公开赛。另外，常见的各种沙地、泥地等都可称为软性场地。此种场地的特点是球落地时与地面有较大的摩擦，球速较慢，球员在跑动中特别是在急停急回时会有很大的滑动余地，这就决定了球员必须具备比在其他场地上更出色的体能、奔跑和移动能力，以及更顽强的意志品质。在这种场地上比赛对球员的底线相持功夫是一个极大的考验，球员一般要付出数倍的汗水及耐心在底线与对手周旋，获胜的往往不是打法凶悍的发球上网型选手，而是在底线艰苦奋斗的一方（图4-4）。

图 4-3

图 4-4

### 3. 硬地场

现代大部分的比赛都是在硬地网球球场上进行的，也是最普通、最常见的一种场地。硬地网球场一般由水泥和沥青铺垫而成，其上涂有红、绿色塑胶面层，其表面平整、硬度高，球的弹跳非常有规律，但球的反弹速度很快。许多优秀的网球选手认为，硬地网球更具"爆发力"，而且网球比赛中硬地球场占主导地位，必须格外重视。需注意的是硬地不如其他质地的场地弹性好，地表的反作用强而僵硬，所以容易对球员造成伤害，而且这种伤害已使许多优秀的网球选手付出了很大代价（图4-5）。

## 二、竞赛通则

### （一）发球

#### 1. 发球前的规定

发球员在发球前应先站在端线后、中点和边线的假定延长线之间的区域里，用手将球向空中任何方向抛起，在球接触地面以前，用球拍击球（仅能用一只手的运动员，可用球拍将球抛起）。球拍与球接触时，就算完成了球的发送。

图 4-5

#### 2. 发球时的规定

发球员在整个发球动作中，不得通过行走或跑动改变原站的位置，两脚只准站在规定位置，不得触及其他区域。

**3. 发球员的位置**

① 每局开始，先从右区端线后发球，得或失 1 分后，应换到左区发球。

② 发出的球应从网上越过，落到对角的对方前场方块区域内或其周围的线上。

**4. 发球失误**

未击中球；发出的球，在落地前触及固定物（球网、中心带和网边白布除外）；违反发球站位规定。发球员第一次发球失误后，应在原发位置上进行第二次发球。

**5. 发球无效**

发球触网后，仍然落到对方发球区内，接球员未作好接球准备，均应重发球。

**6. 交换发球**

第一局比赛终了，接球员成为发球员，发球成为接球。以后每局终了，均依次互相交换，直至比赛结束。

### （二）交换场地

双方应在每盘的第 1、3、5 等单数局结束后，以及每盘结束双方局数之和为单数时，交换场地。

### （三）失分

发生下列任何一种情况，均判失分。

① 在球第二次着地前，未能还击过网。

② 还击的球触及对方场区界线以外的地面、固定物或其他物件。

③ 还击空中球失败。

④ 故意用球拍触球超过一次。

⑤ 运动员的身体、球拍，在发球期间触及球网。

⑥ 过网击球。

⑦ 抛拍击球

### （四）界内、界外球的判定

网球预备知识里应该包括界内、界外球的判定。以白线为界，落在场区内的球为界内球（好球），落在场区外的球为界外球，这是无需赘言的。线上的球该怎么算呢？《网球规则》第二十一条明确说明：落在线上的球算界内球。因为网球场的丈量是从白线外沿起始的，所以白线本身也是场区的一部分，哪怕球体的绝大部分都已在界外而只有一丁点儿的部分擦到白线，这也是绝对"合格"的好球。

### （五）计分方法

**1. 一局**

① 每胜 1 球得 1 分，先胜 4 分者胜 1 局。

② 双方各得 3 分时为"平分"，平分后，净胜两分为胜 1 局。

**2. 一盘**

① 一方先胜 6 局为胜 1 盘。

② 双方各胜 5 局时，一方净胜两局为胜 1 盘。

**3. 决胜局计分制**

在每盘的局数为 6 平时，有以下两种计分制。

① 长盘制：一方净胜两局为胜 1 盘。

② 短盘制（抢 7）：决胜盘除外，除非赛前另有规定，一般应按以下办法执行。

a. 先得 7 分者为胜该局及该盘（若分数为 6 平时，一方须净 2 分）。
b. 首先发球员发第 1 分球，对方发第 2、3 分球，然后轮流发 2 分球，直到比赛结束。
c. 第 1 分球在右区发，第 2 分球在左区发，第 3 分球在右区发。
d. 每 6 分球和决胜局结束都要交换场地。

**4. 短盘制的计分**

① 第 1 个球（0∶0），发球员 A 发 1 分球，1 分球之后换发球。

② 第 2、3 个球（报 1∶0 或 0∶1，不报 15∶0 或 0∶15），由 B 发球，B 连发 2 分球后换发球，先从左区发球。

③ 第 4、5 个球（报 3∶0 或 1∶2、2∶1，不报 40∶0 或 15∶30、30∶15），由 A 发球，A 连发 2 球后换发球，再换发球，先从左区发球。

④ 第 6、7 个球（报 3∶3 或 2∶4、4∶2 或 1∶5、5∶1 或 6∶0、0∶6），由 B 发 1 分球之后交换场地，若比赛未结束，B 继续发第 7 个球。

⑤ 比分打到 5∶5、6∶6、7∶7、8∶8……时，需连胜 2 分才能决定谁为胜方。但在记分表上则统一写为 7∶6。

⑥ 决胜局打完之后，以方队员交换场地。

# 第二节　网球单打规则

网球运动是两名或两对球员隔网相对，在单打或双打场地上，用球拍在来球第一次落地反弹后或凌空击球过网，将球打在对方场区界线内或界线上，以造成对方失误而得分。

比赛开始前，双方通过掷币的方式决定获得挑选场地和比赛的第一局谁作为发球员或接球员的权利。掷币获胜的运动员/队可以进行以下方式的选择。

a. 在比赛的第一局中选择发球员或接发球员，在这种情况下，对手应选择在比赛的第一局所处那一边的场地。

b. 选择在比赛的第一局所处那一边的场地，在这种情况下，对手应选择在比赛的第一局作为发球员或接发球员。

c. 要求对手对以上两种方法做出任何一种的选择。

## 一、发球动作

发球员在发球前，应先站在底线后中点和边线的假定延长线之间的区域里，然后用手将球向空中任何方向抛起，在球接触地面以前用球拍击球。只要球拍与球接触，就算完成了球的发送。

发球时，发球员不得向上抛起两个或两个以上的球，否则判重发。如果是故意的，应判失分。

## 二、发球时间

发球员须待接球员准备后，才能发球，接球员做还击姿势就算已做准备。如接球员在发球员做出击球动作后又表示尚未准备好，这时即使发球员所发的球没有落到发球区内，也不判发球失误。

## 三、发球位置

每局比赛开始发球时，发球员应先从右区端线后发球。得或失 1 分后，应换到左区发球。如果发球位置出现错误而未被察觉，比分仍然有效。一旦察觉，应立即纠正。

## 四、发球次序

第一局比赛终了，接球员成为发球员，发球员成为接球员。以后每局终了，均依次互相交换直到比赛结束。

如发球顺序发生错误，发觉后应立即纠正，由此轮发球的球员发球，发觉错误前双方所得的分数都有效。如果发觉前已有一次发球失误，则不予计算。如一局终了才发觉次序错误，则以后的发球顺序就以该局为始，按规定轮换。

## 五、空换场地

双方应在每盘的第一、三、五等单数局结束后，以及每盘结束双方局数之和为单数时，交换场地（如果一盘结束时，双方局数之和为双数则不交换场地，须等下一盘第一局结束后再进行交换）。

如果发生未按正常顺序交换场地的错误，一经发现应立即纠正，按原来顺序进行比赛。

## 六、发球失误

发球时如果出现发球脚误、未击中球、发出的球在落地前触及固定物等现象，均判失误。

**1. 脚误**

发球员在发球动作中，两脚只准站在端线后中点和边线的假定延长线之间，不能触及其他区域，不得通过行走或跑动改变原站的位置（发球员发球时如两脚轻微移动而未变更原位，不算行走或跑动）。否则，就会被判为脚误。

**2. 击球未中**

发球员在发球时由于用力过猛、动作不协调等原因而未击中抛出的球成为击球未中。

如果发球员在向上抛球准备发球时，又决定不击球而将球接住，这不算失误，判重发。

**3. 固定物**

单打比赛在双打场地上进行时，使用了单打支柱。发出的球如果触及单打支柱后落入了规定的发球区内，应判失误，因为单打支柱、双打支柱以及其间的球网、网边白布均系固定物。

## 七、发球无效

当合法的发球触及球网、中心带、网边白布后，仍落到对方发球区内时；当合法的发球触及球网、中心带、网边白布后，在落地前又触及接球员的身体或其正在作准备时，无论发出的球成功还是失败，均判发球无效。重发球时，前次发球不予计算，但原先的第一次发球失误不予取消。

## 八、失分

在网球规则中，如果出现以下情况均判失分：在球第二次着地前未能还击过网；还击的球触及对方场区界线以外的地面、固定物或其他物件；还击空中球失败；在比赛进行中，运动员故意用球拍拖带或接住球，或故意用球拍触球超过一次；"活球"期；运动员的身体、球拍（不论是否握在手中）或穿戴的其他物件触及球网、网柱、单打支柱、绳或银丝绳、中心带、网边白布或对方场区以内的地面；来球尚未过网即在空中还击，算过网击球；除握在手中的球拍外，运动员的身体或穿戴的物件触球；抛出手中的球拍击球；比赛进行中，运动员故意改变其球拍形状。

**1. "活球"期**

自球发出时起（除失误或重发外），至该分胜负判定时止，为"活球"期。

### 2. 触网

在双打比赛中甲乙一队、丙丁一队，甲发球给丁，丙在球着地前触网，而后球落在发球区外。这时应判丙与丁失分，因为球落在发球区外之前丙先触网了。

在比赛中造成失分的情况还很多：发球时，球拍从发球员手中飞出，在球触地面前触网，应判发球员失分（因为在"活球"期间球拍触网）；发球时，球拍从发球员手中飞出，在球接触发球区以外地面后触网，应判发球失误（因为当球拍触网时，已成"死球"）；运动员在"活球"期间跳过球网到对方场地，应判该运动员失分；站在发球区外的运动员，在对方发来的球落地前被击中，应判他失分；运动员站在场区外还击界外的空中球或用手接住球（除非他还击空中球为有效还击，比赛继续进行），判他失分。

## 九、第二发球

网球比赛规则规定，发球员有两次发球权。第一次发球失误后，应在原发球位置进行第二次发球。如第一次发球失误后，发觉发球位置错误，则应按规定改在另一区发球，但只能再发一次球。

## 十、压线球

压线球是指落在比赛线上的球，算界内球。

# 第三节 网球双打规则

单打规则均适用于双打，但双打规则也有自己的特殊规定。

## 一、发球次序

应在每盘开始之前决定发球次序，即每盘第一局开始时，由发球方决定由何人首先发球，对方则同样地在第二局开始时决定由何人首先发球，第三局时由第一局未发球方的球员发球，第四局由第二局未发球的球员发球。以下各局均按此次序轮换发球。

## 二、接球次序

与发球次序一样在每盘开始之前要决定接球次序，即先接球的一方应在第一局开始时，决定何人先接发球，并在这盘单数局继续先接发球。对方同样应在第二局开始时决定何人先接发球，并在这盘双数局继续先接发球。他们的同伴应在每局中轮流接发球。

## 三、发球次序错误与接球次序错误

发球次序错误应在发觉时立即纠正，但已得的分数或已成的失误都有效。如发觉时全局已经终了，此后发球次序就以该局为准轮流发球。

接球次序错误发觉后仍按已错误的次序进行，等到下一接球局再行纠正。

### 思考题

1. 网球场地种类有哪些？
2. 阐述网球的计分方法？
3. 双打规则中的发球次序是什么？

# 羽毛球篇

## 第一章

## 羽毛球运动概述

**学习提示**

- 了解羽毛球运动的优势
- 了解羽毛球的起源和发展
- 掌握羽毛球运动的基本知识
- 了解羽毛球运动重大赛事

### 第一节 羽毛球运动的起源与发展

据有关资料记载，现代羽毛球运动起源于英国，它是由印度的"浦那游戏"逐步演变而成的。相传在19世纪中叶，印度的浦那城内，有一种类似今天羽毛球活动的游戏十分普及，它是以绒线纺织成球形，上插羽毛，人们手持木拍，隔网将球在空中来回对击。19世纪60年代，一批退役的英国军官把这种称为"浦那游戏"（Poo-nagame）的活动带回英国，并逐步使它演变成一项竞技运动。这种室内游戏迅速传遍英国，"伯明顿"（Badminton）即成为英文羽毛球的名字。

1877年，第一本羽毛球比赛规则在英国出版。1893年，在英国成立了世界上第一个羽毛球协会。1899年，该协会举办了第一届"全英羽毛球锦标赛（All England Badminton Championships）"，此后每年举办一次，延续至今。羽毛球运动从不列颠诸岛流传到斯堪的纳维亚和英联邦各国，20世纪初流传到亚洲、美洲、大洋洲，最后传到非洲。

随着这项运动在世界上开展的国家越来越多，1934年成立了国际羽毛球联合会，总部设在伦敦。1939年国际羽毛球联合会通过了各会员国共同遵守的《羽毛球竞赛规则》。20世纪20~40年代期间，欧美国家的羽毛球运动发展很快，特别是英国和丹麦，历届重大国际比赛的桂冠几乎都被他们所垄断，其次美国和加拿大也具有相当高的水平。1948~1949年举办了首届世界男子羽毛球团体赛（汤姆斯杯赛），马来西亚击败了美国、英国和丹麦等强队荣登榜首，从此开始了亚洲人称雄国际羽坛的时代。

20世纪50年代亚洲羽毛球运动发展较快，首先是马来西亚，涌现出不少优秀选手，蝉联了1951年和1955年举办的两届汤姆斯杯赛冠军，同时在全英锦标赛中再获男子单、双打的冠军。

20世纪50年代末，印度尼西亚羽毛球队在国际羽坛开始崛起，他们在学习欧洲选手的技术和打法的基础上有所创新，加快了比赛的速度和落点的控制，使羽毛球技术水平提高到一个新的阶段，在第4届汤姆斯杯赛中一举击败马来西亚队而夺得冠军。在20世纪60~70年代，印度尼西亚队的技术水平在国际羽坛上（除中国以外）一直处于遥遥领先的地位，从第4届到第11届的汤姆斯杯赛，除第7届冠军被马来西亚获得外，其余全被印度尼西亚队所囊括，并且几乎垄断了在此期间举行的全英锦标赛的男子单、双打的冠军。

在女子方面，20世纪50年代中期至60年代初，美国占据世界的优势，连续三届获得女子团体比赛（尤伯杯赛）的冠军，20世纪60年代后期至70年代，世界羽坛的优势转向日本。

在1988年汉城奥运会上，羽毛球被列为表演项目，1992年巴塞罗那奥运会羽毛球被列为正式比赛项目，从此羽毛球运动进入了一个新的发展时期。

## 第二节　羽毛球运动基本知识

### 一、羽毛球场地

羽毛球场地长13.40米，双打宽6.10米，单打宽5.18米，场地中央被球网（两边柱子高1.55米，中间网高1.524米）平均分开（图1-1）。

羽毛球场地横向被中线平分为左右两个半区；纵向被分为前场、中场、后场。前场就是从前发球线到球网之间的一片场地；后场是指从端线到双打后发球线之间的一片场地；中场是前发球线与双打后发球线之间的一片场地。

### 二、站位与击球

运动员站在羽毛球场上的位置称为站位。站位有两种：一种是受限制的站位。如：发球、接发球时运动员的站位，就必须按要求站在规定的区域内（左半区或右半区）；另一种是不受限制的站位，可根据自己或同伴（双打）的需要而选择。

单打的站位一般在离前发球线1米左右的中线附近，双打站位可根据双打两个运动员的具体战术需要而选择前后或左右的站位。

根据以上对羽毛球场地的划分，又可把不受限制的站位具体分为：左半区站位、右半区站位、前场站位、中场站位、后场站位。

击球是指运动员挥拍击球时，拍与球接触的瞬间。运动员站在左半区迎击对方来球叫做左半区击球，在右半区的击球叫做右半区击球，站在前场、中场、后场的击球，则分别叫作前场击球、中场击球、后场击球。除此之外，根据来球高度的不同，我们又可分为上手击球（高于肩的来球，击球点在肩上）和下手击球（击球点低于肩）。

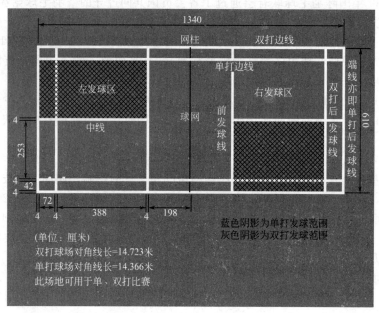

图 1-1

## 三、持拍手与非持拍手

持拍手是指正握着球拍的手。非持拍手是指没有握拍的手。

在羽毛球运动中，我们经常听说正手技术、反手技术、正手击球、反手击球等术语。所谓正手技术是指握拍手同侧的技术；反手技术是指握拍手异侧的技术。如：右手握拍的运动员，在击右侧球时所用的技术就称为正手技术，并由此派生出正手发球技术、正手击球技术等技术名称。

在羽毛球运动中，非持拍手的功能主要是在发球时用来持球、抛球；在击球过程中用来平衡身体，以便更有效地击球。

## 四、击球的基本线路

所谓击球线路是指羽毛球被运动员击出后在空中运行的轨迹和场地之间的关系。羽毛球运动员击球线路之多是数不胜数的，以下只研究决定羽毛球线路规律的几条基本线路。

我们仅以运动员（右手持拍）正手击出三条球路来分析一下球的路线的名称。第一条从自己的右方打到对方的左方（线路与边线平行）可称为直线，第二条打到对方的右方（线路与边线有较大的角度）可称为对角线，第三条打到对方的中线（球线路与边线有较小的角度）可称为中路。同理，反手后场（中场、前场）的三条基本击球线路，亦可这样称呼。在具体称呼时，可与正手、反手结合在一块。如：正手直线、正手中路、正手对角线、反手对角线等。若在中线击球，可这样称呼：打到对方场区的左方为左方斜线，打到对方场区的右方为右方斜线，打到中间为中路球。在对羽毛球线路的称呼上应注意如下问题：首先要看击球点和球的落点靠近哪里，击球点靠近右边线，而落点靠近中线，都称为正手中路球。其次要根据击球时所用技术名称，如反手搓球，可称为反手搓直线、反手搓中路球等。

总之，羽毛球的基本线路可分为五条，即：左方直线、中路直线、右方直线、右方斜线（右方对角线）、左方斜线（左方对角线）。而根据击球运动员站的位置（左、中、右），每个位置又可分别击出直线、中路、斜线，因此又可派生出九条线路来。羽毛球的击球线路之多无法描述，但其基本线路就那么几条，只要我们掌握了其规律，对我们的训练、比赛都是极为有益的。

## 五、拍形角度与拍面方向

拍形角度是指球拍面与地面所成的角度。拍面方向是指球拍的拍面所朝向的位置。拍形角度可分为七种：拍面向下、拍面稍前倾、拍面前倾、拍面垂直、拍面后仰、拍面稍后仰、拍面向上。

拍面方向可分为三种：拍面朝左、拍面朝右、拍面朝前。拍形角度和拍面方向控制得好坏对击球质量的影响是非常大的，所以我们必须在每一次击球中认真调整好拍形、拍面，击出合乎质量要求的球来。

## 六、击球点

所谓击球点是运动员击球时球拍与球相接触那一点的时间、空间位置。击球点包括三个方面的内容：第一，拍和球的接触点距地面的高度；第二，接触点距身体的前后距离；第三，距身体的左右距离。

对击球点选择得是否合适，将决定着击球质量的好坏，它将直接影响着运动员击球的力量、速度、弧线、落点，最终将影响运动员击球的命中率，造成失分，直至失败。因此选择合适的击球点至关重要。选择合适的击球点应做到如下两点：第一判断要准，第二步法移动要到位（步法要快）。只要做到了这两点才能保证调整在最合适的位置，击球点才有保障。

# 第三节　羽毛球运动重大赛事简介

## 一、世界羽毛球锦标赛

世界羽毛球锦标赛是国际羽毛球联合会在继汤、尤杯赛后，为了适应世界羽毛球运动日益发展的需要而设立的一种以个人单项为竞赛项目的羽毛球锦标赛。

1934 年，国际羽毛球联合会在英国成立，这是第一个世界性的羽毛球组织。1978 年，世界羽毛球联合会成立。在两个组织联合之前，它们各自已经举行了两届彼此认为是世界性的羽毛球单项比赛，即国际羽联于 1977 年和 1980 年，而世界羽联在 1978 年和 1979 年。1981 年，两个国际性的羽毛球组织宣布联合，名称仍为国际羽毛球联合会。在联合会（1996 年 6 月底，会员国、地区为 124 个）上协商决定，每两年举行一次世界羽毛球单项比赛，即世界羽毛球单项锦标赛（Individual World Championships），并延续两个国际羽毛球组织以前的届数。1983 年在丹麦首都哥本哈根正式举行了第三届世界羽毛球单项锦标赛。此项赛事只进行 5 个单项的比赛，即男女单打、男女双打和混合双打。所有项目的冠军都将获得金牌，亚军得银牌，半决赛的负者得铜牌。

1988 年国际羽联决定世界羽毛球单项锦标赛与新设立的苏迪曼杯赛同时同地举行。国际羽联根据当时的世界排名，邀请每个项目中的前 16 名（对）运动员直接参加比赛。国际羽联的每个会员国和地区在每个项目中报名的运动员不得超过 4 名（对）。

## 二、苏迪曼杯世界羽毛球混合团体锦标赛简介

为纪念印度尼西亚羽毛球联合会前主席苏迪曼先生对羽毛球事业做出的贡献，国际羽联决定将世界羽毛球混合团体赛奖杯命名为"苏迪曼杯"。苏迪曼杯赛与汤姆斯杯赛（世界男

子羽毛球团体锦标赛）和尤伯杯赛（世界女子羽毛球团体锦标赛）同为国际羽毛球联合会主办的三大羽毛球团体赛事。苏迪曼杯与汤姆斯杯和尤伯杯不同的是，这项比赛是检验各国和地区羽毛球运动整体水平的赛事，进行男女单打、男女双打和混合双打五个单项的角逐。

1987年5月29日，国际羽联宣布从1989年起设立世界羽毛球混合团体赛（即苏迪曼杯赛），并与两年一度的世界羽毛球锦标赛同地先后举行。苏迪曼杯羽毛球赛按各个国家和地区球队的实力分为A～G7个级别，但只有参加A级比赛的6个队有资格争夺冠军。杯赛各级别之间实行升降级制。B～G组的小组第一名在下届比赛中升到上一组，最后一名降到下一组。苏迪曼杯羽毛球赛采取5局3胜制，5局分别设男、女单打，男、女双打和混合双打5项比赛。

### 三、汤姆斯杯羽毛球赛简介

汤姆斯杯赛就是世界男子羽毛球团体锦标赛，由国际羽联主办。

1934年国际羽联成立时，英国人汤姆斯被选为主席。5年后，汤姆斯在国际羽联会议上提出，组织世界性男子团体比赛的时机已成熟，并表示将为这一比赛捐赠一个奖杯，称为"汤姆斯杯"。

此建议得到大会的赞同，但由于第二次世界大战的爆发，原定1941年前后举办的这项杯赛被耽搁下来。第二次世界大战结束后，国际羽联终于在1948～1949年间，在苏格兰举办了第一届汤姆斯杯赛，马来西亚成为第一个名称刻在汤姆斯杯上的国家。

### 四、尤伯杯世界女子羽毛球团体锦标赛简介

尤伯全名为贝蒂·尤伯夫人（Betty Uber），是英国20世纪30年代著名的女子羽毛球选手，1930～1949年间，她曾多次夺得全英羽毛球锦标赛的女子单打、女子双打和混合双打比赛的冠军。尤伯夫人退役后仍对羽毛球运动情有独钟，为推动羽毛球运动的发展，她在1956年的国际羽联理事会上，正式向国际羽联捐赠由麦皮依和维伯制作的纪念杯，即现在的尤伯杯（Uber Cup），并亲自主持了第一届尤伯杯比赛的抽签仪式。

尤伯杯赛有又称为"世界女子羽毛球团体锦标赛"。尤伯杯赛制同汤姆斯杯赛一样。在1982年以前是每三年举行一次，比赛采用7场4胜制。自1984年开始，改为每两年举行一次，采用5场3胜制。

1981年国际羽联和世界羽联合并为现在的国际羽联时，决定将尤伯杯赛与汤姆斯杯赛在同时同地举行，并相应改为每两年举行一届。在1956年第一届比赛时只有11个国家和地区参加，到1996年已达到了47个国家和地区。在已举行的17届比赛中，中国获得6次冠军，日本5次，美国3次，印度尼西亚4次。

> **思考题**
>
> 1. 羽毛球运动的起源和发展史上有哪些标志性事件？
> 2. 羽毛球运动的站位有哪些种类？
> 3. 羽毛球运动的重大赛事有哪些？

# 第二章

# 羽毛球运动的基本技术和练习方法

**学习提示**

- 掌握握拍法、发球与接发球、击球技术

## 第一节　握拍法

### 一、正手握拍法

动作要领：虎口对着拍柄窄面内侧的小棱边，拇指和食指贴在拍柄的两个宽面上，食指和中指稍分开，中指、无名指和小拇指并拢握住拍柄，掌心不要紧贴拍柄，要留有一定空隙，拍柄端与近腕部的小鱼际肌齐平。握拍自然状态下，拍面基本与地面垂直（图2-1）。

### 二、反手握拍法

动作要领：在正手握拍的基础上，拇指和食指将拍柄稍向外转，拇指自然贴在拍柄内侧的宽面上，中指、无名指和小指并拢握住拍柄，柄靠近小指根部，使掌心留出空隙，有利于击球发力（图2-2）。

图2-1　　　　　　　　　　　　　　图2-2

## 第二节　发球与接发球

### 一、发球

发球作为组织进攻的开始，其质量的好坏直接关系到比赛的主动和被动，并且决定赢球得分还是丧失发球权。发球可分为正手发球和反手发球。按发球的空中飞行弧线又可分为发网前球、平快球、平高球、高远球。除发高远球采用正手发球外，其余用正手或反手发球均可。

#### （一）正手发球（以右手握拍为例）

身体左肩侧对球网，两脚分立，与肩同宽。左脚在前，脚尖向网，右脚在后，脚尖稍向右侧，重心放在右脚上。准备发球时，右手握拍向右后侧举起，肘部微屈，左手拇指、食指和中指夹住球，击球时，身体重心由右脚移至左脚上。用正手发不同的弧线球，击球前准备和前期动作是一致的，只是在击球时及其后的动作有所不同（图2-3）。

图 2-3

**1. 正手发高远球**

在左手放开球使之下落时，右手上臂带动前臂自右后方随转体向左前上方挥拍。当球下落到右臂向前下方伸直能接到球的一刹那，紧握球拍，并利用手腕屈伸的力量向前上方发力击球。然后，球拍顺势向左上方挥动并缓冲（图2-4）。

图 2-4

## 2. 正手发平高球

动作过程大致与发高远球相同，只是在击球的一刹那，前臂加速带动手腕向前上方挥动，以向前用力为主。注意发出球的弧线以对方伸拍击不到球的高度为宜，并应落到对方场区底线。

## 3. 正手发平快球

要充分利用前臂带动屈腕的爆发力向前用力击球，使球直接从对方肩稍上方高度越过落至后场。其动作关键在于动作小而快，要有爆发力。

## 4. 正手发网前球

握拍要放松，上臂动作要小，主要靠前臂带动手腕向前送，球的弧线要尽量控制贴网而过，落点在前发球区附近（图 2-5）。

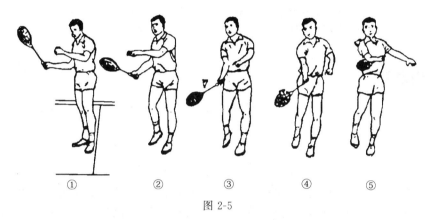

图 2-5

### （二）反手发球

发球站位可在前发球线后 10～15 厘米及中线附近，面向球网，两脚前后开立（右脚或左脚在前均可），上体稍前倾，身体重心在前脚上，右手臂屈肘，用反手握拍将拍头向下，拍面在身体左侧腰下。左手拇指与食指、中指控制球的两三根羽毛，球托朝下，球体或球托在球拍前对准拍面。击球时，前臂带动手腕朝前推送或横切（图 2-6）。

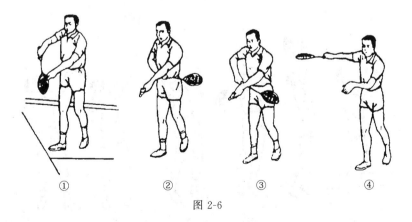

图 2-6

## 二、接发球

接发球首先要选择合适的站位。一般情况下，单打的接发球站位离前发球线 5 米处。双打接发球时，站位可靠近前发球线。因为双打的后发球线距离前发球线比单打短 0.76 米，发高球易被扣杀,所以主要精力应对付对方发网前球。在右发球区应站在靠中线的位置,在左发球区则站在中间稍偏边线的位置,这样可以有利于保护反手部位。

单、双打接发球的准备姿势大体相同。单打接发球时,左脚在前,右脚在后,重心落在前脚,后脚跟稍提起,含胸收腹,持拍手在身前部位,两眼注视对方及其发球动作。双打接发球时,重心可随意放在任何一脚上,球拍高举过头,注意力集中,以便快速做出反应。

## 第三节　后场击球技术

羽毛球击球技术包括击高球、吊球、杀球、放网前球、搓球、挑高球、推球、扑球、勾球、平抽球等,每一种技术又可分为正手和反手击球法,依据球路战术的需要,又可击出直线或斜线球来。下面就把各种击球动作的方法、要领、易犯错误及如何纠正简述如下(以右手持拍为例)。

### 一、击高球

高球是自后场经过高空飞行打到对方后场端线的球。高球分为正手、反手和头顶三种,按飞行轨迹可分为高远球、平高球、平射球。

#### (一) 正手高球

正手高球的动作要领：首先准确判断来球的方向和落点,向右后方转体侧身后退,使球处在自己的头部的前上方的位置,左肩对网,左脚在前,右脚在后,重心在右脚上,左臂屈肘,左手自然高举,右手挥拍,手臂自然弯曲,将球拍举在右肩上方,手腕、拍面稍内旋,两眼注视来球。击球时,由准备动作开始,上臂后引,随之肘关节上提,明显高于肩部,将球拍后引至头部,自然伸腕(拳心朝上),然后在后脚蹬地、转体收腹的协调用力下以肩为轴,上臂带动前臂快速向前上方甩腕,在手臂伸直的最高点击球。击球后,持拍手臂顺惯性往前下方挥动并收拍至体前。与此同时,左脚后撤,右脚向前迈出,身体重心由后脚移到前脚上(图 2-7)。

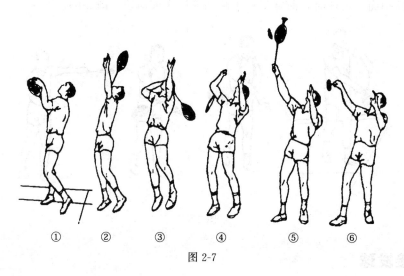

图 2-7

#### (二) 反手高球

反手高球动作要领：首先判断好对方来球的方向和落点,迅速将身体转向左后方,移动步法,最后一步用右脚前交叉跨到左侧底线,背对网,身体重心在右脚上,使球处在身体右上方。击球前迅速换成反手握拍法,持拍于右胸前,拍面向上。击球时以大臂带动前臂,产生初速度;在肘部上抬至与肩平行时,转为前臂带动腕部,通过手腕的闪动,自下而上地甩臂将球击出,在最后用力时,要注意拇指的侧压力与甩腕的配合,以及两腿蹬地转体的全身协调用力(图2-8和图2-9)。

图 2-8

图 2-9

## 二、吊球

吊球技术分为正手、反手和头顶三种。

### (一) 正手吊球

正手吊球动作要领:击球准备和前期动作同正手高球,只是击球时击球点比击高远球稍前,拍面正向内倾斜,手指、手腕发力,做快速切削动作,击球托的后部和侧后部。若吊斜线则球拍切削球托的右侧并向左下发力,若吊直线,则拍面正对前方向前下方切削(图2-10)。

### (二) 反手吊球

击球准备和前期动作同反手高球,不同点在于击球时拍面的掌握和力量的运用以及握拍的方法。吊直线时,用球拍反面切削球托的后中部,向对方的右半场网前发力;吊斜线时,用球拍反面切削球托的左侧,朝对方左半场网前发力(图2-11)。

## 三、杀球

### (一) 正手杀球

正手杀球动作要领:步子到位后,屈膝,下降重心,做好起跳击球准备,起跳后,身体

图 2-10

图 2-11

左转同时后仰,挺胸腹成反"弓"形,以便发挥腰腹力,接着右上臂往右后上摆起,前臂自然后摆,手腕后伸(拉长了挥拍距离),前臂带动球拍由上往下挥动,这时握拍要松,随后腾空转体,收腹带动右上臂往右摆起,肘部领先前臂全速往前上挥动,手腕充分后伸,带动球拍由后下稍往右后下挥动,当击球点在肩的前上方时,前臂内旋,腕前屈微收,闪腕发力杀球,这时手指突然抓紧拍柄,球拍和击球水平方向间夹角小于90°,球拍正面击球托的后部,使球直线下行。杀球后,前臂带动球拍随惯性向体前收(图2-12)。

### (二) 反手杀球

反手杀球动作要领:在移动过程中,由正手握拍改成反手握拍,动作要领基本同反手高球,只是在最后发力时,握紧拍子快速闪腕(外旋和后伸),挥拍杀击球托的后部(图2-13)。

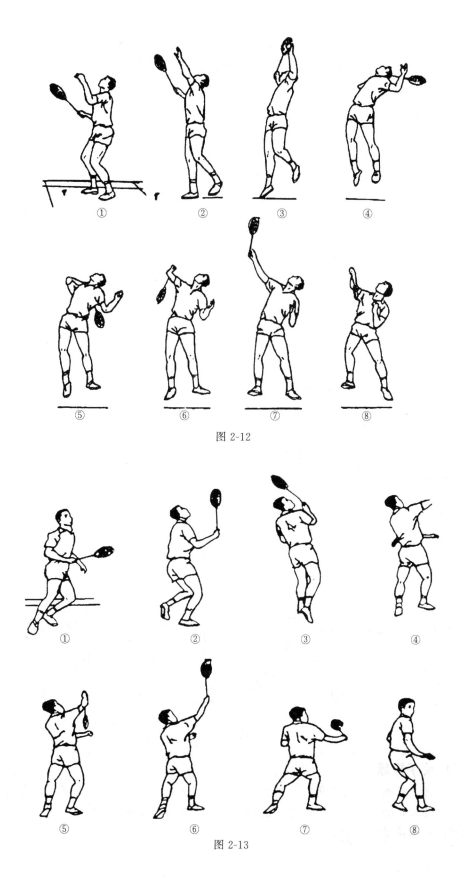

图 2-12

图 2-13

# 第四节 前场击球技术

## 一、搓球

### (一)正手搓球

动作要领：站在网前，正手握拍，球拍随着前臂伸向右前上方斜举，当球拍举至最高点时，前臂开始向外旋转，手腕稍后伸，握拍手的食指和拇指夹住拍，中指、无名指和小指轻握拍柄，使球拍在手腕和手指的挥摆用力下搓击来球的右下底部，挥拍力量、速度和拍面角度的大小主要取决于来球离网的远近和速度的快慢（图2-14）。

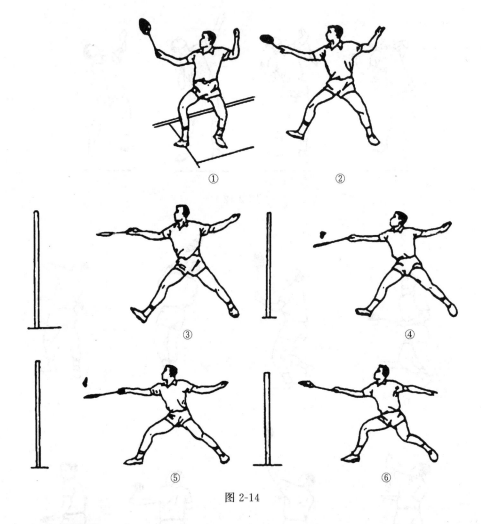

图 2-14

### (二)反手搓球

反手搓球动作要领：前臂稍往上举的同时，手腕前屈，手背约与网同高，而拍面低于网顶，反拍面迎球，搓球时主要靠前臂的前伸外旋和手腕由内收并外展的合力，搓球的右侧后底部使球侧旋滚动过网（图2-15）。

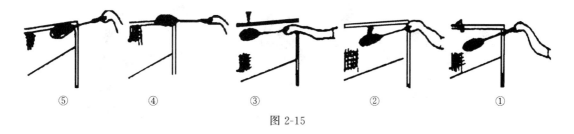

图 2-15

### (三) 正手放网前球

侧身对右边网前，右脚前跨成弓箭步，重心在右脚上；右手持拍于右侧体前约与肩高，拍面右边稍高，斜对网；左臂自然后伸，以起平衡作用。击球前前臂稍外旋，手腕外展引拍至右侧前。击球时手腕稍内收，食指和拇指控制拍面和用力的大小，轻切球托把球轻送过网。击球后，在身体重心复原的同时，收拍至胸前（图 2-16）。

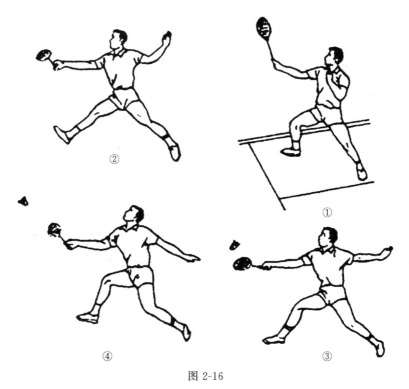

图 2-16

## 二、勾球

勾球可分为正手勾球和反手勾球两种。

### (一) 正手勾球

正手主动勾球：勾球一般采用并步加蹬跨步上网的步法，在步法移动的同时，球拍随着前臂往右前上方举起，前臂前伸的同时，稍有外旋，手腕微后伸，这时的握拍稍有变化——将拍柄稍向外捻动，使拇指贴在拍柄的宽面上，食指的第二指节贴在与其相对的另一个宽面上，拍柄不触及掌心。击球时，靠前臂稍有内旋往左拉收，手腕由稍后伸至内收，球拍击球托的右侧下部，由手腕和手指控制拍面角度。击球后，球拍回收至胸（图 2-17）。

图 2-17

### （二）反手勾球

反手主动勾球：随着步法移动的同时，手臂向左侧前方平举（注意手臂不要伸直，稍弯即可）。击球时，随着肘部下沉，前臂回收外旋的同时，食指和拇指协调用力捻动拍柄，拍面击球托的左侧后部，使球沿对角线飞越过网。击球后，球拍回收至胸前，为下次的来球做积极的准备（图 2-18）。

## 三、推球

推球是把对方击来的网前球推击到对方的后场两底角去的技术动作，推球飞行的弧线低平，速度较快。

### （一）正手推球

站在网前的准备动作同搓球。推球时身体稍往前移，右前臂往前伸，并带内旋。手腕和手指控制拍面角度，手腕由后伸至伸直并闪腕，食指向前压，小指和无名指突然握紧拍柄，急速地由右往前至左挥拍推球，使球沿边线飞向对方后场底角（图 2-19）。

### （二）反手推球

准备动作同搓球的准备动作。击球时前臂往前伸，稍带上旋，手腕由外展到伸直闪腕，中指、无名指、小指突然握紧拍柄，拇指、中指、食指捻动发力。

## 四、扑球

扑球是当来球在网顶上空时，以最快的速度上网扑压来球的技术动作。扑球可分为正手

羽毛球篇

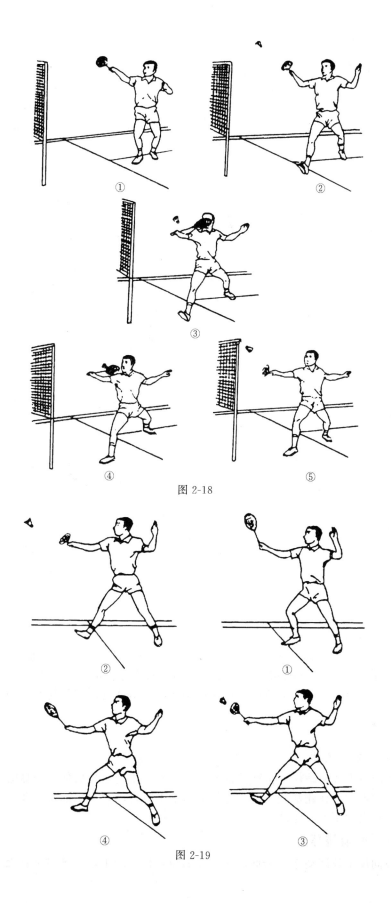

图 2-18

图 2-19

199

扑球和反手扑球两种。

### （一）正手扑球

身体腾空跃起或右脚蹬跨的同时，前臂往前上方举起，球拍正对来球方向。击球时，随着手臂由屈至伸，手腕由后伸至向前闪动及手指的顶压将球扑下。其中手腕是控制力量的关键，挥拍距离短，动作小，爆发力强，扑击的球才会具有威胁。如果球离网顶较近，就采用滑动式扑球方式，用手腕从右向左将球压下去，这样可以避免球拍触网犯规。扑球后，注意腿上的缓冲并控制重心，以免身体触网（图2-20）。

图 2-20

### （二）反手扑球

反手握拍，持于左侧前。当身体跃起或蹬跨上网时，球拍随前臂前伸而举起，手腕微屈，拇指顶压在拍柄宽面上，其他四指自然并拢，拍面正对来球。击球时，手臂由屈至伸，手腕由微屈至后伸并用力闪动，拇指顶压，加速挥拍扑击。击球后，球拍随手臂回收至体前。

## 五、挑球

### （一）正手网前挑球

准备动作同正手放网动作。击球前前臂充分外旋，手腕尽量后伸。击球时从右下向右前方至左上方挥拍击球，在此基础上，若球拍向右前上方挥动，挑出的是直线高球；若球拍向左前方挥动，挑出的则是对角高球（图2-21）。

### （二）反手网前挑球

准备姿势同反手放网动作。击球前左臂往后拉，抬肘引拍，击球时前臂充分内旋，手腕

图 2-21

由屈至后伸闪动挥拍击球。若球拍由左下向左前上方挥动,则球向直线方向飞行;若球拍由左下向右前上方挥动,则球向对角线方向飞行。

前场技术易出现的毛病是:手腕与手指运用不当,不是用力过猛,就是拍面控制不好,使击出的球离网太高、太远或落网;站位离网过近,妨碍了击球动作;击球前肘部过直。

## 第五节　中场击球技术

中场技术有两边接杀球和平抽平挡(快打)等技术动作。

### 一、接杀球

接杀球可分为正手接杀球和反手接杀球,并可在不同的位置上打出挡直线、勾对角、反抽后场等技术。

#### (一) 正手接杀球技术

**1. 正手接杀挡直线网前球**

用接杀球的步法移至右场近边线,身体右倾,手臂右伸,前臂外旋,手腕外展,持拍准备接球。击球时,前臂内旋稍翻腕,带动球拍由右下向前上方推送击球,把球推向直线网前。

另一种是击球时前臂由外旋到内收,带动球拍由右向前切送挡直线网前。击球后,身体左转成正面对网,然后右脚上前一步,球拍随身体向左转收至体前。

**2. 正手接杀挡对角网前球**

准备姿势同上。挥拍击球时,在肘关节屈收的同时前臂有内旋,手腕由后伸到内收闪动击球托的右侧。击球点在右侧前,手腕、手指控制拍面角度,使球向对角线网前飞去。

#### (二) 反手接杀球技术

**1. 反手接杀挡直线网前球**

用接杀球的步法移至左场区边线,身体左转前倾,右肩对网,右肘弯曲,手腕外展,引拍于左肩前上方。击球时，借对方来球的冲力，以前臂带动球拍由左上方向左前方用拇指的顶力挥拍轻击球托，把球挡回直线网前。击球后，身体右转成正面对网，球拍随身体的移动收至体前。

**2. 反手接杀勾对角网前球**

用反手接杀勾对角握拍法，击球时，手腕由外展到后伸闪动挥拍击球托的左侧下部，使球沿对角飞行。

## 二、平抽平挡

平抽和平挡（快打）都是双打经常运用的主要技术。在单打中，有时为了改变战术，也可以运用这种技术，并能收到预期的效果。平抽球是把在身体左、右两侧，肩以下，腰以上的来球平扫过去。有正拍平抽和反拍平抽两种。平挡球是把正好飞往自己身前的、对方平抽过来的球用反拍或正拍挡回去。这种挡击是带有反弹式的弹击，主要靠前臂、手腕和手指的力量，击球点在体前。

### （一）正手平抽球

站在右场区的中间，两脚平行站立稍宽于肩，重心在两脚间，微屈膝收腹，正手握拍举于右肩前，击球前肘关节前摆，前臂稍往后带外旋，手腕稍外展至后伸，引拍至体后。击球时前臂内旋，手腕伸直闪动，手指抓紧拍柄，球拍由右后往右前方高速平扫迎击来球。击球后手臂左摆，左脚往左前方迈一步，右脚跟一步回中心位置。

### （二）反手平抽球

右脚前交叉在左侧前，重心在左脚上，右手反手握拍在左侧前。击球前肘部稍上抬，前臂内旋，手腕外展，引拍至左侧。击球时，在髋的右转带动下，前臂外旋，手腕由外展到伸直闪动，挥拍击球托的底部。击球后，球拍随身体的回动收回到右侧前。

### （三）正手平挡（快打）

两脚分开，右脚稍前，左脚在后，两膝弯曲呈半蹲式，正面握拍（虎口对宽面），举起球拍，拍面超过头顶。当判断来球是在头顶上时，身体稍往前移，同时左脚往前跨一小步，右脚稍微伸直，成左步，把击球点选在右肩的前上方。上臂向前上方抬起，肘弯曲，前臂稍后摆带有外旋，引拍于头后，击球时前臂向前，手腕由后伸至前屈闪动挥拍击球托的后部，使球平直、急速地飞向对方中间场区附近。击球后，球拍随势前盖，右脚往左前方迈一步，站在中线两侧稍偏后的位置上，球拍由左下回举至前上方，准备迎击第二次来球。

### 思考题

1. 羽毛球反手握拍的动作要领有哪些？
2. 羽毛球正手发高远球需要注意哪些问题？
3. 羽毛球吊球的方式有哪些？
4. 正手放网前小球的步骤有哪些？
5. 反手扑球的动作要领是什么？

# 第三章 羽毛球基本打法及战术介绍

**学习提示**

- 熟悉羽毛球的打法类型
- 掌握羽毛球基本打法
- 了解羽毛球战术

## 第一节 羽毛球打法的类型

### 一、羽毛球单打技术的打法

单打的打法是根据比赛者的个人技术特点、身体素质、心理素质等条件而形成的技术打法，常见的有以下五种。

#### （一）控制后场，高球压底

从发球开始就运用高远球或进攻性的平高球压对方后场底线，迫使对方后退，当对方回球不够后时，以扣杀球制胜；或当对方疏于前场防守时，就可以以轻吊、搓球等技术在网前吊球轻取。轻吊必须在若干次高远球大力压住后场，对方又不能及时回到前场的基础上进行。这种打法主要是力量和后场的高、吊、杀技术的较量。对初学者，这是一种必须首先学习的基础打法。

#### （二）打四角球，高短结合

在后场，以高远球、平高球和吊球，在前场则以放网前球、推球和挑球准确地攻击对方场区前后左右四个角落，调动对方前后左右奔跑，顾此失彼，待对方来不及回中心位置或回球质量差时，向其空当部位发动进攻制胜。这种打法要求进攻队员具有较强的控制球落点的能力和灵活快速的步法，有速度，否则难占上风。

#### （三）下压为主，控制网前

主要是通过后场的高远球、扣杀、劈杀、吊球等技术，先发制人，然后快速上网以搓、推、扑、勾等技术，高点控制网前，导致对方直接失误，或被动击球过网，被进攻队员一举击败的一种打法。通常也称"杀上网"的打法。这种打法是进攻型的打法，能够快速上网高点控制网前，对速度耐力和力量耐力也要求较高。这种打法，体力消耗较大，如果碰上防守技术好的对手，体力就往往成为成败的关键因素了。

### （四）快拉快吊，前后结合

以平高球快压对方后场两底角，配合快吊网前两角（或运用劈杀）引对方上网，当对方被动回击网前球时，即迅速上网控制网前，以网前搓、钩球结合推后场底线两角，迫使对方疲于应付，为前场扑杀和中、后场大力扣杀创造机会。这也是一种积极主动、快速进攻的打法。这种打法，要求运动员身体素质好，特别是速度耐力要好，技术全面熟练，而且还具备突击进攻的特长技术。

### （五）守中反攻，攻守兼备

以平高球和快吊球击向对方前后左右四个角落，以调动对方。让对方先进攻，针对进攻方打的高远球、四方球、吊球等，加强防守，以快速灵活的步法、多变的球路和刁钻准确的落点，诱使对方在进攻中匆忙移动，勉强扣杀，造成击球失误，或当对方回球质量较差时，抓住有利战机，突击进攻。这种打法要求队员具有攻中有守、守中有攻的控球和反控球能力，不仅应具备优良的速度耐力、灵活的步法、准确快速的反应和判断应变能力，更应具有顽强的拼搏精神和心理素质，这样才能在逆境和被动中保持沉着冷静，并奋起反击。我国羽坛名将韩健即是典型的这种打法。

羽毛球双打比单打每方增加一名队员，而场地宽度仅增加92厘米，接发球区还比单打缩短了76厘米。因此双打从发球开始就形成短兵相接的局面。由于进攻和防守都加强了，这就更加要求运动员技术全面，能攻善守，反应灵敏。特别是对发球、接发球、平抽、挡、封网、扑、连续扣杀、接杀挑高球及防守反击等诸多技术，要求更高。两名队员配合默契，相互信任，打法上攻守衔接及站位轮转协调一致，是打好双打的关键。

## 二、羽毛球双打技术打法

### （一）发球

由于双打的后发球线比单打短，在双打中若发高远球，接发球方可以大力扣杀，直接争取主动，同时又较少有后顾之忧。因此站位往往压在靠近前发球线处，对发球者造成很大的心理上和技术上的威胁。所以，发球质量、路线的配合、弧线的制造、落点的变化对整个双打比赛的胜负意义极其重大。可以毫不夸张地说，比赛的双方若水平差不多则胜负取决于发球质量。

**1. 发球站位**

发球的站位不同，对发球的飞行路线、弧线、落点和第三拍的击球都有影响。

① 发球者紧靠前发球线和中线，这种站位始于反手发网前内角，球过网后球托向下，不易被对方扑击。由于站位靠前，也便于第三拍封网。但站位靠前不利于发平快球，一般是发往前内角位球配合发双打后发球线的外交位平高球。

② 发球者站位离前发球线半米，靠中线，这种站位发球的选择面较广，正、反手都可发网前球、平快球、平高球，并且各种路线都可以发。缺点是球的飞行时间长，对方有较多时间判断处理，发球后如果抢网较慢也容易失去网前主动权。

③ 发球者站在离中线较远处，这种站位主要用于在右场区以正手和左场区以反手发平快球攻对方双打后发球线的内角位，配合发网前外角。值得一提的是，这种发球只能作为一种变换手段。因为这种发球只对反应慢、攻击力差的对手有一定威胁，但对方有了准备时作用就不大了，而且还会使自己陷入被动。

**2. 发球路线**

发球路线和落点的选择需注意以下几点。

① 调动对方站位，破坏对方打法，如对方甲、乙两名队员站成甲在后、乙在前的进攻

队形，在发球给乙时可以后场为主结合网前，而发球给甲时却要以发网前为主结合后场，这样，从发球起就阻挠了对方调整站位。

② 避实就虚，抓住对方弱点发球抢攻，首先要看接发球者的站位，如果他紧压网前站在网前内角位，可用发网前与后场动作的一致性发球到对方后场外角位；如对方离中线较远，则可发平快球突袭后场内角位；对接发球路线呆板、变化少的，可针对这种情况发球后抢封角度突击。

③ 发球要有变，发球时，网前要和后场配合，网前的内角、外角，底线的内角、外角位的配合，使对方首尾难以兼顾，多点设防，疲于应付；在发球的弧线上也要有变化。这样，接球方就难以摸到发球方的规律了。

**3. 发球时间的变化**

接发球方在准备接发球时，思想虽然高度集中，但因受到发球方的牵制，他要等球发出后才能判断、起动、还击。所以，发球动作的快、慢也应在规则允许的范围内有所变化，不要让接球方掌握规律。

**4. 发球时心理的影响**

在双打比赛中，有时会出现发球失常。其原因，一个是发球技术不过硬；另一个原因则是受接发球者的影响。由于接球者站位逼前，扑、杀凶狠且命中率较高，加之比分正出于关键时，心情紧张，造成手软从而影响了发球质量。遇到这种情况，首先要沉住气，观察接发球者的动向、心理意图、接发球的路线和规律，提高发球质量，增强还击第三板的信心。另外，发球的路线要善变且无规律，真真假假、虚虚实实，这样就会减少不必要的顾虑，发球质量也会稳定下来。

### （二）接发球

接发球虽然受发球方的牵制，属于被动等待，但由于规则对发球作了击球点不能过腰、球拍上沿须明显低于手、动作必须连续向前挥动（不许做假动作）、不能迟迟不发等诸多限制，所以使发球者发出的球不能具有太大的威胁。接发球方如果判断准确，起动快、还击及时，就能在对方发球质量稍差时杀、扑得手或取得主动；反之，也会接发球失误或还击不利使自己陷入被动。

① 接发内角位网前球。以扑或轻压对方两边中场及发球者身体为主要攻击点，配合网前搓、勾等其他线路。

② 接发外角位网前球。除了以上打的点外，还可以平推对方底线两角以调动对方一名队员至边角，扩大对方另一队员的防守范围。

③ 接发内角、外角位后场球。应以发球者为攻击点，力争扣杀追身球。如起动慢了，可用平高球打到对方底线两角。一般发球者在后场球发出后，后退准备接杀的情况居多，这时可用拦截吊球，落点可选择在发球者的对角。

### （三）攻人

这是双打中常用的一种战术，就是以人为攻击目标。对付两名技术水平高低不一的对手时，一般都采用这种战术。对付两名实力相当的队员时，也可采用这一战术。它集几种攻势于对方一名队员，常能起到"集中优势兵力打歼灭战"的作用；在另一队员过来协助时，又会暴露出空当，可在其仓促接应、立足不稳时偷袭他。

### （四）攻中路

① 守方左右站位时把球打在两人的中间。这种战术可以造成守方两人抢接一球或同时让球，彼此难以协调；限制对手在接杀球时挑大角度高球调动攻方；有利于攻方的封网，由于打对方中路，对方回球的角度也小，网前队员封网的难度就小了。

② 守方前后站位时把球下压或轻推在边线半场处。这种战术多半是在接发网前球和守中反攻抢网时运用。这种球守方前场队员拦截不到，后场队员又只能以下手击球放网或挑高球，后场两角便会露出很大空当，因而有隙可乘，攻击他的空当或身体位。

### （五）攻后场

这种战术常用来对付后场扣杀能力较差的对手，把对方弱者调动到后场后也可以使用。此战术多采用平高球、平推球、挑底线把对方一人紧逼在底线，使其在底线两角移动击球，在其还击出半场高球或网前高球时即可大力扣杀，取得该球的胜利或主动。如在逼底线两角时对方同伴要后退支援，则可攻击网前空当或打后退者的追身球。

### （六）后攻前封

后场队员积极大力扣杀创造机会，在对方接杀放网、挑高球或企图反击抽球时，前场队员以扑、搓、勾、推控制网前，或拦截、吊、点封住前半场，使整个进攻连贯而又有节奏变化，使对方防不胜防。

### （七）防守

**1. 调整站位**

为了摆脱被动，伺机转入反攻，首先要调整好防守时的站位。如果是网前挑高球，那么击球者应该直线后退，切忌对角后退。直线后退路线短、站位快、对角后退路线长，也容易被对方打追身球。另一名队员应根据同伴移动后的情况补到空当位。双打防守时的站位调整，都是一名队员在跑动击球时，另一名队员根据同伴的移动情况填补空当。

**2. 防守球路**

① 攻方杀球者和封网队员在半边场前后一条直线上，接杀球应打到另半边前场或后场。
② 攻方杀球者和封网者在前后对角位上，接杀球可还击到杀球者的网前或封网者的后场。
③ 攻方杀球者杀对角后，若另一名队员想要退到后场去助攻，接杀球时可以还击到网前中路或直线网前。
④ 把攻方杀来的直线球挑对角，杀来的对角球挑直线以调动杀球者。

关于防守的方法还有许多，但目的都是为了破坏攻方的进攻节奏和进攻的势头，在攻方进攻势头稍减时即可平抽或蹲挡，若攻方站位混乱出现空当，守方即可抓住战机转守为攻，取得主动。

## 第二节 羽毛球战术及战术选择的决定因素

### 一、羽毛球战术简介

战术与打法的关系是很密切的。在实战中，战术是根据双方的打法和场上的具体情况而定的。"以己之长，攻彼之短"是一大原则，现简单介绍一些常用的战术如下。

#### （一）单打战术

**1. 发球抢攻战术**

从发球的第一拍起，争取控制对方，以攻杀得分。这种战术，一般为发网前低球结合平快球、平高球，争取第三拍的主动进攻。用这种战术对付应变能力较差的对手，或实施于比赛的关键时刻，效果往往很好。实施这一战术时，应有高质量的发球予以保证，否则很难成功。

**2. 攻后场战术**

此战术是通过击高球、重复压对方的底线两角，造成对方的被动，然后寻找机会进攻。

用它来对付初学者，或后场还击能力较差，或后退步子较慢以及急于上网的对手是很有效的。

### 3. 攻前场战术

对网前技术较差的对手，可运用此战术先将其吸引到网前，然后再攻击其后场。采用此战术，自己首先要有较好的网前击球技术。

### 4. 打四方球战术

若对手步子较慢、体力较差、技术不全面，可凭借快速准确的落点攻击对方场区的四个角落，寻找机会向空当进攻。此战术的主要目的是通过打落点，逼迫对方前后奔跑、被动应付，并在其回球质量下降或露出破绽时乘虚而入而攻之。

### 5. 杀、吊上网战术

对对手打来的后场高球，本方先以杀球配合吊球把球下压，落点选在场区的两条边线附近，致使对手被动回球。若对手回网前球，本方迅速上网搓球、勾对角球或平推球，创造在中场大力扣杀的机会。这种战术必须能很好地控制杀、吊球的落点，在使对方被动回球时，才能主动迅速上网。

### 6. 打对角线战术

对付身体灵活性差、转体较慢的对手，不论是进攻还是防守，均应以打对角线球为主。这样，对方会因移动困难而被动，为我方创造进攻机会。

### 7. 防守反击战术

在对方主动进攻、我方被动防守时，我方可高质量地接杀挡网；或抓住对方攻杀力量减弱，或落点不好之机会，以平抽底线球还击对方后场，扭转被动局面，并进行反击。

## （二）双打战术

双打比赛不仅仅是竞赛双方在技术、战术、体力上的较量，同时也是双打同伴相互配合程度的较量。因此，在学习双打战术之前，首先要了解两人之间站位形式上的配合。

一般情况下，有两人一前一后站位和两人分边（左、右）站位两种形式。一前一后站位即在后场的人分管后半场。

# 二、选择羽毛球战术打法的决定因素

选择羽毛球的打法需要注意自身的以下几个因素。

## （一）身体条件

一般来讲，身材的高矮、力的大小、体力的好差等，都可影响到打法的选择。例如，身材较高、力量较大的人可以攻击性较强的后场下压的打法为主；身材不高，但体力好、身体较灵活者，可以守中反攻的打法为主，等等。

## （二）技术掌握情况

基本技术掌握较全面、攻守技术较佳者，可以快拉快吊打法为主；杀球技术掌握得很好，且杀球有力、落点控制较好，网前技术也不错者，则以后场下压、上网控制网前的打法为主；控制球的能力较强，且有耐心者，则可选择打四方球；防守技术掌握得很好，且步子灵活、移动快者，则可以选择守中反攻的打法为主，等等。

## （三）性格和气质特点

性格属外向型，且气质类型又为胆汁质者，较适合于选择全攻型的打法；性格内向，气质类型又为黏液质者，宜选择打四方球，防守中反攻的打法；性格属中间型，气质类型为多血质和黏液质混合型者，则以选择攻守俱全的快拉快吊的打法较好。

另外，还应针对不同的对手采用不同的打法，以扬己之长，克彼之短。

以上各因素，对选择打法的影响并不是单一孤立的，更不是绝对的。它们互相适应，互为补充：身材虽较高但性格内向者，选择防守型的打法也会占先；个子虽不高，但弹跳力强、步子移动快速灵活、杀球技术很好，且性格又外向者，选择攻击型的打法常能取得主动。总之，选择的打法类型应倾向于使自己各方面都能充分地得以显示为好，切不可不顾自身特点，更不能机械地模仿别人。

> **思考题**
>
> 1. 羽毛球单打打法有哪些种类？
> 2. 羽毛球双打中发球路线和落点的选择需注意哪些要点？
> 3. 羽毛球双打中，防守对方球路需要注意哪些问题？
> 4. 羽毛球战术打法的决定因素有哪些？

# 第四章

# 羽毛球比赛主要规则

## 学习提示

- 了解羽毛球竞赛通则
- 熟悉羽毛球器材
- 掌握羽毛球裁判手势及术语

## 第一节 竞赛通则

羽毛球比赛分男女单打、男女双打、混合双打五个单项比赛，由单、双打组成的男、女团体比赛以及混合团体比赛。2005年国际羽联对羽毛球规则进行了改革，实行21分制，并对21分制作了最后的修订，宣布新规则将从2006年2月1日起正式实施。新规则的最大变化是取消了发球得分制，并将所有单项的每局获胜分统一定为21分，每球得分。在单项比赛中，均采用三局两胜制，率先得到21分的一方赢得当局比赛。如果双方比分打成20∶20，获胜一方需超过对手2分才算取胜，如果双方比分打成29∶29，则率先得到第30分的一方取胜。首局获胜一方在接下来的一局比赛中率先发球，当一方在比赛中得到11分后，双方队员将休息1分钟，两局比赛之间的休息时间为2分钟。

单打比赛从0∶0开始，当发球方的得分数为0或偶数时，运动员必须站在自己的右发球区将球发到对方的右发球区内（场区的界线包含在场区内），而当发球方的得分为奇数时，则应该将球从左发球区发到对方的左发球区内。接发球的运动员也必须相应地站在斜对角的本方发球区内接球。任何一方运动员在发球时间［从发球员挥拍起（发球运动开始）至球击出为发球时间］内若非法延误发球，或某一方运动员的任一只脚离地、移动，均应判发球（或接发球）违例。另外发球员还应注意：

① 球拍必须先击中球托，同时整个球要低于发球员的腰部；
② 击球瞬间球拍框要明显低于整个手部；
③ 发球动作要保持连贯，不能有停顿动作；
④ 不允许发旋转飘球。

国际羽联的新规则规定：当发球员将球抛起，挥拍又未击中球时，也应判为违例（若只有抛球动作，而未挥拍，则判为"重发球"）。发球时间内若发球方违例，应判作对方发球（即"换发球"）；若接发球方"违例"，则发球方"得分"。发球若为短球、长球、界外球，发球错区，或者球不过网，球从网孔或网下穿过，球碰屋顶或四周墙壁，球碰运动员身体或衣服，球碰到场外其他人或物体时，均应判"违例"。羽毛球发球出现擦网则要视情况而定：如球擦网后并未落入对方接发球区内，也就是"短球"或"界外"，应判失误；若落入对方接发球区内，算合法发球，对方运动员必须接球，不接则要判其"失分"；若发球时球夹在网顶或过网后挂在对方那侧的网上，则应判"违例"。

比赛进行中，双方都必须在球未落地之前将球回击过网，若一个队员有两次挥拍击球动作，或双打中同队队员连续各击一次（连击）、持球、击球出界、触网、过中线、过网击球（阻挠）、球撞网或网柱后落在击球者本方场区内、身体的任何部位被球击中等任一情况发生，将被判"失分"或被对方夺回发球权。

比赛中遇到下列情况之一，应判"重发球"：

① 发球时，发球员和接发球员同时违例；
② 裁判员未报完分或发球员在接发球员未做好准备时发球；
③ 发球时，虽已抛球，但无挥拍动作；
④ 遇到不能预见或意外的情况，裁判可暂停比赛，如比赛暂停，已得分数有效，续赛时从该分数算起重新发球；
⑤ 比赛进行中，球托与球的其他部分完全分离；
⑥ 双打发球顺序错误或发球方位错误，在下一次发球前被发现并提出，则赢球不应得分，应判"重发球"（若违例方输球，则应判其失去发球权或失分，并且不再纠正运动员的方位，继续比赛）；
⑦ 遇到外界干扰时（如突然停电、邻场的球打入本场区等）；
⑧ 裁判员不能做出判决时，也应判"重发球"。

在"重发球"时，最后一次发球无效，由原发球员重新发球。

如果运动员疏忽或有意造成方位错误，在下一次发球后或更迟的时候被发觉，则比赛分数有效，不应改判"重发球"，也不再纠正运动员的方位，而是继续进行比赛。

羽毛球双打比赛的最新规则，改双发球权为单发球权，发球员的顺序与单打中的顺序一样，即以分数的单数或双数来决定。只有发球方在得分时才交换发球区。除此以外，运动员继续站在上一回合的各自发球区不变，以此保证发球员的交替。双打比赛的后发球线仍保留。比赛开始前，双方通过投掷硬币的方式确定由哪一方来选择是先发球或后发球。发球与接发球的次序如图 4-1～图 4-4 所示。

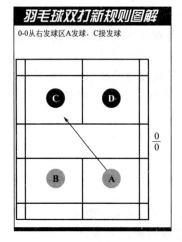 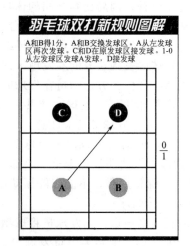

图 4-1

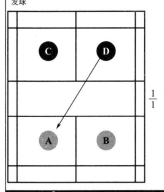
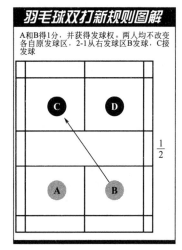

图 4-2

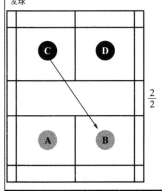
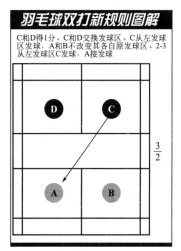

图 4-3

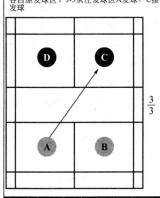
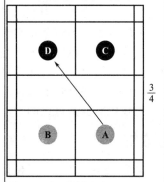

图 4-4

羽毛球双打比赛中，除接发球必须由相应的接发球员接球外，两名队员中的任何一人可不限制地回击球，直到该球结束，但在同一次回击中不允许同队两名队员连续两次击球。

羽毛球的男、女团体赛由男、女各三场单打和两场双打比赛组成，其胜负采用五场三胜制；混合团体比赛则将男、女单打，男、女双打和混合双打组合在一起，采用五场三胜制。比赛开始前，双方运动员先在主裁判的主持下，通过掷挑边器决定场区或发球，赢的一方有权选择先发球或先接发球，或者选择这个场区或另一个场区。

对比赛中场上运动员的行为不端的情况，规则规定：对故意使比赛中止，故意改变球的速度，举止无礼（如辱骂裁判员或对方运动员）等规则未述及的其他不端行为的运动员，裁判员应首先对其提出警告；当已被警告过的运动员再犯时，应判其违例；对屡犯者除判违例外，应立即向裁判长报告。裁判长有权做出取消运动员比赛资格的决定。

对于运动员的服装颜色和服装上的广告规则规定：在重大国际比赛中（如汤姆斯杯、尤伯杯和世界锦标赛等），运动员的服装颜色应以白色为主，同一国家的运动员必须穿同一颜色的服装参加所有场次的比赛。在双打比赛中特别规定：同队两名运动员的颜色必须一样。如遇比赛双方运动员服装颜色有冲突，双方均应改穿白颜色的服装。在运动员服装上所做的广告必须是在最大两件服装上；制造商广告标志不得超过 20 平方厘米；在其他服装上，广告标志每件不得超过 10 平方厘米。另外，在每件服装上还允许有一个不超过 20 平方厘米的附加标志。

## 第二节　羽毛球比赛场地器材要求

### 一、羽毛球场

羽毛球场呈长方形，长度为 13.40 米，单打球场宽 5.18 米，双打球场宽 6.10 米。球场外面两条边线是双打场地边线，里面的两种边线是单打场地边线。双打边线与单打边线相距 0.46 米。靠近球网 1.98 米与网平行的两条线为前发球线，离端线 0.76 米与端线相平的两条线为双打后发球线。前发球线中点与端线中点连起来的一条线叫中线，它把羽毛球场地分为左、右发球区。各条线宽度均为 4 厘米。整个场地的丈量从线的外沿计算。场地上空 12 米以内和四周 2 米以内不应有障碍物（包括相邻的球场）。

理想的羽毛球比赛场地已采用化学合成材料作为可移动的球场。当然，在基层的各级比赛中，当上述条件达不到要求时，也可以在水泥地或三合土的地面上进行比赛。不论是采用木板地面还是合成材料地面，都必须保证运动员在比赛中不感到太滑或太黏，并有一定的弹性。球场上空的灯光则是关系到比赛能否顺利进行必不可少的重要因素。因为适宜的灯光能使运动员对比赛充满信心。另外，当运动员朝着墙壁或天花板方向注视来球的时候，任何反光面都会妨碍运动员的击球。为避免自然光线的干扰，体育馆内应挂上窗帘。在专门的羽毛球馆内，墙壁和天花板应是暗色的。关于灯光的设置和布局有两种方法：一种是白炽灯泡，安装在每一球场两侧网柱的上空，灯光照度总计要在 400～500 勒克斯之间；另一种是荧光灯要求挂在与球场边线平行并且长度一样的地方。在基层比赛中只要没有风的干扰，在户外或在馆内利用自然光线比赛也是可以的。

### 二、羽毛球拍

羽毛球拍的重量为 95～120 克（不包括穿弦后的重量），是用木、铝合金或碳素纤维等质地轻而坚实，并富有弹性的材料制作而成的。球拍框为椭圆形，球拍的框架，包括拍柄在内，总长度不超过 680 毫米，宽不超过 230 毫米。拍框长度不超过 290 毫米。弦面长不超过

280毫米，宽不超过220毫米。羽毛球重4.74～5.50克，应有16根羽毛插在半球形的软木托上，用线将羽毛编结牢固，球托直径2.5～2.8毫米。

### 三、羽毛球网

球网应用深色、优质的细绳织成。网孔方形，各边长均在15～20毫米之间，网上、下宽760毫米。网的顶端用75毫米宽的白布对折而缝，用绳索或钢丝从夹层穿过。白布边的上沿必须紧贴绳索或钢丝。绳索或钢丝须有足够的长度和强度，能牢固地拉紧并与网柱顶部取平。球网的两端必须与网柱系紧，它们之间不应有缺缝。球网中央网高1.524米，双打边线处网高1.55米。为了避免风的干扰，羽毛球比赛一般都在室内进行，给比赛创造一个适宜的环境。比赛馆内应具备一些特别的条件和添置一些必需的设备。

## 第三节 裁判员的手势和术语

### 一、羽毛球比赛裁判手势图解

#### （一）裁判员的具体手势

如图4-5所示。

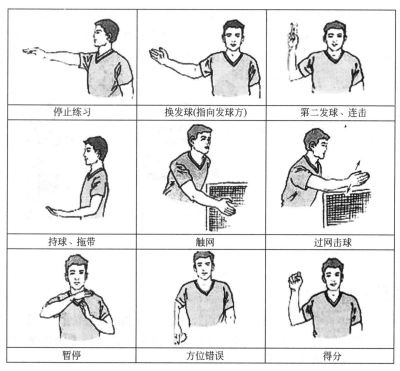

图4-5

#### （二）发球裁判的手势要求

如图4-6所示，击球瞬间，球拍杆未指向下方，整个拍头明显低于发球的整个握拍手部（①）；击球瞬间，球的整体未低于发球员的腰部（②）；不正当的延误的击出。一旦双方站好位置，发球员球拍头第一次向前挥拍即为发球开始，挥拍必须继续向前（③）；发球击出前，脚不在发球区内、触线或移动（④⑤）；最初的击球点不在球托上（⑥）。

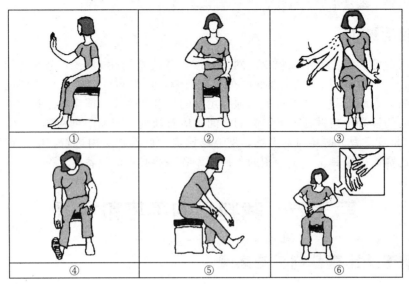

图 4-6

### （三）对司线员的要求

如图 4-7 所示，司线员应坐在他所负责的延长线上，最好面向裁判员，在实际安排时，司线员的位置与场地的理想距离为 2.5～3.5 米。当球落在界外，除大声清楚地报"界外"外，同时双臂侧举，使裁判员能看清楚（①）；如果落在界内，只用手指向界内（②）；如果视线被挡住，应立即举起双手，盖住眼睛（③）。

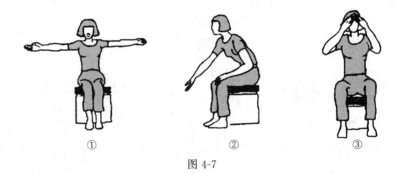

图 4-7

## 二、裁判员的术语

裁判员的术语应简明扼要，宣判时要及时、果断、准确，声音清晰、洪亮。在用英语宣判时，任何违例情况都只有"foul"一词，当运动员询问时，可用术语作扼要的回答。裁判员应掌握汉语和英语两种术语。

### 思考题

1. 2005 年国际羽联对羽毛球规则进行改革的内容是什么？
2. 发球过程中，哪些情况属于违例？
3. 对比赛中场上运动员的行为不端的情况，规则有哪些规定？
4. 羽毛球比赛中，对司线员的要求有哪些？

# 乒乓球篇

## 第一章

# 乒乓球运动概述

**学习提示**

- 了解乒乓球运动的起源以及其发展的不同时期
- 了解器材的演变对乒乓球技术发展的影响
- 了解中国乒乓球技术的发展过程
- 了解国际乒乓球联合会和其所举办的主要赛事

## 第一节 乒乓球运动的起源

关于乒乓球运动的起源众说纷纭，目前较为一致的观点是：乒乓球运动起源于19世纪后期的英国，是从网球运动派生而来的。

19世纪末的一天，两个青年网球迷在看过温布尔登网球赛后，去一家餐厅吃饭。因为天气闷热，在等待服务员送饭时，他们用雪茄的木盒盖当扇子，边扇风降温边讨论网球技战术，然后他们用香槟酒的软木酒瓶塞当球，以餐桌为场地，在中间拉一条细绳为网，烟盒盖当作球拍，模仿网球打起球来。餐厅服务员在一旁为他们喝彩，餐厅女主人也被吸引过来，而且惊呼："table tennis"（桌上网球）。

开始时，乒乓球运动不叫乒乓球，而是叫"佛利姆拉姆"（Flim-Flam），又称"高希马"（Goossime）。它没有统一的规则，只是作为一种宫廷游戏。后来美国人海亚特发明了一种叫"赛璐珞"的空心球玩具。到1890年，一位叫吉姆斯吉布（James Gibb）的英国人去美国旅行时，看到了这种玩具球把它带回英国，并稍加改进取代了原来的实心球。

早期的乒乓球球拍拍柄较长，球拍的中间是空心的，两面分别用羊皮纸贴住。用这种球拍在桌上打赛璐珞球时会发出"乒乒乓乓"的声音，"乒乓球"由此得名。这个名字从欧洲、美国开始传播，之后流传到亚洲。英国一家体育用品公司率先用"乒乓"（Ping-Pong）一词作为商标登记注册。1891年，英格兰人查尔巴克斯特把"乒乓球"作为商业专利，并申请了许可证。

1926年2月，国际乒乓球联合会（International Table Tennis Federation，缩写为ITTF，简称国际乒联）在英国伦敦成立，总部起初设在英国东苏塞克斯郡的黑斯廷斯，2000年迁至瑞士洛桑。由于"乒乓"（Ping-Pong）是商业注册名称，国际乒联将其命名为"桌上网球"（table tennis）协会，一直沿用至今。目前，国际乒联协会成员已经超过4000万，其中中国有1000万，占1/4。乒乓球成为世界上参与人数较多的体育项目之一。

1926年12月12日，国际乒联第一届代表大会在国际乒联创始人之一、第一任主席伊沃蒙塔古的母亲斯韦思林女士的图书馆举行。在这次历史性的会议上，正式通过了国际乒联章程和竞赛规则。

20世纪20年代以前，乒乓球运动一直停留在游戏阶段。直到20世纪20年代才开始举行邀请赛。

1926年12月6～11日，第一届世界乒乓球锦标赛在伦敦弗灵顿街麦摩澳大厅举行。它的举办，结束了乒乓球运动作为娱乐游戏的历史阶段，标志着乒乓球运动发展成为一项体育运动项目。此次比赛共设男子团体、男子单打、女子单打、男子双打和男女混合双打5个项目。此外，还设了男子单打安慰赛。由于当时只有16名女运动员参赛，所以没有进行女子团体和女子双打的比赛。

## 第二节 世界乒乓球运动的发展

### 一、第一发展阶段——欧洲全盛时期

最初，运动员使用木制球拍，速度慢，旋转也不强，因此打法单调，只是把球挡来挡去。胶皮拍出现后，技术变化开始多了起来。因为胶皮拍比木制拍弹性大，摩擦力大，可以制造一定的旋转，于是出现了削下旋球的防守型打法。这种打法曾在欧洲风行一时，不少运动员采用这种打法获得世界冠军。这一时期，乒乓球运动的重点和优势在欧洲。世乒赛举行了18届，在7个项目中，先后共产生了117个冠军（第11届女单无冠军）。除美国选手取得8个冠军外，其余109个冠军全部为欧洲选手获得，其中匈牙利选手成绩最为突出，共获得57个半冠军。此时期常被人称为欧洲的全盛时期。

### 二、第二发展阶段——日本称雄时期

1952年，日本运动员在第一次参加在印度孟买举行的第19届世乒赛中采用远台长抽打法，结合快速的步法移动，击败了欧洲的下旋削球，从此使上旋打法占了优势。此外，日本还革新了工具，使用海绵球拍，以此加快进攻的速度。这种新的打法，比速度慢、旋转弱、攻击力不强的防守型打法先进。日本运动员的远台正手攻球，力量大、速度快，配合威胁性较大的反手发急球抢攻，在第19届锦标赛中一举夺得4项冠军，从而打破了欧洲运动员的垄断地位。从此，亚洲的进攻打法和欧洲的防守型打法成为世界乒坛的两大派系。

### 三、第三阶段——中国直拍近台快攻打法崛起时期

在20世纪50年代日本称霸世界乒坛的时候，中国也开始登上世界乒坛领奖台。通过参

加几届世界锦标赛，总结正反两面的经验教训，中国队在技术上保持了打法快和狠的特点，训练上狠抓基本功，加强了击球的准确性和变化性，提高了对削球的拉攻技术，逐渐形成了独特的以"快、准、狠、变、转"为技术风格的直拍近台打法。1959年，中国选手容国团在多特蒙德举行的第25届世乒赛上为中国赢得了第一个世界男子单打冠军。在1961年第26届世界锦标赛中，中国队既过了欧洲削球关，又战胜了远台长抽加"弧圈球"打法的日本选手，第一次获得男子团体世界冠军，并连续获得第27、28届男子团体冠军，震撼了世界乒坛。从此，中国通向世界乒坛顶峰的大门打开了。

在第26～28届的3届世界锦标赛中，中国运动员共获得11枚金牌，占总数（21枚）的52%。这阶段中国近台快攻的优点是站位近、速度快、动作灵活、正反手运用自如，比日本远台长抽打法又向前发展了一步，由此世界技术优势由亚洲的日本转移到了中国。

### 四、第四阶段——欧、亚对抗格局

这个阶段，欧洲选手开始转守为攻，学习中国和日本打法的长处，结合他们身材高大、横握球拍的特点，创造了快攻结合弧圈和弧圈结合快攻的打法，取得了第31届世乒赛团体冠军。中国乒乓球队则坚持和发展快攻打法，徐寅生提出"用反贴打快攻"的新思想、新打法，郗恩庭用反贴打快攻并与弧圈球结合的打法，夺得第32届世乒赛男子单打冠军。这时期，欧洲以瑞典、匈牙利为代表，"瓜分"奖杯，形成了群雄争霸的局面，同时也标志着乒乓球运动的蓬勃发展。

### 五、第五阶段——中国抗衡世界格局

中国近台快攻打法进一步发展，创新了高抛发球、加力推、减力挡、推挤弧圈球、快拉快带小弧圈球等技术，在1981年第36届世乒赛中囊括7项冠军和5个单项亚军，创造了中国乒乓球历史上的奇迹。此后，又多次在世界大赛上勇夺多项桂冠，结束了世界乒坛多国抗衡的局面，形成了"世界打中国"的格局。

到了20世纪90年代，欧洲的瑞典、比利时、德国、俄罗斯、南斯拉夫和亚洲的日本、韩国、朝鲜等乒乓球诸强，其快速、凶狠加弧圈球技术日趋完善，加之国内一些优秀乒乓球选手在国外形成"海外兵团"，这些都使得乒乓球比赛更加激烈。

# 第三节　世界著名乒乓球大赛

### 一、世界乒乓球锦标赛

世界乒乓球锦标赛，简称"世乒赛"，是由国际乒乓球联合会主办的一项最高水平的世界乒乓球大赛。世乒赛自1926年12月6日在英国伦敦举行首届起，至今已举办了50届。

大赛共设七个正式比赛项目：男子团体、女子团体、男子单打、女子单打、男子双打、女子双打、混合双打。每一项目都设有专门奖杯，奖杯都是银质的，来自不同的国度。各项奖杯都以捐赠者的姓名或国名来命名。世乒赛的所有奖杯都是流动的，获胜者只在奖杯上刻上自己的名字。各项冠军获得者可保留该奖杯到下一届世乒赛开赛前，然后交给新一届的世乒赛再争夺。只有男女单打冠军，如果连续3次获得"圣·勃来德杯"或蝉联4次获得"吉·盖斯特杯"，则由国际乒联制作一个小于原奖杯一半的复制品，由获得者永远保留。

### 二、世界杯乒乓球比赛

国际乒乓球比赛，由国际乒乓球联合会主办，从1980年起每年举行一届，又称"埃文斯

杯赛"。比赛仅设单打项目，由国际乒联指定 16 名运动员参赛，分别是世界单打冠军、各洲单打冠军、主办协会单打冠军和国际乒联公布的世界优秀选手名单中名次列前的部分选手。

## 三、奥运会乒乓球比赛

由国际乒联申请，1981 年在巴登召开的第 84 届国际奥委会全体成员会上决定将乒乓球列入 1988 年汉城奥运会正式比赛项目。设男子单打、女子单打、男子双打、女子双打 4 块金牌。它是先通过预选赛产生 64 名男选手和 32 名女选手，然后正式参加 4 个项目的比赛。

## 四、国际乒联职业巡回赛

国际乒联巡回赛始于 1996 年。在年度国际乒联巡回赛中，积分排男子前 16 位、女子前 12 位的单打选手和排前 8 名的双打选手，有资格参加年度总决赛。每年一届，是国际乒坛的一项传统赛事，设有男单、女单、男双、女双 4 个比赛项目。

### 思考题

1. 列举乒乓球发展的几个时期。
2. 世界著名乒乓球大赛都有哪些？分别包括什么比赛项目？

# 第二章

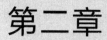 

# 乒乓球基础知识

**学习提示**

- 了解乒乓球器材

## 第一节　乒乓球运动器材

### 一、球场

乒乓球场地由 0.75 米高的同一深色的挡板围起，并与相邻的赛区及观众席隔开。地面为木制或经国际乒联批准的品牌和种类的可移动的塑胶地板，长不小于 14 米，宽不小于 7 米，比赛场地没有其他体育项目的标线和标识。地板的颜色不能太浅，以免反光强烈，可为红色或深红色；不能过量使用油或蜡，以免打滑。

场地内放有球台、球网、球、挡板、裁判桌、裁判椅、计分器等。重大比赛每张球台至少还要使用两台电子记分牌。电子记分牌安放在乒乓球比赛场地两端，牌上标有运动员的姓名、所属国家地区、时间、各局比分等。

### 二、球

乒乓球是由赛璐珞或类似的塑料制成的，外面涂成白色、黄色或橙色，呈圆球体。标准用球的直径现为 40 毫米，重现为 2.7 克。比赛用球印有以下标示：厂牌名、ITTF（国际乒联所公认）、JTTAA（日本桌球协会所公认）、等级（厂商所赋予的等级，三颗星为最高级）国际乒联只选用厂商所制造的最佳品质的球。训练用球比较轻和软，没有特许的三星标志。

### 三、球台

乒乓球球台为长 274 厘米、宽 152.5 厘米的长方形，离地面高为 76 厘米，球台颜色为暗色且无光泽。球台的上层表面叫做比赛台面，应与水平面平行。球台台面一般用木材制成，也可以用其他材料制成，不论何种材料，其弹性标准都是标准球从 30 厘米的高处落至台面，弹起高度约为 23 厘米。

双打时，各台区由一条 3 毫米的白色中线划分为两个相等的"半区"。中线与边线平行，并视为右半区的一部分，用于确定双方的有效区域（特别在双打发球时）。

目前乒乓球台的主要品牌有日本的 Butterfly（蝴蝶）、瑞典的 Stiga（斯迪卡），以及中国的红双喜和双鱼。

## 四、球网

球网装置包括球网、悬网绳、网柱及将它们固定在球台上的夹钳部分。

球网应悬挂在一根绳子上，绳子两端系在高 15.25 厘米的直立网柱上，网柱外缘离开边线外缘的距离为 15.25 厘米。整个球网的底边应尽量贴近比赛台面，其两端应尽量贴近网柱。

## 五、球拍

球拍的大小、形状和质量因人而异。球拍必须平整，不变形。球拍由木制底板和表面覆盖物制成，尺寸、形状和重量均不限。运动员应根据不同的打法和技术选择采用不同性能的球拍，具体如下。

正胶海绵拍：颗粒向外，颗粒的高度一般为 0.8～1 毫米。其特点是弹性好，击球稳且速度快，能制造一定的旋转，适合近台攻球型运动员使用。

生胶海绵拍：颗粒比较柔软，弹力较大，颗粒的高度一般为 0.8～1 毫米。其特点是击球有下沉性，能减弱对方拉弧圈球的威力；搓球旋转弱，易控制球，适合近台攻球型运动员。

反胶海绵拍：表面平整柔软，有较大的黏性。其特点是打球的旋转力强，但反弹力差，它适合于弧圈型和削球型运动员。

长胶海绵拍：果糖向外，柔软，颗粒的高度一般为 1.5～1.7 毫米。它主要依靠来球的旋转或冲力增加回球的旋转强度或旋转变化，如对方拉过来的上旋球用挡球回击，则变为下旋球等。它适合于削球型和攻削结合型运动员。

防弧海绵拍：在一块结构松、弹力差的海绵上反贴一块厚而硬、黏性小、有些发涩的胶皮。球拍缓冲性能强，可减弱强旋转的作用，适合于削球型运动员。

球拍的正面必须是亮红色，反面是黑色。

注意：使用光滑的胶皮表面（反胶）能够击出各种不同的旋转球，可以发挥多种击球技术。比赛中只能使用国际乒联规定的球拍、球台、球网和球。拍柄有直型、彗尾型、圆锥型和符合人体工程学的解剖型。

# 第二节　球拍的选择

运动员在挑选球拍时，首先要了解自己的主要需求，所选球拍一定要有利于自己的特长发挥。

快攻、扣杀有威力的运动员应该选择较硬的底板，因为底板较硬会使球的脱板速度较快，适合凌厉、突然的风格，加之配备较软且厚度适中的海绵和速度较快的胶皮，可提高运动员"驾驭"球的能力，而且还能在进攻中发挥底板击球的作用，提高击球的效率。

弧圈球技术好的运动员应该选较软底板，因为底板软会使控球时间较长，使击球用力转变为球的自转，便于制造强烈旋转球。配备较厚且较厚的海绵和较黏的反胶，更能提高攻击的速度。追求弧圈结合快攻打法的运动员应该选择软硬适中的底板和适宜硬度、厚度的海绵。具体如何选择，需要根据运动员拉球和攻球的使用率来定。当然，擅长防守的人常常是以慢制快，靠变化取胜，这就必须选择控球好且弹性适中的底板。海绵的厚度、硬度与弹力有关。

初学者在选择球拍时还要考虑自己的阶段性任务。在学技术阶段选择弹性较小、好控制的球拍，有利于迅速掌握技术；提高阶段选用加纤维的球拍，有助于提高击球杀伤力。总之，乒乓球比赛的取胜之道是扬长避短，选择球拍也是一样。

### 思考题

乒乓球器材主要包括什么？分别有什么要求？

# 第三章

# 乒乓球运动基本技术

**学习提示**

- 了解构成乒乓球技术动作体系的主要常见内容
- 掌握技术动作的基本标准和完成技术动作时需要注意的关键点

## 第一节　握拍技术

对于乒乓球运动员来说，球拍就是身体的延伸，只有"人拍合一"，才能指哪打哪儿。而这延伸得紧密与否，关键在于握拍是否合理。

握拍是乒乓球所有技术的起点，既要与打法风格相匹配，又要有利于手臂、手腕和手指的灵活运用。目前，握拍主要有直握和横握两种。

### 一、直拍握法

拍前：食指自然弯曲，食指的第二指节和拇指的第一指节分别压住球拍的两肩。

拍后：其他三指自然弯曲叠放，中指的第一指节侧面顶在球拍背面约1/3处。

直拍又分为3种方式：标准式、大钳式和小钳式。上面介绍的是标准式。

大钳式：握拍时拇指与食指的距离较大。这种握法能有效保证球拍稳定，利用上臂和前臂集中发力，因此对于正手进攻尤其是中远台攻球比较有利。

小钳式：拇指与食指间距离较小，握拍较浅。这种握法的优缺点正好与大钳式相反，尤其是正手回接弧圈球时比较困难，不易高压击球。

直拍握法的特点：除直拍横打之外，大多数时候正反手都用球拍的同一面击球，这样转换的时间少，出手较快；正手攻球快速有力，攻斜、直线时拍形变化不大，对手不易判断；手指、手腕的运用空间较大，在发球变化、处理台内小球和追身球时相对有利。

直握球拍的运用：正手攻球时，拇指和中指协调用力控制好拍形，食指放松，中指指尖部顶住拍背面，保证持拍的稳定和发力；推挡时，食指和中指协调用力，拇指相对放松；发力时，以中指为主，食指和拇指在保持正确拍形的同时，辅助用力（图3-1）。

### 二、横拍握法

拍前：用中指、无名指和小指自然握住拍柄，拇指在球拍正面轻贴在中指旁。

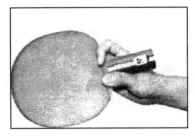 

图 3-1

拍后：食指自然伸直斜放于球拍的反手面虎口正中央贴拍柄正侧面。

如果虎口贴拍柄正侧面，可成为"深握法"；如果虎口稍离开拍柄肩侧，可称为"浅握法"。

横拍握法的特点：深握法的拍形比较容易固定，发力比较集中；浅握法的手腕比较灵活，处理台内球比较容易。

横握球拍的运用：正手攻球时，食指的第一关节顶住拍背面；反手攻球时，拇指顶住拍面（图 3-2）。

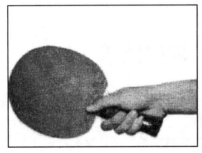 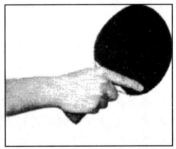

图 3-2

## 第二节　基本姿势、站位和击球点

运动员为了便于回击各种不同落点和性能的来球，在每次击球前，都会根据个人的打法及身体特点，力求使自己处于一个相对固定的位置，并保持一种相对稳定的姿势。这个相对的位置，就叫基本站位；这种相对稳定的姿势，就叫基本站姿（图 3-3）。

图 3-3

基本站位指的是一个大概范围，并不是固定的一点。各类型打法的基本站位不仅不一样，而且它们所指的范围大小也不相同。另外，基本站位还与个人身体及对方打法特点有关。每个运动员的基本站姿也会依其身体条件及技术特点略有变化。

正确的基本站姿应该是：两脚平行站立（脚尖指向平行），提踵，前脚掌内侧用力着地，两脚间距离比肩稍宽。两膝微屈并稍内扣，上体略向前倾，重心置于两腿之间。下颌稍后收，两眼注视来球。以右手握拍为例，持拍向左呈半横状，手臂保持自然弯曲，置于身体右侧，肘略外张，手腕放松，将球拍向左呈半横状，使拍形保持自然后仰。球拍置于腹前，离身体20～30厘米。做到"注视来球，上体微倾，屈膝提踵，重心居中"。

两脚开立比肩略宽是为了保持身体重心的稳定性；两脚脚尖指向同一个方向，就能快速移动，有着重要的作用，它可以直接蹬地起动，从而缩短步法的移动方向。

## 一、直拍正手击球标准动作

站位：两脚开立，左脚略在前，双膝微屈，收腹，含胸，身体稍前倾。
引拍：眼睛注视来球，同时向右侧后方引拍。
挥拍击球：挥拍击球的同时，以左脚为轴，向左转动腰部带动手臂向前上方挥拍，重心移至左脚，击球后，手臂顺势在眼睛上方收住。

## 二、横拍正手击球标准动作

站位：两脚平站，双膝微屈，收腹，含胸，身体稍向前倾，采用横拍握法。
引拍：眼睛注视来球，同时向右侧后方引拍。
挥拍击球：挥拍击球时，以左脚为轴，向左转动腰部带动手臂向前上方挥拍，重心移至左脚，击球后，手臂顺势在眼睛上方收住。

## 三、直拍反手击球标准动作

站位：两脚平行，双膝微屈，含胸，身体稍前倾，右臂自然弯曲并内旋。
引拍：两眼注视来球，向后方引拍。
挥拍击球：挥拍击球时，前臂向前，以拍迎球。

## 四、横拍反手击球标准动作

站位：两脚开立，左脚略在前，双膝微屈，收腹，含胸，身体稍向前倾，右臂自然弯曲。
引拍：眼睛注视来球，向腹前引拍。
挥拍击球：挥拍击球时，前臂向前，向前上方挥拍，击球后，手臂顺势在眼睛上方收住。

# 第三节 基本步法

步法是指乒乓球运动员为选择合适的击球位置所采用的脚步移动方法。步法在乒乓球中的重要性是无法估量的，是移动步法接球还是仅靠手臂的伸展接球，这决定了一名乒乓球运动员的成功与否。现有多种步法，一些步法仅适用于那些习惯使用的人。而一些步法则是通用的，即每个人都必须掌握的。这里讲述一些最受欢迎且被运用得较成功的步法。

## 一、单步

**1. 移动方法**

以一只脚为轴，另一只脚向前、后、左、右不同方向移动，身体重心随之落在移动脚上

(图 3-4)。

特点：动作快而简单，移步范围小，移动过程身体重心平稳，适于在来球离身体较近时使用。

要领：以一脚为轴，另一脚根据来球线路和落点先前、后或左、右移动一步。

**2. 实际运用**

① 接近网小球

② 削追身球。

③ 单步侧身攻击在来球落点位于中线稍偏左或对推中侧身突袭直线或对搓中提拉球时常用。

## 二、跨步

**1. 移动方法**

一脚蹬地，另一脚向移动方向跨一大步，蹬地脚随后跟上半步或一小步，身体重心即移到跨步脚上（图 3-5）。

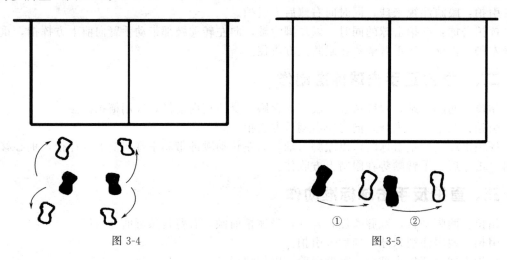

图 3-4　　　　　　　　　　图 3-5

特点：移动速度快，范围比单步大，可在来球较远时使用。因第一步移动幅度大，使身体重心降低，故不宜连续使用。

要领：以与来球相异方向的脚用力蹬地，同方向的脚向来球方向跨一大步，身体重心移至该脚，另一脚迅速跟上一步。若来球落点较远或较近，其移动方向可偏后或偏前。

**2. 实际运用**

① 近台快攻打法，用来对付离身体稍远的来球。

② 削球打法，左、右移动击球。

③ 跨步侧身攻，当来球速度较慢，但离身体稍远时，左脚向前上方跨一大步，右脚随即跟上一小步，同时配合腰部右转动作，完成侧身移动。

## 三、并步

**1. 移动方法**

一脚先向另一脚并半步或一小步，另一脚在并步脚落地后随即向来球方向移动一步（图 3-6）。

特点：移动的幅度大于单步而小于跳步，移动时无腾空动作，有利于保持身体重心的稳定，适合削球打法使用。快攻和弧圈打法在攻削动作小范围移动时，也常用它。

要领：移动方法基本和跳步相似，区别在于不腾空跳动。移步时，先以与来球相异方向的脚步向同方向的脚步并一步，然后同方向的脚步再向来球的方向迈一步。

**2. 实际运用**

① 快攻选手在左右移动中攻球或拉球。

② 削球选手正反手削球。

③ 并步侧身攻,多用于拉削球,右脚先向左脚后并一步,以便转体,随之左脚向侧跨一步。

## 四、跳步

**1. 移动步法**

以与来球相异方向的脚用力蹬地,两脚同时离地向来球方向跳动(图3-7)。

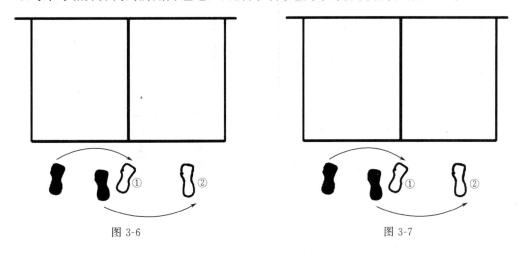

图 3-6　　　　　　　　　　　　　　图 3-7

特点:移动范围较大,身体重心变换很快,移动前后双脚距离基本相等,可用以连续回击来球,适合来球离身体较远时使用。

要领:与来球相异方向的脚先蹬地,两脚几乎同时离地向左或向右移动,先蹬地脚先落地,另一脚再跟着落地。若来球落点较远或较近,其移动方向可偏后或偏前。

**2. 实际运用**

① 快攻选手左右移动击球,常与跨步结合起来使用。

② 弧圈类打法由中台向左、右移动时常用。

③ 跳步侧身攻或拉,但在空中需完成转腰动作缓慢的

④ 削球选手在接突击时常采用,但以小跳步来调整站位用得较多。

## 五、交叉步

**1. 移动方法**

以靠近来球方向的脚步作为支撑脚,该脚的脚尖调整指向移动方向,远离来球方向的脚在体前交叉,向来球方向跨出一大步,身体随来球方向转动,支撑脚跟着来球方向再迈一步,这是前交叉步。后交叉步是在体后完成交叉动作(图3-8)。

特点:交叉步是移动幅度最大的一种步法,主要用来对付离身体远的来球,快攻或弧圈打法在侧身进攻后扑正手空当或走动中拉削球时,常运用它;削球打法在作前、后移动时,常用交叉步来接短球或接削突击球。

要领:先以靠近来球的脚作为支撑脚蹬地,使远离来球的脚迅速向来球方向跨出一大步,然后,原蹬地脚向前移动一步。

**2. 实际运用**

① 快攻或弧圈打法在侧身攻、拉后扑打右角空当,或从右大角变反手击球。

② 在走动中拉削球。
③ 削球打法接短球或削突击球。

## 六、侧身步

当来球在反手一侧，决定用正手攻球技术回击时，需用侧身步。侧身步根据来球位置和个人习惯的不同可分为单步侧身、跨步侧身以及跳步侧身。

**1. 单步侧身**

如图 3-9 所示。

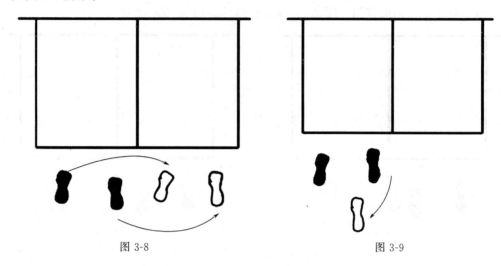

图 3-8　　　　　　　　　　　　　图 3-9

特点：移位速度快、幅度小，在来球于身体中间偏右位置时使用。
要领：右脚迅速向来球右后方移一步。

**2. 跨步侧身**

如图 3-10 所示。

特点：移动速度比单步侧身稍慢，移动幅度比半步侧身大，在来球落于身体左侧时使用。
要领：左脚先向左前方跨一步，然后右脚向左后方移步，重心落在右脚上，移位过程中，要收腹转体，以让出击球位置。

**3. 跳步侧身**

如图 3-11 所示。

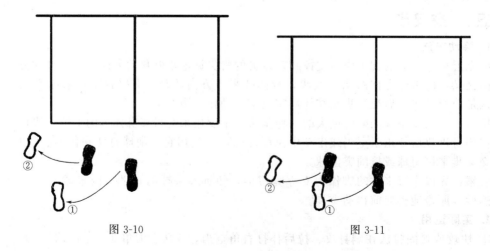

图 3-10　　　　　　　　　　　　图 3-11

特点：移位速度较慢，移动的幅度较大，有利于发挥正手猛烈的攻球。

要领：右脚蹬地，使身体重心迅速通过左脚，然后两脚几乎同时离地向左侧各跳一步，右脚先落地，身体重心落在右脚上，紧接着左脚着地。

## 第四节　发球技术

发球是乒乓球比赛中每一分球的开始，它是乒乓球技术中唯一不受对方来球制约的，可以让发球者最大限度地实现自己的战术意图，其主动性显而易见。正因为如此，它也是最有潜力可挖的一项技术。

发球技术从发球技术动作产生的旋转性质上划分，主要有平击发球、奔球、转与不转发球、侧上下旋发球。从发球技术动作的方式上划分，主要有正手发球技术、反手发球技术和下蹲发球技术。从抛球的高低上划分，有高抛发球和低抛发球。

### 一、平击发球

技术特点是速度比较慢，力量比较轻，技术容易掌握。

**1. 正手平击发球**

（1）动作方法

站位：身体离球台约40厘米，两脚开立，略宽于肩。

引拍：抛球时，向后上方引拍，球拍拍面略前倾。

挥拍击球：球拍向前下方挥动，击球的中部略偏上。

还原：击球后迅速还原。

如图 3-12 所示。

图 3-12

（2）要点

① 抛球和引拍的时机要准确。

② 挥拍击球时有一个略微向前下方压球的动作。

**2. 反手平击发球**

站位：身体离球台约40厘米，两脚开立，略宽于肩。

引拍：抛球时，右臂外旋，使球拍拍面略前倾，向左后上方引拍。

挥拍击球：当球从高点下降于稍高于球网时，击球的中上部向右前方发力。

还原：击球后迅速还原。

如图 3-13 所示。

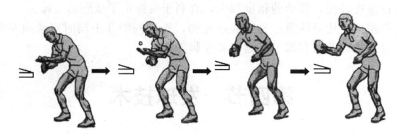

图 3-13

## 二、奔球

技术特点是球速快，落点长，冲力大，球的飞行弧线低，突然性强。常常通过偷袭对方正手位，来实施牵制对方侧身抢攻的意图。

**1. 直拍正手奔球**

（1）动作方法

站位：尽可能靠近球台。

引拍：抛球时，拍向后引，球拍稍横立起（尽可能与发侧旋的动作相似），身体重心移至右脚。

挥拍击球：击球时，球拍立起，向前方稍下快速挥动，用拍撞击球的中部，击球点要比较低，以降低弧线，尽量使第一落点靠近本方球台的底线处，以便发出长球。

还原：击球后，尽可能停住随势动作。

如图 3-14 所示。

图 3-14

（2）要点

① 击球点比较低，与网高基本相同。

② 第一落点要靠近本方球台的底线。

③ 用手腕的弹击力击球。

**2. 直拍反手奔球**

（1）动作方法

站位：靠近球台，右脚在前，左脚稍后，考虑好发球的线路。

引拍：抛球的同时，球拍向后方引，并带动腰向左侧转动，拍面与地面垂直，手腕适当放松。身体重心在右脚。

挥拍击球：球拍向前挥动并加速，触球瞬间变化发球线路的球拍角度。充分运用手腕的弹击力量。击球点要比较低，以降低弧线；尽量使第一落点靠近本方球台的底线处，以便发出长球。

还原：挥拍时调整身体的重心和姿势，注意还原。

如图 3-15 所示。

图 3-15

(2) 要点

① 击球点比较低。
② 第一落点要靠近本方球台的底线。
③ 用手腕的弹击力击球。

**3. 横拍正手奔球**

(1) 动作方法

站位：靠近球台，身体稍前倾，左脚前右脚后。注意观察对方的站位，决定发球的线路。

引拍：抛球时，持拍手向后方引拍，拍面稍前倾，手与手腕适当放松，腰稍向右转。

挥拍击球：用腰带手发力向前挥，触球瞬间再变化球拍发直、斜两线的角度，提高隐蔽性。触球时手腕有弹击球的动作，重心由右脚向左脚移动，球拍继续向前挥，重心落至左脚。击球点要比较低，以降低弧线，尽量使第一落点靠近本方球台的底线处，以便发出长球。

还原：注意动作还原。

如图 3-16 所示。

(2) 要点

① 击球点比较低，与网高基本相同。
② 第一落点要靠近本方球台的底线。
③ 用手腕的弹击力击球。

图 3-16

## 三、转和不转发球

其技术特点是球的旋转反差比较大。在使用旋转变化方面，不转发球在使用时以能够发出比较强烈的下旋球为前提；在落点方面，往往以发近网短球为主，兼顾长球。

**1. 直拍正手转与不转发球**

(1) 动作方法

站位：左脚在前右脚在后，以便发挥腰的力量。

引拍：抛球后，向后上方引拍，使拍面后仰，手腕适当外展，腰向后转。

挥拍击球：以腰带臂向前下方挥动，触球时拍面后仰，手腕加力，身体微向前下压，充分运用身体发力。

还原：发球后，挥拍动作尽可能停住，以利于还原。

如图 3-17 所示。

图 3-17

（2）要点

① 在拍触球的瞬间，决定发球是转或不转。

② 发下旋球时，用球拍下半部偏前的部分摩擦球的中下部。

③ 发不转球时，用拍的上半部撞击球的中下部。

**2. 直拍反手转与不转发球**

（1）动作方法

站位：站位近台，重心稍低，持拍手的肩部略低于对侧肩。

引拍：抛球时，持拍手向后上方引拍，拍面后仰，同时身体向左侧适当转动，以便用力。

挥拍击球：球拍向前下方挥动，控制好球拍的角度。保证动作的连贯性和相似性。触球时用力多靠手腕。

还原：控制动作幅度，并注意还原。

如图 3-18 所示。

图 3-18

（2）要点

① 发下旋球时，用球拍的前半部去摩擦球的中下部，手腕发力摩擦。

② 发不转球时，用球拍的后半部去撞击球的中下部，手腕和前臂有送球的感觉。

**3. 横拍正手转与不转发球**

（1）动作方法

站位：身体离球台约 15 厘米，重心稍降低，双膝微屈。

引拍：当球抛起后，持拍手向后上方引拍，拍面适当后仰，手腕、手臂适当放松，便于发力。

挥拍击球：当球下降到适当位置时（击球点高，发球的弧线会高，击球点低，发球可能不过网），持拍手迅速用力由后上向前下方挥拍。击球后，转与不转两种发球的动作要近似。

还原：发球后要控制动作幅度，并注意还原。

如图 3-19 所示。

图 3-19

（2）要点

① 发下旋球时，用球拍的下半部去摩擦球的中下部，触球瞬间，拇指、食指和手腕加强用力，做下旋的摩擦。

② 发不转球时，用球拍的中上部去撞击球的中下部，触球瞬间，同样加速。注意体会球拍吃不住球的感觉。

**4. 横拍反手转与不转发球**

（1）动作方法

站位：站位近台，重心稍低，持拍手的肩部略低于对侧肩。

引拍：抛球时，持拍手向后上方引拍，拍面后仰，同时身体向左侧适当转动，以便于用力。

挥拍击球：球拍向前下方挥动，控制好拍面角度。保证动作的连贯性和相似性。触球时用力多靠手腕。

还原：控制动作幅度，并注意还原。

如图 3-20 所示。

图 3-20

（2）要点

① 发下旋球时，用球拍的前半部去摩擦球的中下部，手腕发力摩擦。

② 发转球时，用球拍的后半部去撞击球的中下部，手腕和前臂有送球的感觉。

## 四、侧上、下旋发球

其技术特点是球具有混合旋转的性质，易于在旋转和速度方面进行变化组合，是比较常用的发球技术。在旋转变化方面，以侧下旋发球为主，配合侧上旋发球；在速度变化方面，可以把侧上旋发球当做奔球来用。

**1. 直拍正手侧上、下旋发球**

（1）动作方法

站位：左脚在前右脚在后，身体侧向球台，降低身体重心。

引拍：引拍时，球拍向上引，同时腰后转，抛球手抬起。

挥拍击球：球拍向前下方挥动，腿和腰腹用力带动手臂，拍触球时，手臂和手腕发力。触击球后，可使手腕做外展的假动作。侧上旋发球的拍面略微立起，在球拍横向挥动中，摩擦球的中部；侧下旋发球的拍面略后仰，在球拍向侧下方挥动中，摩擦球的中下部。

还原：发球后还原。

如图 3-21 所示。

图 3-21

（2）要点

① 引拍要充分，要发挥身体转动的力量。

② 侧下旋发球时，球拍略后仰，摩擦球的侧下部；侧上旋发球时球拍略立起，摩擦球的内侧中部。

③ 触球的动作尽量一致，发力要集中。

**2. 直拍反手侧上、下旋发球**

（1）动作方法

站位：两脚平行或右脚稍前。

引拍：抛球时，拍向后上方引，手腕稍外展，球拍适当后仰，同时腰后转，左脚稍抬起，重心移至右脚。

挥拍击球：击球时，以转腰、身体重心向左脚回转带动手臂和手腕发力。发侧上旋球时，击球点在球拍向前下挥转向横侧上方挥动之前；侧下旋发球，击球点在球拍向前下挥动开始时。

还原：发球后，迅速还原。

如图 3-22 所示。

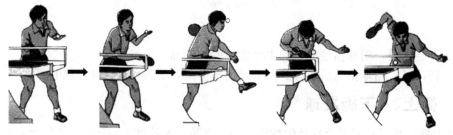

图 3-22

（2）要点

① 运用好腰的力量。

② 发侧上旋球时，击球点在球拍向前下挥转向横侧上方挥动之前。

③ 发侧下旋球时，击球点在球拍向前下挥动开始时。

④ 做侧上、下旋发球时，击球点的位置要尽可能地接近。

**3. 横拍正手侧上、下旋发球**

（1）动作方法

站位：左脚在前右脚在后，身体侧向球台，降低身体重心。

引拍：当持球手将球抛起时，持拍手向身体的后上方引拍，身体随之向后转动，球稍后仰。

挥拍击球：挥拍前持拍手腕应适当外展，球拍向前下方挥动。发上旋球时，拍面由后仰逐渐变成稍横立状。触球时手腕向横侧方用力，并微微勾手腕，以加强上旋。发下旋时，拍面稍后仰，用球拍的中下部摩擦球的中下部，此时手腕和手指发力。

还原：随势挥拍的幅度不宜过大，以使还原动作能迅速完成。

如图 3-23 所示。

图 3-23

（2）要点

① 引拍要充分，要发挥身体转动的力量。

② 侧下旋发球时，球拍略后仰，摩擦球的内侧下部；侧上旋发球时球拍略立起，摩擦球的内侧中部。

③ 触球时动作尽量一致，发力要集中。

**4. 横拍反手侧上、下旋发球**

（1）动作方法

站位：两脚平行或右脚稍前。

引拍：抛球时，用肘的上提来引拍，并引向身后，球拍横立，手腕内收。

挥拍击球：挥拍时，以肘带前臂，向身体侧前方挥，这时手腕突然加力外展摩擦球，同时身体向前压。发侧下旋球时，球拍稍后仰，尽可能向前下方挥动。在球拍转向侧上方的瞬间摩擦球的中下外侧。发侧上旋球时，球拍稍立起，尽可能向侧方挥。在球拍向前下方挥转向侧上方的瞬间摩擦球的中部外侧。

还原：结束动作尽量缩短。

如图 3-24 所示。

图 3-24

（2）要点

① 发侧下旋球时，击球点是在球拍向前下方挥动转。

② 发侧上旋球时，击球点是在球拍向横侧方变化之后。
③ 两个动作的击球点要尽量靠近。

# 第五节　接发球技术

接发球是比赛中每一回合的第二板球，也是接发球方开始比赛的第一板球。这决定了接发球技术是一项反控制、主动的技术，同时也是一项综合技术。

## 一、接发球的判断

对接发球判断得正确与否，直接影响接发球的方式和接发球的成败。为了判断发球的旋转性质、旋转强度及来球线路和落点，应利用各种信息进行综合分析。

① 就对方发球时的站位决定自己接发球的站位。如对方位于右角用正手发球时，接球者应站在中线偏右处；若发球者正手侧身发球时，接球者应站在中线偏左处。

② 观察对方发球前的引拍方向。一般情况下，引拍方向与用力方向相反，引拍方向决定旋转性质。如发下旋球，球拍向上引；发左侧旋球，球拍向右引；发奔球，球拍向后引等。

③ 观察球拍触球瞬间摩擦球的方向，判断球的旋转性质。例如，球拍由上向下切球，为下旋；由左向右摩擦球，为右侧旋等。

④ 观察发球时挥臂的动作幅度和手腕用力大小，判断球的落点长短和旋转强弱。挥臂幅度大则落点长；手腕用力大则旋转强。发球者手腕主要向斜前方用力，一般是斜线球；手腕由后向前用力，多为直线球。

⑤ 根据发球的第一落点判断来球的长短。发球的第一落点靠近发球方的端线一般是长球，靠近球网为短球。

⑥ 根据球在空中的飞行弧线判断旋球。下旋球运行轨迹弯曲度小，速度慢；上旋球在空中运行轨迹弯曲度较大，速度快，着台后有一定的冲力。

⑦ 根据手感判断来球的旋转。在球拍触球的瞬间，如手感到球对拍的压力很小并有滑动感是下旋球；如压力很大，吃球很实则是上旋球。

⑧ 记住不同性能球拍的颜色及各自的性能，有助于提高反应速度。

## 二、接发球的站位

要接好发球，首先要选好站位。对方若在球台的右角发球，则可能把球发至本方反手位置或发出右方大角度的球。因此，接发球的站位应在中间或偏右些；若对方在球台左角发球，则可能把球发至本方正手位置或发出左方大角度的球，因此接发球的站位应偏左些；若对方发球位置比较适中，则自己的站位也就不能过偏。此外，还要根据自己的打法特点和站位习惯采取远近适中的站位，以便对付或长或短的发球。

## 三、接发球技术运用

针对不同的发球，需要用不同的方法回接。

### （一）接平击发球

站位靠近球台，球拍对准来球的弹起方向。在来球刚刚弹起时，用平挡回接，拍形基本与台面垂直，借来球之力将球挡回。若用快推回接，以借力为主，并配合向前推击。用快攻回接，击球时间为上升期或高点期，以向前发力为主，略带向前上方的摩擦。亦可用前冲弧圈球回接，击球时间为上升期或高点期，以向前用力为主。

### （二）接奔球

用正反手攻球或推挡回接，拍面适当前倾，击球的中上部，调节好向前的力量。如用削球回击时，应后退一些，等球速减慢一点再回击。

### （三）接下旋球

用拉球回接，击球时间为下降前期，多向上用些力，增加摩擦球的动作；若来球下旋强烈，拍形还可稍后仰。用推挡回接，拍形稍后仰，下降前期击球，触球瞬间有一向上摩擦球的小转腕动作。亦可用搓球回接，视来球下旋强度，调整拍形和用力方向。下旋强烈时，拍形后仰，多向前用些力，反之则减少拍形后仰度，稍增加向下用力。

### （四）接侧旋球

最重要的是调节拍形和用力方向。如对方发左侧旋，拍形应偏向对方右角，并稍向对方右角用力。对方发右侧旋，拍形应偏向对方左角，触球时稍向对方左边用力。至于拍形偏多少、用力方向和用力大小的掌握，皆应因球而异。

### （五）接侧上、下旋球

接侧上、下旋球，既要注意抵消来球的侧旋，又要设法克服来球的上、下旋。如接左侧上旋，拍形应偏向对方右角并稍前倾，触球时稍向对方右下方用力。

接好侧上、下旋球的前提，是判断准确。从理论上认识清楚后，还必须多实践，多总结经验。

### （六）接转与不转球

在判断准确的前提下，应根据来球和自己准备使用的接发球技术调整动作。用攻或拉球接不转球时，拍形要略前倾，在上升期击球，多向前用力。用搓或削接不转球，拍形稍竖，击球时间稍晚一些，向前下方用力。用攻或拉接下旋球，拍形垂直（下旋强烈，拍形应稍后仰），下降前期击球，多用力向上摩擦球。用搓或削接下旋球，拍形后仰，适当多向前用力。

## 第六节　推挡球技术

推挡球是推球和挡球的总称，它们是左推右攻型打法的主要技术之一，也是其他类型打法不可缺少的技术。推挡球站位近、动作小、速度快、落点变化多，也有一些旋转变化。各种推挡技术配合使用时，能利用速度、落点和旋转变化争取主动和创造进攻机会。在被动或相持时可起到积极防守的作用，并可变被动、相持为主动。推挡球可分为平挡、快推、加力推、减力挡、推下旋、推侧旋等。

### 一、挡球

挡球也称平挡，分为正手挡球和反手挡球两种，是初学者的入门技术，挡球动作简单，容易掌握。其特点是力量小、球速慢、落点适中，不旋转或轻微旋转。通过练习可以熟悉球性、体会动作，给学习其他推挡技术打下良好的基础。

#### （一）正手挡球

(1) 击球前

选位：身体离台40～50厘米，站位在球台中间或偏左。

站位：两脚开立，左脚略前，两膝微屈，收腹含胸，上体略向右转。

引拍：右臂自然弯曲并内旋，使面接近垂直，置于身体右侧前方。来球从台面弹起后，前臂向前，以拍迎球。

击球：在来球的上升期，以接近垂直的拍形推击球的中部。只以前臂和手腕轻轻用力，主要借助来球的反弹力将球挡加回。

（2）击球后　手和臂顺势向前挥动，并迅速还原成准备姿势。动作过程中，身体重心放在双脚上。

如图 3-25 所示。

### （二）反手挡球

（1）击球前

选位：身体离台 40～50 厘米，站位在球台中间或偏左。两脚开立，比肩稍宽（以下技术均同），右脚略前或两脚平站，两膝微屈，收腹含胸，上体略向左转。

引拍：右臂自然弯曲，引拍至身体前方或略偏左，同时前臂外旋，使拍形接近垂直。

迎球：来球从台面弹起后，前臂向前，以拍迎球。

击球时：在来球的上升期，以接近垂直的拍形推击球的中部。击球瞬间只以前臂和手腕轻轻用力，主要借助来球的反弹力将球挡回。

（2）击球后　手和臂顺势向前挥动，并迅速还原成击球前的准备姿势。动作过程中，身体重心放在双脚上。

如图 3-26 所示。

图 3-25　　　　　　　　　　　　　　图 3-26

## 二、快推

其特点是球速快、动作小、落点活，稍带上旋或不转，既可积极防守，又可辅助进攻，是使用得最多的一种反手推挡技术。

（1）击球前

选位：身体离台 40～50 厘米，站位在球台中间或偏左。

引拍：两脚平站或右脚略前，两膝微屈，收腹含胸，身体向前或略向左转，右上臂和肘关节靠近身体右侧。

迎球：手臂自然弯曲，引拍至身前或偏左，同时前臂外旋，使拍面稍前倾，来球从台面弹起后，前臂和手腕向前或向前兼略向上挥拍迎球。

（2）击球时　在来球时的上升期，以稍前倾的拍形推击球的中上部。球拍击球瞬间，前臂和手腕自然向前或向前略兼向上发力，并主要借用来球反弹之力（即借力）将球快速击回。

（3）击球后　手和臂顺势向前挥动，并迅速还原成准备姿势。动作过程中身体重心放在双脚上。

如图 3-27 所示。

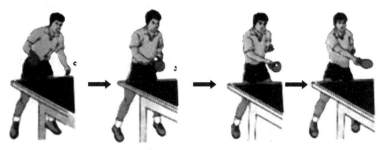

图 3-27

## 三、加力推

其特点是回球力量大、球速快、落点活,稍带上旋或不转。能遏制对方进攻,迫使对方离台后退,陷于被动防守局面,创造进攻机会。与减力挡配合使用,更能控制和调动对方,取得主动,是威力最大的一种推挡技术。

（1）击球前

站位：身体离台约 50 厘米,站位在球台中间或偏左。两脚平站或右脚稍前,两膝微屈,收腹含胸,身体向前或略向左转。

引拍：右上臂和肘关节靠近身体右侧,前臂外旋并向上提起,引拍至向前或偏左,与球网同高或略高,拍面稍前倾。

迎球：来球飞越球网时,上臂和手腕向前,挥拍迎球,同时,腰、髋向左转动。

（2）击球时  在来球的上升后期或高点期,以前倾拍形推击球的中上部。击球瞬间,上臂、前臂和手腕向前下方发力推压,腰、髋亦协助用力。

（3）击球后  手和臂顺势向前下方挥动,并迅速还原成准备姿势。动作过程中,身体重心从左脚移到右脚上。

如图 3-28 所示。

图 3-28

## 四、减力挡

其特点是力量轻、动作小,能减弱来球的反弹力,故弧线低、落点近、不旋转、前进力极弱。多数是在对方来球力量大或上旋强烈（特别是在对方让位较远）的情况下使用,能调动对方前后奔跑,取得主动。如推后配合攻球或加力推,效果更好。

（1）击球前

选位：身体离台约 40 厘米,站位在球台中间或偏左。两脚平站或右脚略前,两膝微屈,收腹含胸,身体向前或略向左转。

引拍：右上臂和肘关节靠近身体右侧，手臂自然弯曲，引拍至身前或偏左，同时前臂外旋，使拍面稍前倾。

迎球：来球从台面弹起后，前臂和手腕向前挥拍迎球。

（2）击球时　在来球的上升期，以前倾拍形推击球的中上部。球拍击球瞬间，前臂和手腕轻轻后移，以减小来球的反弹力，使球轻轻飞回。

（3）击球后　迅速还原成准备姿势。动作过程中，身体重心放在双脚上。

如图 3-29 所示。

图 3-29

## 第七节　攻球技术

攻球技术是指在击球方式上以撞为主的进攻技术。它是乒乓球的主要得分技术之一，包括正手攻球技术和反手攻球技术。

### 一、正手攻球

#### （一）直拍正手攻球

**1. 动作方法**

站位：判断来球，选好站位。

引拍：引拍时，重心向右脚移，向后下方引拍，但球拍不要低于球台，右肩随转腰略下沉。拍形前倾，持拍手的拇指稍用力压拍，中指、无名指顶住球拍面。

挥拍击球：向前上方挥拍。

如图 3-30 所示。

图 3-30

**2. 要点**

① 引拍动作不要过大，注意运用腰的转动。

② 击球点在身体的侧前方。

③ 要主动迎击来球。

## （二）横拍正手攻球

**1. 动作方法**

站位：判断来球，选好站位。

引拍：引拍时，重心向右脚移，向后下方引拍，但球拍不要低于球台，右肩随转腰略下沉。拍形前倾，手腕发力。

挥拍击球：向前上方挥拍。

还原：注意还原。

如图 3-31 所示。

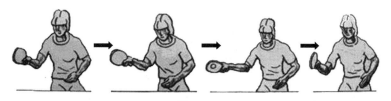

图 3-31

**2. 要点**

同直拍正手攻球。

## 二、反手攻球

### （一）直拍反手攻球

**1. 动作方法**

站位：靠近球台，右脚略前。

引拍：拍向后方引，转体同时沉右肩，球拍与手臂基本保持在一条线上，肘关节和肩略前顶。

挥拍击球：向前上方挥拍，球拍略前倾，击球点在体侧前方。转腰时重心转至右脚，击球时手腕发力。

还原：结束动作要与还原动作结合起来。

**2. 要点**

① 站位要正确。

② 引拍动作和腰的转动结合起来。

③ 注意前臂和手腕的用力。

### （二）横拍反手攻球

**1. 动作方法**

站位：靠近球台，两脚平行。

引拍：拍向后方引，腹部侧转并内收，手腕内收，同时肘关节前顶。

挥拍击球：球拍略前倾，击球点在体前侧方挥拍向前上方，击球时以前臂发力为主。

还原：注意还原。

**2. 要点**

① 站位要正确。

② 引拍动作和腹部的内收要与转动结合起来。

③ 注意前臂和手腕的用力。

## （三）侧身攻

站位：稍偏左台角一些，以利于快速侧身。

引拍：侧身时，右脚蹬地，左脚向侧前方迈一步，并向右转体，发力大小与转体幅度成正比，引拍至体侧。如果是下旋球，球拍可以稍立起，引拍位置稍低些；如果是上旋球，球拍角度可稍前倾一些，引拍位置稍高一些。

挥拍击球：如果要打斜线，击球时间可以稍晚些（在身体侧），或击球时间不变，球拍拍面向外稍撇一些；如果要打直线，击球时间可以早一些（在身体侧前方），或击球时间不变，球拍拍面向内稍扣一些。

还原：注意还原。

# 第八节　搓球技术

搓球是近台和台内回击下旋球的一种比较稳健的技术，是各种类型打法必不可少的。搓球力量小、速度慢，旋转和落点变化多、线路短，球弹起后多在台内，缺乏前进力，对方不易发力进攻，因此可以作为过渡技术，用于创造进攻机会。因其动作与削球相似，又比较易学，故可作为削球的入门技术。

## 一、正手搓球

正手搓球是控制对方试图从正手位抢攻，为自己创造进攻机会的技术。

### （一）直拍正手搓球

**1. 动作方法**

站位：判断来球，选好站位。

引拍：球拍向后上方稍引，球拍稍后仰。

挥拍击球：球拍向前下方挥动，用球拍的下半部摩擦球的中下部。触球时前臂手腕适当加力，拇指用力明显。

慢搓是搓球学习的入门技术，慢搓时，击球的下降期。快搓是比赛时常用的技术，快搓时，击球的上升期。

还原：随势挥拍动作尽可能短。

**2. 要点**

① 注意借力发力。

② 身体前迎，帮助手臂发力。

③ 触球时手腕快速发力摩擦球。

### （二）横拍正手搓球

**1. 动作方法**

站位：判断来球，选好站位。

引拍：球拍向后上方稍引，球拍稍后仰。

挥拍击球：球拍向前下方挥动，用球拍的下半部摩擦球的中下部。击触球时前臂手腕适当加力，拇指用力明显。

慢搓时，击球的下降期。快搓时，击球的上升期。

还原：随势挥拍动作尽可能短。

如图 3-32 所示。

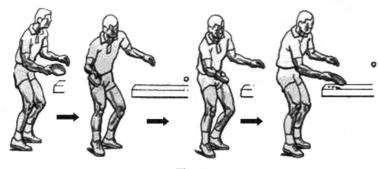

图 3-32

**2. 要点**

同直拍正手搓球。

## 二、横拍反手搓球

反手搓球是下旋控制技术中的基本技术。其特点是动作幅度不大、出手较快、弧线球，落点变化丰富。

**1. 动作方法**

站位：判断来球，选好站位。

引拍：球拍向后引至腹前，手腕适当放松。

挥拍击球：挥拍时，拍面后仰，球拍向前下方搓去，击球时手腕发力击球的中下部，拇指和食指略用力。

慢搓时，击球的下降期；快搓时，击球的上升期。

还原：随势挥拍动作尽可能短，便于还原。

如图 3-33 所示。

图 3-33

**2. 要点**

注意借力发力，摩擦球的力量要集中。

## 三、摆短

摆短技术是快搓技术的进一步发展，是回接和控制对方近网下旋短球的有效技术。其特点是动作幅度小、出手快、回球短，正手侧身摆短时具战术隐蔽性。

### （一）直拍、横拍正手摆短

**1. 动作方法**

步法移动和选位：判断来球，右脚向前跨步，身体靠近球台。

引拍：球拍向后略引，球拍稍后仰。

挥拍击球：拍向前下侧方动，在来球的上升期，摩擦球的中下部。触球时用手腕适当发力，并控制球回在对方半台的近网处。

还原：击球后，退步还原。

**2. 要点**

① 步法前跨要及时，保证手臂充分伸进台内。

② 摩擦球的动作要快而小，注意借力发力。

### （二）横拍反手摆短

**1. 动作方法**

步法移动和选位：判断来球，右脚向前跨步，身体靠近球台。

引拍：球拍向后略引，球拍稍后仰。

挥拍击球：拍向前下侧方挥动，在来球的上升期，摩擦球的中下部。触球时用手腕适当发力，力量不应太大，控制球回在对方的近网处。

还原：击球后，退步还原。

**2. 要点**

① 手腕控制击球的力量和弧度。

② 动作要小，借力发力。

## 第九节　削球技术

削球技术以防守性为主，以旋转和落点的变化为主要特点。它站位离台较远，击球时间较晚，控制球的稳定性相对较好。但对于进攻型选手而言使用率很低，除非万不得已才会用此法救球。

## 一、正手削球

其特点是旋转比较强，控制范围比较大。

### （一）正手中台削球技术

**1. 动作方法**

站位：判断来球，选好站位，右脚稍前，双膝微屈。

引拍：向后上引拍，球拍横立，引拍位置在右肩上。身体向后转动。

挥拍击球：球拍向前下方挥动，在腰侧方击球的下降前期，摩擦球的中下部。触球时用腰带臂一同发力，身体重心同时向前下方移动。

还原：球拍向前送出，然后还原。

如图 3-34 所示。

图 3-34

**2. 要点**

① 身体重心随挥拍前压，以控制击球的弧线。

② 手腕控制击球的旋转。

③ 变化球拍方向以控制击球的线路。

### （二）正手远台削球技术

**1. 动作方法**

站位：判断来球，降低重心。

引拍：球拍稍向后引，拍形横立，位置在头外侧，身体重心下降，左脚向前迈出，此时拍形后仰。

挥拍击球：向前下方挥拍，击球点在身体侧前方，摩擦球的中下部，击球的下降后期。

还原：球拍向前下方继续挥动，然后注意还原。

如图 3-35 所示。

图 3-35

**2. 要点**

同正手中台削球技术。

## 二、反手削球

其特点是可以充分运用腰部的力量，以及腰的向侧下转动动作对球的加以控制。在横拍削球手使用不同胶皮的情况下，反手削球技术是进行旋转变化的主要手段。

### （一）反手中台削球技术

**1. 动作方法**

站位：判断来球，右脚稍前，双膝微屈。

引拍：球拍随腰的动作向后上方引，拍形横立，当引至肩上方时，拍形稍后仰，身体重心移至左脚。

挥拍击球：手臂向前下方挥，同时转腰，在身体侧前方击球的中下部，球拍向前外侧还原，触球时发力要集中。

还原：迅速还原。

如图 3-36 所示。

图 3-36

**2. 要点**

同正手中台削球技术。

### （二）反手远台削球技术

**1. 动作方法**

站位：判断来球，身体前移，重心开始下降。

引拍：球拍随腰的动作向后上方引，拍形横立，引至头外侧上方，拍形稍后仰，身体重心移至左脚。

挥拍击球：手臂向前方挥，同时转腰，在身体侧前方击球的中下部，球拍向前外侧挥，触球时发力要集中。

还原：迅速还原。

如图 3-37 所示。

图 3-37

**2. 要点**

同正手中台削球技术。

## 第十节　乒乓球日常技术练习

要想打好乒乓球，基本技术的训练是很重要的，下面介绍几种乒乓球基本功和基本技术的练习方法。

### 一、熟悉球性

#### （一）托球

右手持球拍于胸前，左手轻轻将球抛起（左手持拍者反之），待球下降至胸部高度时，轻轻向上托球，使球弹至头部高度，熟练后，再用轻重力量交替向上托球。最后，再左右、前后移动脚步托球，以进一步熟悉球性。横拍可转换拍面托球。

#### （二）对墙击球

持球拍于身前，使球拍略后仰，离墙 1 米左右（抛球方法同上），连续对墙击球。可分为落地与不落地两种。开始时，落点不要高于头部，击墙位置不限，然后，击墙的范围由大到小。熟练后，可有意识地使落点有左、右、高、低变化，击球力量有轻重变化，并逐步将球击到墙上的规定范围内。最后练习走动中击球，以进一步熟悉球性。横拍可转换拍面进行练习。

#### （三）击吊球

把一个破的乒乓球用线吊起来，使球与练习者的腰部齐高，初学者可用它进行连续击球练习，横拍可转换拍面击球。

### （四）双人持拍传球

先固定位置相互传球，然后，再练习走动中击球。横拍可转换拍面击球。

## 二、技术模仿练习

### （一）手法模仿

初学者做手法练习一般可先练习推挡和攻球技术。练习的时候，先徒手练，后持拍练。开始练习时要尽可能使击球动作符合技术要领，不要求快。当击球动作逐步熟练一些以后，可以做有节奏的练习，就像做广播体操那样。如果想知道自己的动作对不对，可以对着镜子练习，发现动作有毛病或动作不好看，要及时改正。改动作的时候可将动作放慢一些，改对了再逐渐加快。做手法模仿的时候，不仅手臂的摆动和拍形要正确，而且还要注意腰、腿的动作，以及身体重心的转换和全身的协调用力。这是做好手法模仿练习的关键，也是养成及时移动习惯的方法。

### （二）步法模仿

步法模仿可在球台前进行，也可在其他地方进行。做步法模仿的时候可先练单步，再练跳步、跨步、并步和侧身步，最后再练其他步法。步法模仿也要先慢后快，以练会、练对为目的。

### （三）手步法结合模仿

通过手法模仿和步法模仿，对击球动作和步法有了初步的亲身体会以后，可以把击球动作和步法结合起来进行模仿练习。做这种模仿练习时要注意先移步，后击球，以保证击球动作的正确。

上述的各种模仿练习不仅是学习新技术的好方法，也是改进技术和纠正错误动作的好方法。因此，以上的各种模仿练习不仅可在上台练习之前进行，而且在上台练习之后，特别是发现自己的动作不对或者需要改进的时候，要经常进行。

## 三、上台练习

### （一）多球练习法

多球练习可先准备若干个球，越多越好，等球用完了再一起捡。这样练习的时候，捡球的时间大大减少了，而打球的时间就集中了，故可提高练习的效果。

① 把球一个一个抛起，落在本方台面，做各种主要的单项技术动作练习。
② 找一个练习伙伴，一个按上述方法练习，一个在对面回击。
③ 找一个会打乒乓球的人陪练，用多球进行练习。

### （二）陪练练习法

请有一定水平的人供球，自己做各种主要的单项技术练习。开始时，一般先练挡球、推球和攻球，并且先做单线练习，待比较熟练后，再做改变线路的练习。陪练练习法最好使用多球，以利于动力定型。当然，即使只有一个球，也比两个都不会打球的人在一起练习学得快些。

多球练习法和陪练练习法是我国乒乓球界创造的行之有效的练习方法，在有了一定水平以后，仍然可以使用这种方法。

## 四、接发球练习

① 接发球与发球同时学习，接什么发球，同时学习这种发球的方法。如果发下旋球，

就应用搓球或拉球接发球。

② 先练习接上旋球，再练习接下旋球，最后练习接侧旋球。
③ 定线、定区域、定技术（直线、中右区域、搓球）。
④ 定技术、定线，不定点（推挡、斜线、端线或大角度结合）。
⑤ 定技术，不定线（斜、直线交替）。
⑥ 用一种技术接一种发球（如用搓球接下旋球，用推挡接上旋球）。
⑦ 用多种技术接一种发球（如用搓、拉接下旋球，用推挡或攻接上旋球）。
⑧ 向限定的区域回接，完成好击球的力量、旋转和弧线要求，提高控制能力。

## 五、攻球练习

① 正手攻斜线、直线球。初学者先做对墙练习、自抛自攻练习，熟练后强调攻球的落点、力量大小、速度的快慢和弧线的高低等，进行多球练习。
② 正手近台、中远台攻球结合练习，对高球做扣杀技术练习。
③ 正手拉斜线、直线练习，配合拉攻相结合的练习。
④ 推挡后，侧身做正手攻直线或斜线练习。

## 六、搓球练习

① 固定用慢搓或快搓接下旋球。
② 单线快、慢搓球结合。
③ 搓转与不转球结合。
④ 搓球变线。
⑤ 半台变化落点对搓球。
⑥ 对搓中倒拍搓球。
⑦ 搓球中长、短结合。
⑧ 正反手搓球结合。

## 七、推挡球练习

### （一）左推右攻练习

**1. 练习方法**

① 左推右攻对方反手，对方反手推挡或侧身正手攻。
② 左推右攻对方正手，对方正手对攻。
③ 左推右攻对方左1/2台（或右1/2台），对方走动中反手推挡（或正手对攻）。
④ 左推右攻对方左、右两点，对方也交替左推右攻或两面攻本方两点。
⑤ 全台左推右攻对左推右攻或两面攻。

**2. 注意事项**

① 练习中要加速脚步的移动和身体重心的转移，以脚带手，保持正确的击球动作。
② 要随着技术水平的提高逐步加大击球力量和速度。

### （二）推挡侧身攻练习

**1. 练习方法**

① 对推中一方侧身进攻对方反手。
② 对推中双方侧身进攻对方反手。
③ 推挡侧身攻对方反手，方法同上。

**2. 注意事项**

① 推挡侧身攻，再推挡再侧身攻，要反复多练。
② 要加快步法，才能以正确的动作击球。

## 八、削球练习

在初步掌握好基本的攻球和推挡球等基本技术和球性的基础上，开始学习削球技术。可按下列顺序进行，亦可根据自己的特点有选择地进行练习。

① 基本的手法和步法徒手练习。
② 正手或反手削球直线、斜线球练习。
③ 正、反手削球结合练习，要求从有规律到无规律练习。
④ 削转与不转球的专门练习。
⑤ 削急球、弧圈球的练习。
⑥ 削球与攻球相结合的练习。

> **思考题**

1. 乒乓球初学者应如何掌握基本站位和握拍方法？
2. 试列举乒乓球运动重要的发球技术和接发球技术，并注意其各自技术动作的关键点。
3. 试根据自己的实际情况制订一个适合自己的训练计划与方法。

# 第四章 乒乓球竞赛基本规则

> **学习提示**
> - 了解乒乓球规则的主要内容
> - 熟悉临场单打裁判的操作程序

## 一、乒乓球比赛规则中的基本概念

### （一）定义

① 回合：球处于比赛状态的一段时间。

② 比赛状态：从发球时球有意向上抛起前静止在不执拍手掌上的最后一瞬间开始，直到该回合被判得分或成重发球。

③ 重发球：不予判分的回合。

④ 一分：判分的回合。

⑤ 执拍手：正握着拍的手。

⑥ 不执拍手：未握着拍的手。

⑦ 击球：用握在手中的球拍或执拍手手腕以下部位触球。

⑧ 阻挡：对方击球后，在比赛台面上方或向比赛台面方向运动的球，在没有触及本方台区、也未越过端线之前即触及本方运动员或其携带的任何物品。

⑨ 发球员：在一个回合中，首先击球的运动员。

⑩ 接发球员：在一个回合中，第二个击球的运动员。

⑪ 裁判员：被指定管理一场比赛的人。

⑫ 副裁判员：被指定在某些方面协助主裁判员工作的人。

⑬ 运动员"穿或带"的任何物品：包括他在一个回合开始时穿或带的任何物品，但不包括比赛用球。

⑭ "穿过或绕过"球网装置：除球从球网和比赛台面之间通过以及从球网和网架之间通过的情况外，球均应视作"穿过或绕过"球网装置。

⑮ 球台的"端线"：包括端线两端的无限延长线。

### （二）合法发球

① 发球开始时，球自然地置于不执拍手的手掌上，手掌张开，保持静止。

② 发球员须用手把球几乎垂直地向上抛起，不得使球旋转，并使球在离开不执拍手的手掌之后上升不少于 16 厘米，球下降到被击出前不能碰到任何物体。

③ 当球从抛起的最高点下降时，发球员方可击球，使球首先触及本方台区，然后越过或绕过球网装置，再触及接发球员的台区。在双打中，球应先后触及发球员和接发球员的右半区。

④ 从发球开始到球被击出，球要始终在比赛台面的水平面以上和发球员的端线以外；而且不能被发球员或其他双打同伴的身体或衣服的任何部分挡住。

⑤ 运动员发球时，应让裁判员或助理裁判员看清他是否按照合法发球的规定发球。

a. 如果没有助理裁判员，裁判员对运动员发球合法化有怀疑，在一场比赛中第一次出现时将进行警告，不罚分。

b. 在同一场比赛中，如果该运动员或其他双打同伴发球动作的正确性再次受到怀疑，不论是否出于同样的原因，均判接发球员得 1 分。

c. 无论是否是第一次或任何时候，只要发球员明显没有按照合法发球的规定发球，接发球方将被判得 1 分，无需警告。

⑥ 运动员因身体上并不能严格遵守和发球的某些规定时，可由裁判员做出决定免于执行。

### （三）合法还击

对方发球或还击后，本方运动员必须击球，使球直接越过或绕过球网装置，或触及球网装置后，再触及对方台区。

### （四）比赛次序

① 在单打比赛中，首先由发球员合法发球，再由接发球员合法还击，然后两者交替合法还击。

② 在双打比赛中，首先由发球员合法发球，再由接发球员合法还击，然后由发球员的同伴合法还击，再由接发球员的同伴合法还击，此后，运动员按此次序轮流合法还击。

## 二、乒乓球比赛的胜负机制

### （一）重发球

回合出现下列情况应判重发球。

① 如果发球员发出的球，在越过或绕过球网装置时，触及球网装置，此后成为合法发球或被接发球员或其同伴阻挡。

② 如果接发球员或同伴未准备好时，球已发出，而且发球员或同伴均没有企图击球。

③ 由于发生了运动员无法控制的干扰，而使运动员未能合法发球、合法还击或遵守规则。

④ 裁判员或副裁判员暂停比赛。

可以在下列情况下暂停比赛：

a. 由于要纠正发球，接发球次序或方位错误；

b. 由于要实行轮换发球法；

c. 由于警告或处罚运动员；

d. 由于比赛环境受到干扰，以致该回合结果有可能受到影响。

⑤ 双打比赛中，运动员错发或错接。

### （二）1 分

除被判重发球的回合，下列情况运动员得一分：

① 对方运动员未能合法发球；

② 对方运动员未能合法击球；

③ 合法发球或合法还击后，对方运动员在击球前，球触及了除球网装置以外的任何物体；
④ 对方运动员击出的球已越过端线或比赛台面，该球没有触及本方台区，而越过本方端线；
⑤ 对方阻挡；
⑥ 对方还击；
⑦ 对方运动员用不符合规定的拍面击球；
⑧ 对方运动员或其穿着或携带的任何物品使球台移动；
⑨ 对方运动员或其穿着或携带的任何物品触及球网装置；
⑩ 对方运动员不执拍手触及比赛台面；
⑪ 双打比赛中，对方运动员击球次序错误；
⑫ 实行轮换发球法时，接发球方连续十三次合法还击，包括接发球。

### （三）一局比赛

在一局比赛中，先得 11 分的一方为胜方。10 平后，先多得 2 分的一方为胜方。

### （四）一场比赛

一场比赛应由奇数局组成。

## 三、乒乓球比赛中机会均等原则的体现

### （一）发球（或接发球）和方位

① 赛前由抽签决定某方有选择发球（或接发球）和方位的权力，中签者可以选择先发球（或接发球），或选择先站在某一边比赛。当一方运动员选择了先发球（或接发球），或选择了先站在某一边比赛后，另一方运动员应进行另一种选择。
② 在获得每 2 分之后，接发球方即成为发球方，依此类推，直至该局比赛结束，或者直至双方比分都达 10 分或实行换发球法，这时，发球和接发球次序仍然不变，但每人只轮发 1 分球。
③ 在双打的第一局比赛中，先发球方确定第一发球员，再由先接发球方确定第一接发球员。在以后的各局比赛中，第一发球员确定后，第一发球员应是前一局发球给他的运动员；此后，每次换发球时，前面的接发球员应成为发球员，前面的发球员的同伴成为接发球员。
④ 一局中首先发球的一方，在该场下一局应首先接发球。在双打决胜局中，当一方先得 5 分时，接发球方应交换接发球次序。
⑤ 一局中首先发球的一方，在该场下一局首先接发球。一局中在某一方位比赛的一方，在该场下一局应换到另一方位。在决胜局中，一方先得 5 分时，双方应交换方位。

### （二）纠正错误

① 裁判员一旦发现发球、接发球次序错误，应立即暂停比赛，并按该场比赛开始时确定的次序，按场上比分由该发球或接发球的运动员发球或接发球；双打比赛中，则按发现错误时那一局中首先有发球权的一方所确立的次序进行纠正，继续比赛。
② 裁判员一旦发现运动员应交换方位而未交换时，应立即暂停比赛，并按该场比赛开始时确定的次序按场上比分运动员应站的正确方位进行纠正，再继续比赛。
③ 任何情况下，发现错误之前的所有得分均有效。

## 四、轮换发球法

① 如果一局比赛进行了 10 分钟仍未结束（双方都已获至少 9 分除外），或者在此之前

任何时间双方运动员要求，应实行轮换发球法。轮换发球一经实行，该场比赛的剩余部分必须继续实行，直至该场比赛结束。

② 时限到时，球处于比赛状态，裁判员应暂停比赛，由被暂停回合的发球员发球，继续比赛；球未处于比赛状态，应由前一回合的接发球员发球继续比赛。此后，每个运动员都轮发1分球，直至该局比赛结束。如果接发球方进行了13次合法还击（包括接发球），则判发球方失1分。

③ 轮换发球法一经实行，一直使用到该场比赛结束。

## 五、乒乓球比赛的管理

### （一）报分

① 当球一结束比赛状态，裁判员应立即报分。如考虑掌声或其他嘈杂声将影响报分，应在情况允许时立即报分。

a. 报分时，裁判员应首先报下一回合即将发球一方的得分数，然后报对方的得分数。

b. 一局比赛开始和交换发球员时，裁判员应用手势指向下一个发球员，也可以在报完比分后，报出下一回合发球员的姓名。

c. 一局比赛结束时，裁判员应先报胜方运动员的姓名，然后报胜方得分数，再报负方的得分数。

② 裁判员除报分外，还可以用手势表示他的判决。

a. 当判得分时，裁判员可将靠近得分方的手举至齐肩高。

b. 当出于某种原因，回合应被判为重发球时，裁判员可以将手高举过头表示该回合结束。

③ 建议发球员在双方运动员未准确得知比分之前，不要发球；如裁判员认为发球员经常发球过早，对对方有不利影响，应警告发球员推迟发球，如有必要应提醒接发球员举手表明自己未准备好。

④ 报分以及在实行轮换发球法时的报数，裁判员应使用英语，或用双方运动员均能接受的任何其他语言。

⑤ 应使用机械或电子设备显示比分，使运动员和观众都能看清楚。

### （二）器材

**1. 球**

① 运动员不得在赛区内挑选比赛用球。

② 在进入赛区之前，运动员应有机会挑选一个或几个比赛用球，并任意从中取一个球进行比赛。

③ 如果比赛中球损坏，应由比赛前选定的另外一个球代替；如果没有赛前选定的球，则由裁判员从一盒大会指定的比赛用球中任意取一个球代替。

**2. 球拍**

① 球拍击球面的覆盖物应是国际乒联现行许可的品牌和型号，在其边缘必须附有清晰可见的商标型号及国际乒联（ITTF）的标记。

② 由于意外的损坏、磨损或褪色，造成拍面的整体和颜色上的一致性出现轻微差异时，只要未明显改变拍面的性能，可以允许使用。

③ 在一场单项比赛中，不允许更换球拍，除非球拍严重损坏已不能使用，如果运动员在比赛中损坏了球拍，应立即替换随身带来的另一块球拍，或场外递进的球拍。

④ 运动员在比赛间歇时，应将球拍留在比赛的球台上。得到裁判员特殊许可的除外。

### (三) 练习

① 在一场比赛开始前 2 分钟，运动员有权在比赛球台上练习，正常间歇不能练习。只有裁判长有权延长特殊的练习时间。

② 在紧急中断比赛时，裁判长可允许运动员在任何球台上练习，包括比赛用的球台。

③ 运动员应有合理的机会检查和熟悉将要使用的器材，在替换破球或损坏的球拍以后，运动员可练习少数几个回合，然后继续比赛。

### (四) 间歇

① 除了一方选手提出要求外，比赛应继续进行。

a. 在局与局之间，不超过 1 分钟的休息时间。

b. 每局比赛中，每得 6 分后，或决胜局交换方位时，用短暂的时间擦汗。

② 一名或一对双打运动员可在一场比赛中要求一次暂停，时间不能超过 1 分钟。

a. 在单项比赛中，暂停应由运动员或指定的场外指导者提出；在团体比赛中，应由运动员或队长提出。

b. 如果一名运动员或一对运动员与其指导者或教练员对是否暂停有不同意见时，在单项比赛中决定权属于这名或这对运动员；在团体比赛中，决定权属于指导者或教练员。

c. 请求暂停只有在球未处于比赛状态时做出，应用双手做出"T"形表示。

d. 在得到某方合理的暂停请求后，裁判员应暂停比赛并出示白牌，然后将白牌放在提出要求暂停一方运动员的台区上。

e. 当提出暂停的一方运动员准备继续比赛或 1 分钟暂停时间已到时，白牌应被拿走并且立即恢复比赛。

f. 如果比赛双方运动员或是他们的代表同时提出要求暂停，应在双方运动员准备恢复比赛或暂停时间满 1 分钟时继续比赛。在这场单场比赛中，双方运动员都不再有暂停的权利。

③ 运动员因意外事件而暂时丧失比赛能力时，裁判员若认为中断比赛不至于给对方带来不利，可允许中断比赛，但时间应尽量短些，在任何情况下都不得超过 10 分钟。

④ 如果失去比赛能力的状态早已存在，或在比赛开始前就有理由可以预见，或由于比赛的正常紧张状态引起，则不能允许中断比赛。如果失去比赛能力的原因在于运动员当时的身体状况或比赛进行的方式，引起抽筋或过度疲劳，这些也不能成为中断比赛的理由。只有因意外事故，如摔倒受伤而丧失比赛能力，才能允许紧急中断。

⑤ 如果赛区内有人流血，应立即中断比赛，直到他接受了医疗救护并将赛区内所有血迹擦干净后再恢复比赛。

⑥ 除非裁判长允许，运动员在单项比赛中应留在赛区内或赛区附近，在局与局之间的法定休息的时间内，运动员应在裁判员的监督下，留在赛区周围 3 米以内的地方。

## 六、纪律

### (一) 场外指导

① 团体比赛，运动员可接受任何人的场外指导；单项比赛运动员只能接受一个人的场外指导，而这个指导者的身份应在该场比赛前向裁判员说明。如果一对双打运动员来自不同的协会，则可分别授权一名指导者。如果发现未经许可的指导者，裁判员应出示红牌，并令其远离赛区。

② 在局与局的休息时间或经批准的中断时间内，运动员可接受场外指导，但在赛前练习结束后到比赛开始前不能接受场外指导。如果合法的指导者在其他时间里进行指导，裁判

员应出示黄牌进行警告；如在警告后再次违犯，将被驱逐出赛区。

③ 在一个团体赛或单项比赛中的一场比赛里，指导者已被警告过，如任何人再进行非法指导，裁判员将出示红牌，并将其驱逐出赛区，不论其是否曾被警告过。

④ 在团体比赛中被驱逐出赛区的人不允许在团体比赛结束前返回，除非需要其上场比赛。在单项比赛中，不允许在该场单项比赛结束前返回。

⑤ 如被驱逐出赛区的指导者拒绝离开或在比赛结束前返回，裁判员应中断比赛，并立即向裁判长报告。

⑥ 以上规定只限于对比赛的指导，并不限制运动员或队长就裁判员的决定提出正式申诉，或阻止运动员与所属协会的代表或翻译就某项判决的解释进行协商。

### （二）不良行为

① 运动员和教练员应克制那些可能不公的影响对手、冒犯观众或影响本项运动声誉的不良行为。诸如辱骂性语言、故意弄坏球或将球打出赛区，踢球台或挡板和不尊重比赛官员等。

② 任何时候，运动员或教练员出现严重冒犯行为，裁判员应中断比赛，立即报告裁判长；如果冒犯行为不太严重，第一次，裁判员可出示黄牌，警告冒犯者，如再次冒犯将被判罚。

③ 除严重冒犯，运动员在受到警告后，在同一场单项比赛或团体比赛中，第二次冒犯，裁判员应判对方得1分，再犯，判对方得2分，每次判罚，应同时出示黄牌和红牌。

④ 在同一场单项比赛或团体比赛中，运动员在被判罚3分后继续有不良行为时，裁判员应中断比赛，并立即报告裁判长。

⑤ 在一场比赛中如果运动员要求更换没有损坏的球拍，裁判员应停止比赛，向裁判长报告。

⑥ 双打配对中的任何一名运动员所受到的警告或判罚，应视作是该对双打运动员的，但未受警告的运动员在同一场团体比赛后的单项比赛中不受影响；双打比赛开始时，配对运动员中任何一名在同一场团体比赛中已经受到的最严重的警告或判罚，应视作是该对双打运动员的。

⑦ 除教练员或运动员出现严重冒犯行为外，教练员在受到警告后，在同一场单项比赛或团体比赛中再次冒犯，裁判员应出示红牌将其驱除出赛区，直到该场团体赛或单项赛中的该场单项比赛结束才可返回。

⑧ 无论是否得到裁判员的报告，裁判长有权取消有严重不公平或冒犯行为运动员的比赛资格，包括取消一场比赛、一项比赛或整个比赛的比赛资格。当他采取行动时应出示红牌。

⑨ 如果一名运动员在团体（或单项）比赛中有两场被取消了比赛资格，就自动取消了其参赛团体（或单项）比赛的资格。

⑩ 裁判长有权取消已经两次被驱逐出赛区的任何人在本次竞赛剩余时间里的临场资格。

⑪ 非常严重的不良行为的事例应报告冒犯者所属协会。

### 💡 思考题

1. 一场单打比赛，裁判员要做哪些工作？主要职责是什么？
2. 什么是合法发球？
3. 什么是轮换发球？在什么情况下使用？
4. 请列举一场比赛中"失一分"的情况。

# 荷球篇

# 第一章

# 荷球运动概述

**学习提示**

- 了解荷球的起源
- 熟悉荷球现在的发展

## 第一节 荷球运动的起源与发展

荷球（Korf ball）也可称作"合球"，是一位荷兰籍教师 Nico Broekhuysen 发明的，他于瑞典一小镇 Naas 参与夏季课程时，从一项游戏中提出荷球运动的概念。在1902年，他最终于阿姆斯特丹发明了荷球这崭新的球类运动。

### 一、荷球运动的发展

荷球至今已有着百余年发展历史，它曾风靡欧洲半个世纪。荷球外形酷似足球，但打球的规则又像篮球。它创造了目前世界上唯一一项男女同场竞技的团队比赛项目，被认为是21世纪最具发展潜力的第四大球类运动。荷球的精髓在这个"合"字上。荷球所有的规则都体现了团队精神和男女平等。荷球只能男防男、女防女，男女不能混合防守。荷球激烈但不野蛮，在欧洲被誉为"绅士运动"。

在荷兰荷式篮球协会的努力推广下，该项目被安排在1920年及1928年的奥林匹克运动会中。1933年，国际荷式篮球联盟成立，运动哲理：主张两性平等和团队合作精神。在20世纪，荷球开始迅速地扩展，从荷兰至美国、东欧及东南亚等地区。在短短的一个世纪内，荷球已由一项校园活动，演变为真正的国际化运动，逐渐受大众注目。特别是在中欧及东南亚地区，除发展迅速外，其技术亦改善不少。自1985年起，荷球已列入世界认可运动项目之一。

荷球世界锦标赛于1978年开始举办，此后每四年举办一次。在1991年，中华台北更成为首支非欧国家队伍胜出世界赛事的奖项。四年后，世界锦标赛更是首次在欧洲外的印度举行。世界荷球总会已有近57个成员国，遍及欧洲、美洲、亚洲、大洋洲。

荷球运动自2004年3月由北京亚特拉斯体育文化发展有限公司引入中国以来，在全国发展迅速，丰富了全民健身内容。尤其在高校中发展良好，深受广大学生喜爱，由大学生组成的代表队在国际赛事中取得了一定的成绩。荷球运动开展十多年来，经国家体育总局社体中心批准，北京亚特拉斯共组织了十多期全国荷球运动教练员裁判员培训班，对来自全国20多个省（区市）的近千名学员（主要是大、中学校体育教师）进行了培训。其中大部分学员回到所在省市积极地进行了荷球运动的推广发展工作。目前，北京、天津、上海、重庆、河北、河南、安徽、湖北、湖南、浙江、广东、四川、山西等十多个省市开展了荷球运动，并能够以学校为单位组队参加全国比赛。

2006年8月，国家体育总局在北京康城饭店召开中国荷球运动协会筹备会，郑州大学、河北师范大学、天津科技大学、北京大学、北京体育大学的专家教授出席了会议；会议讨论了荷球运动的总体发展规划，确定了具体的实施方案，起草了"中国荷球运动协会章程""荷球运动裁判员管理办法""荷球运动教练员管理办法""中国荷球运动协会专业委员会"组织框架等文件。该会议是中国荷球运动发展的里程碑，并被确定为"康城会议"。

郑州大学已是世界唯一一所招收荷球专业本科生、研究生的学校。2007年9月，成立了世界唯一的荷球专业研究机构"亚洲荷球发展研究中心"。

2015年10月29日至11月10日第十届世界荷球锦标赛在比利时卫普世举行。由天津科技大学和郑州大学联合组成中国荷球队取得世界锦标赛第七名的历史最好成绩，同时获得2017年波兰世界运动会荷球比赛的参赛权。获得世界前三名的分别是荷兰队、比利时队和中华台北队。

## 二、荷球的繁衍——沙滩荷球

沙滩荷球较正式的荷球更为简单，两队参赛队伍（两男两女）于一个区域比赛。所以它只需要有一个沙地球场；一个篮及一个球便可以比赛了。沙滩荷球的场地限制更小，人数要求也更少，更容易在沿海的地方开展。

# 第二节　荷球运动的场地与器材

## 一、荷球

荷球是一个体积为五号的球体，用皮或合成纤维做成。荷球应被涂上两种颜色（最好是白色和黑色），如图1-1。用作室内比赛的荷球则可以是单色的。荷球的表面不应过于光滑，以保持球员的手感，如利用荷球的纹理保持球体的质感。荷球的重量应在400～475克之间，其圆周应在68～75厘米之间；而当一个充满气的荷球从1.8米高空跌到地面，它理应可以弹回1.1～1.3米。

图1-1

## 二、荷球场地

室内的荷球场周界应为 40 米乘 20 米（室内场高度最少为 7 米）；而一个室外的荷球场周界应为 60 米乘 30 米。球场划分为两个面积相同的区域。球场长度与阔度的比例应为 2 比 1。两边的后备席应放在距离边线最少 2 米。球场包括左右两个半场，含 1 个开球区和 2 个罚球区，如图 1-2。场地界线和场内分界线用 3~5 厘米的线条或白色贴布标示。

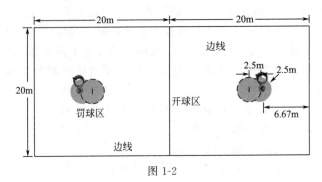

图 1-2

罚球区用与其它线条或地板不同的颜色标示，也可在地板上涂上颜色标示。罚球点要划在距离球场中心点的 2.5 米，如图 1-3。

荷球柱应放在球场的经度轴心，距离底线的长度应为球场长度的六分之一。球柱是实心木或金属管制成的圆柱体，其外围直径大约为 4~8 厘米。球柱应直嵌入地中或固定在地上；而其长度是不可高过荷球篮的。

所有荷球柱上的荷球篮都是无底圆筒形的。球篮应面向球场中心，其最高边界应与地面相距至少 3.5 米。球篮的高度应有 25 厘米，其内围直径大约为 39~41 厘米，如图 1-4。而其最高边界的围边阔度应有 2~3 厘米。所有球篮的大小形状应相同，颜色亦应与球场的颜色成对比。

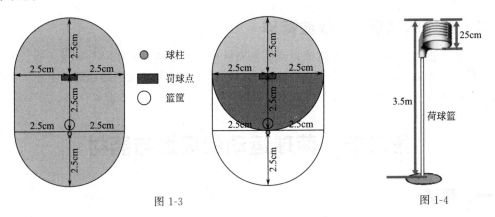

图 1-3　　　　　　　　　　　　　　　图 1-4

## 三、球员装备

每队球员必须穿着统一而与对手有明显区别的运动服装。裁判员与助理裁判员必须穿着可与两队作明显区分的服装，任何人员均不得于比赛中佩带可能导致受伤的物品。

比赛中不得佩带的危险物品，如：无框眼镜、手镯、项链、耳环、手表及戒指。无法脱下上述物品时，必须以胶布包裹使其不会导致危险。

男生装备：篮球鞋、穿短衣和短裤；女生装备：篮球鞋、穿短衣和短裙服装，一般选择颜色鲜艳的。衣服在正式比赛中要穿短袖，穿有领子或是圆领的，如图 1-5。

图 1-5

### 思考题

荷球场地和篮球场地有什么不同？

# 第二章

# 荷球运动基本技术

**学习提示**

- 掌握荷球的各项基本技术的动作和基本理论
- 熟练掌握荷球的各项基本技术的动作方法
- 熟练掌握荷球的各项基本技术的练习方法

## 第一节 进攻技术

荷球的进攻技术主要包括：传球技术、卡位及抢篮技术、得分技术等。由于荷球不能运球和带球运动，所以只能运用传球来进行比赛，运用传球来拉开空间创造得分机会。

### 一、传球技术

在荷球的规则要求下，传球就成为了荷球运动最主要的进攻方法，只能运动传球来创造进攻机会，传球也是荷球进攻技术中最基本的。荷球传球技术主要包括单手传球技术、双手传球技术和反弹传球技术（击地传球技术）等。

**1. 单手传球技术**

单手持球，手臂沿着头侧往后拉，肩膀同时跟着转动左脚在前，双脚微分。掷球时，身体前转，重心转移到左脚，手臂伸展，利用手腕和手指力量传球。

**2. 双手传球技术**

两脚前后或左右开立略等于肩宽，双手持球于胸前，面向出球方向，大臂带小臂，小臂带手腕，依次将球传出。

**3. 反弹传球技术**

反弹传球技术类似于篮球中的击地传球技术，单手或双手来把球传向地面，反弹给队友的一种传球方法。这种传球方法可以更好地避开防守队员。

传球的基本原则：

观察队友与防守者之间的相对关系；开放的传、接球空间；时机好，了解队友的动作习惯和节奏；角度好，防止被抄截，手要抬高；球速快，争取自由位置的时间；准确度高；配合队友的移位习惯与节奏；良好的沟通。

## 二、卡位技术

良好的篮下位置：保持"篮柱—自己—对手"的位置关系，并用躯干将对手挡离篮柱至少一臂之外。遇对队使用后防守阵型时，利用切入取得良好的篮下位置。

动作要领：面对投篮的球员在篮下卡好位置，将对手挡离篮柱。预测球的飞行角度、速度、落点，并移位到球碰到球篮后可能反弹的位置。在比对手较高的位置接球，以单脚/或双脚同时着地，保持身体平衡抢到球时，要有投篮准备，若没有自由位置投篮则再传球。

练习内容：练习背部感觉；练习判断来球角度；练习切入后取得良好篮下位置；练习由传球/助攻后转为卡位截取反弹球；练习应变能力：对手的小动作、距离；如何跟裁判反应。

练习方法如下。

练习1：改变投篮的距离与方向，计算经 N 次的试投后，在空中抓到球的次数，如试投后，球落地时，则得分数减1。

练习2：3人一组，1支篮柱，1个球；在同一位置投篮5次，另2位球员在篮柱区练习卡位抢篮下球；每投5次交换角色，拿到篮下球较多者变成投篮者。

练习3：3人1组，1支篮柱，1个球；1人拿篮下、1人投篮、1人防守投篮者，其中一位球员作 V 字形运动数次，由篮柱区队友接反弹球并喂球；每5次交换。

## 三、得分技术

**1. 双手定位投篮**

双手的位置：拇指与食指成三角形；双手手指持球置于鼻子前方；空出掌心；拇指在球下面。双脚分开，略同肩宽，微微屈膝。投篮时，力量从双脚经躯、肩、肘、腕到手指依次用力，手臂完全伸展时，使球离手推向篮筐。球离手后双手手指指向球，如图2-1。

图 2-1

基础训练阶段：2人1组，篮柱1支，球员从篮柱的左右两侧投篮。1号球员投篮时，2号球员接篮下反弹球回传给1号球员。每投5~6次，交换位置试作。可以多个球员共用同1篮柱。

**2. 罚球**

罚球以低手投篮方式进行，准确性较高，整体动作协调顺手。罚球的技术与切入上篮的最后动作类似。所以，罚球是学习切入上篮的第一步。

准备动作：双手持球于腰前，微微屈肘，双脚前后站立，微微屈膝，身体重心在双脚之间。主要动作：注视篮筐，后脚抬起，重心转移至轴心脚（前脚），双手伸直上摆，力量经前脚、躯干、肩、肘、腕及手指往前上伸展，当手臂完全伸展，球达最高点时离手。结束动作：球离手后双手手指指向球，轴心脚（前脚）离地向前一步保持身体的平衡，如图2-2。

练习方法：

篮柱1支，球1个。每2人1组，轮流上场，1人在篮下卡位，另1位练习罚球。连续

球类运动

图 2-2

试作 5 次后交换。罚球的距离视能力调整之。

重点提示：

指导罚球，虽然很费时间，但必须在技巧熟练后才可进一步学习切入上篮。初练习时，球员的动作可能会不自然，可先走一步后用惯用脚起跳，只要给予充足的练习，自然会做出正确的动作。我们必须安排适合不同技术水准的球员的比赛。换言之，所安排的比赛必须切合球员的年龄与技术水准。初练习时，教师要做示范动作，对有学习困难的球员可进行个别指导。

### 3. 行进间上篮

动作要领：在跑向篮柱的途中，顺着来球的方向伸出双手接球，然后执行"上步的律动"，展开罚球的动作。上步的律动：顺着来球的方向伸出双手接球后，允许做出 2 步的跨步，用惯用脚起跳上篮（同于美式篮球上篮步法），如图 2-3。

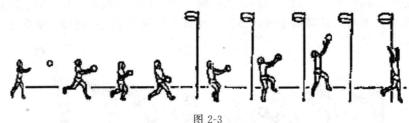

图 2-3

练习方法如下。

练习1：单人练习，每个球员各持一个球，距篮柱 5m，持球往前跑 2 步，最后一步起跳并做出近似罚球的动作。熟练后先将球往上抛 30～60cm（对初学者不要把球抛得很高），接球后重复上述动作。

练习2：两人互助练习，喂球员位于篮柱前方 5m 位置，单手持球。上篮的球员于切入后拿球上篮。熟练后由喂球员轻轻传球给上篮球员。最后，喂球员在靠近篮柱约 1.5～2.5m 位置，以加快接球及上篮的流程。

重点提示：改变切入距离、方向、速度；改变喂球的距离、方向、时间；以非惯用脚起跳上篮。

### 4. V 或 L 字形移位接球投篮（V 投）

进行 V 投前必须能够做好定位投篮，V 投的重点在于动作的协调性。V 投是采用变度、急停、转身快跑的方法，以 V 或 L 字形移位路线摆脱对手的防守，取得自由位置投篮，如图 2-4。

动作要领：以向右后方 V 投为例，面向篮柱，

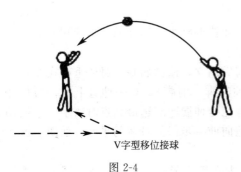

V 字型移位接球

图 2-4

向前跑步，左脚急停，呈 V 或 L 字形变向，前交叉步，面对篮柱双手接球，同时左脚着地、重心转移、以右脚屈膝着地，左脚前抬以平衡身体，右脚推蹬、双手将球投出（也就是用单脚支撑身体来投篮）。

练习方法：

2 人一组，篮柱 1 支，球 1 个。开始时先进行整个投篮动作的练习，必要时可把整个投篮动作分段练习。基本原则——不要过于重脚步动作，把目标放在球员能否用单脚推离地面并且取得良好的平衡。球员必须经过一段时间的练习之后才可以体会技术的要领。

练习方法：1 对 1 攻防，3 人一组，1 号球员在距离篮柱 5 米处先攻、2 号防守、3 号在篮下喂球，每传接球 5 次交换。防守球员作被动性质的防守，增加投篮球员选择的机会。分三个阶段进行，初级阶段、中级阶段、高级阶段。

初级阶段：先略去前半部的跑步与接球练习，而先持球进行后半部动作的练习；先学习能正确以单脚（外侧脚）取得良好的平衡后出手投篮。此时，喂球员在投篮的一侧喂球，投篮球员先向前跑，再转身向后跑接球急停，转身投篮。等球员习惯用一脚（外侧脚）投篮后，再加长喂球距离。简化练习：1. 双手持球往侧面多跑一步，面对篮柱投篮。2. 斜对角向后退一步之后，面对投篮。

中级阶段：球员学会了持球做正确的单脚投篮技术后，下一个步骤就是持球进行整个 V 投动作的练习。球员先以双手持球往篮柱跑步，在急停后抛球接球，然后向斜后方跨步面向球篮进行单脚投篮的动作。再下一个步骤就是增加 1 名喂球员，练习完整的 V 投技术。变化：采用增加防守或比赛的方式，加快投篮速度。

高级阶段：球员在篮柱前方与篮柱平行，来回侧跑，采用适当的上述方法来配合球员的技术水准练习。慢慢加长助跑距离，加快助跑速度，缩小转身角度。球员跑到接近投篮地点后，向左/或向右改变方向，转身接球、投篮。不助跑，球员在接近篮柱或篮下做左/右的移位后投篮。做自由传球的投篮练习。变化喂球的距离。从篮柱的前方、侧面或后面练习。

练习方法：先从无防守者练习，后增加防守者，初练阶段，防守压力不要太大，以建立球员的信心。3 人一组，篮柱 1 支，球 1 个。1 号篮下喂球，3 号防守，2 号进攻，从距离篮柱 5 米处跑向篮柱，急停，迅速向右/左改变方向，离开对手、篮柱或篮下喂球的 1 号，右脚前踏一大步，接球后转身面对篮柱、抬左腿保持身体平衡并以右脚推离地面，投篮。每试作 5 次交换。

重点提示：投篮球员做 V 投的最后关键动作时，防守球员不要靠得太近，避免让投篮球员有切入上篮的机会。强调外侧脚的稳定与推蹬功能：外侧脚膝盖与脚尖必须朝向篮柱，帮助身体稳定地面向目标，并提供投篮的推力。V 投投不远与外侧脚动作不佳有关。教师可以指导球员身体保持伸展直立、变换速度与方向、做出适当的投篮弧度或是如何应用空间等。

**5. 摆脱防守**

将球员编号，5 人一组，1 个球。1 号进攻，2 号防守，3 号、4 号和 5 号帮助进攻球员。每位球员在自己的区内自由移位。进攻球员随时接取队友的回传。防守球员自由抄球。

每 30 秒钟交换一次，接着由 3 号进攻 4 号防守，余类推。

# 第二节　防守技术

防守就是妨碍对手得分或从对手手中取回控球权。规定：不能异性防守，不能二守一。构成"防守位置"，是一对一防守时让对手无法得分的重要条件。规则规定，不能从对手手中直接抢球，只能在空中拦截传球或抢篮下反弹球以取回控球权。

动作要领：头部随时观察周围攻守位置。手部一手向前封阻投篮与传球，另一手在侧或后抢断、平衡。腿部：两腿一前一后，重心在前，脚跟微微离地，利用前脚掌来移位。身体：保持正直，切勿前弯。

防守意识：建立空间观念，防守主攻球员。①篮柱的方向；②主攻的路线；③喂球的位置。

防守帮助球员：①预测喂球者与主攻的位置关系及移位方向；②预测卡位者与主攻的位置关系及投篮方向。

防守路线：①防守主攻球员，V型方向；前后方向；左右方向。②防守帮助球员，防守助攻/喂球者；球柱后方到助攻位置；球柱侧方到做球位置；球柱上方到做球位置。③防守卡位者，在后防守巩固卡位；在前防守防止做球。④防守角色变换者，做球转身投篮；卡位后拉投篮。

防守技术训练方法：个人（单打练习）；卡位（两人比赛）；防止对方取得良好的助攻位置（4个角度练习）；背部感觉（气球）；2人防守主攻；2人防守助攻（卡位、后拉）；4人防守（在前、在后、混合）；自由传球防守（卡位→助攻→主攻）；对手回传攻区的防守（先发制人）。

> **思考题**
>
> 1. 为什么说传球在荷球运动中很重要？
> 2. 双手定位投篮的技术要领？
> 3. 进攻技术主要包括哪些技术？
> 4. 怎样能提高防守技术？

# 第三章

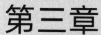

# 荷球竞赛规则与裁判执法手势

**学习提示**

- 熟悉荷球的竞赛规则和裁判的职能
- 熟悉荷球裁判的执法手势

## 第一节 荷球人员规则

### 一、球员

比赛时两队对垒，各由4男4女组成，每队在每个场区内各有2名性别不同的球员。当一或两队球员人数不足时，比赛只能在两队的每一场区均不少于3名球员的情况下开始（继续）比赛。

当一球队少于6名球员或阵容无法符合上述有效攻守阵容规定时，比赛必须被终止。每场比赛每支球队最多可替换4名球员（不须经裁判员许可）。被裁判员判罚退场的球员可被替换。如该队尚未用完4次换人权，则该替换应被视为换人1次。当被判罚退场的球员不被替换，该队仍被视为已经使用了1次换人；此外，该队在该空缺被替换前不得再更换同一性别的球员。当已用完所有的换人机会后，再有球员受伤而无法继续比赛时，该受伤球员仍可经裁判允许下被替换。球员一经被替换下场后即不得再出场比赛。换人只能在比赛中断时进行。

### 二、队长、教练、替补球员及球队相关人员

**1. 队长**

每支球队指定一位队员担任队长。队长须在上臂（或在球衣背心的肩膀上）佩戴与球衣明显不同颜色的识别带或贴布。队长代表全队并负责管理队员的适当行为。当教练缺席，且无助理教练时，由队长兼任教练职责。队长有权向裁判员提出所有能使比赛顺利进行的事项。队长应在整场比赛担任队长，除了他不在场上比赛时，才由另一名球员担任队长。

**2. 教练与助理教练**

每支球队只可有一位教练。教练必须坐在该队球员席区，并不得未经裁判员许可进入比赛场区，在不干扰比赛的情况下指导其球员。容许教练暂时离开球员席区指导球员，但只限于站在该队球员席区同边场区的场外。教练可暂时离开球员席区执行下列工作：请求及运用

暂停；请求及进行换人；根据规则规定，进行阵容改变时告知裁判及对方教练哪位球员不可以投球。竞赛规则应允许每支球队有一名助理教练，仅当教练不在比赛现场时，助理教练才行使上述教练的权责，在此之前，他必须保持整场比赛坐在其球员席区。当球队无人担任教练或助理教练时，由队长执行以上权责。

**3. 替补球员及其他人员**

替补球员及随队坐在球员席区的人员全被视为球队成员。比赛时，球队成员必须保持坐在球员席区，替补球员可在替补之前离开球员席区进行热身，球队医疗人员可被裁判员允许进入比赛场区诊察与治疗受伤球员，被替补下场的球员可以坐在球员席区，但遭红牌驱逐出场的球员不允许坐在球员席区，必须离开比赛场区。

## 三、执法人员

**1. 裁判员**

裁判员负责掌控整场比赛，裁判员处罚违规的事项，除非判决不利于非违规队时，裁判员可运用利益原则对此违规不予判罚。裁判员可在比赛期间任何时刻判罚违规事项，即使在比赛中断时亦可判罚。当某队自场外取得不公平利益时，裁判员应立即采取适当行动进行处理，以鸣笛表示比赛开始、停表、重新开始及暂停。当球员完成发球准备及符合发球所需规定时，裁判员应立刻鸣笛指示比赛开始或重新开始。出现下列情况时，应中断比赛：入球得分时；违规而必须判罚时；不公平获得利益时；需执行裁判员掷球时；当球员受伤流血时；因场地、器材或球员人数改变、行为不当、外界干扰而必须采取行动时；上半场比赛终了时。

出现下列情况时，必须终止或结束比赛：全场比赛时间终了时；因场地、器材或球员人数改变、行为不当、或受到外界干扰而无法继续比赛时。

裁判员可正式警告行为不当的球队成员（黄牌），或判罚退场（红牌）。除以上规定以正式方式警告外，裁判员亦可用非正式方式警告（提醒）球员、教练、替补员及其他球队成员改变其比赛方式或言行举止。

**2. 计时员与记录员**

情况允许时应指派一名计时员和一名记录员。比赛中断时，计时员须向裁判员发出声音信号指示某队已要求暂停或替换，此声音信号不可与裁判笛音混淆。

**3. 助理裁判员**

每场比赛应有一名助理裁判员协助裁判员掌控比赛。助理裁判员应携带一面旗帜，在球出界或靠近自己位置发生犯规时挥动旗帜提醒裁判员。裁判员可在赛前决定及要求助理裁判员协助他的工作范围。裁判员应告知助理裁判员如何配合他的执法位置做移动。比赛期间助理裁判员应站在比赛区域的比赛场区外。经裁判员许可后，助理裁判员可短暂地进入比赛场区内。裁判员有权免去助理裁判员的职务及视情况允许时指派替补助理裁判员。

# 第二节 荷球比赛规则

## 一、比赛时间与暂停

**1. 比赛时间**

一般为上、下半场各 30 分钟（也可视状况适当调整），中间休息 10 分钟，上、下半场最后 2 分钟为净时间。不属于正式比赛的中断均不应算入比赛时间。

**2. 暂停**

一场比赛每队有 2 次暂停的机会，每次 60 秒。暂停结束后，比赛将在暂停前的地点继续进行。

**3. 替换**

替补换人过程所用的时间不计入比赛时间内。

## 二、得分

**1. 得分的定义**

以下情况出现时，定义为得分：①球队在进攻区使球自上空向下完全穿越篮筐；②球已确定自上空向下完全穿越篮筐，但球被防守队球员从下反拨出篮筐。若球投进本方的篮筐则算对方球队得一分。

**2. 违规在先的有效得分**

当鸣笛瞬间球已出手，且在防守队球员防守位置范围以外时，即使裁判员因防守球员违规而鸣笛，球进篮筐亦算得分。

**3. 得分不算**

在下列情况入球不算得分：

① 裁判员已鸣笛或已发出信号表示上半时或下半时比赛时间终了。除非在鸣笛或信号发出同时，处于自由位置的进攻队员已将球投出，此种情况下，若投篮命中则得分有效。

② 裁判员在球完全通过篮筐前已察觉进攻队违规。

③ 进攻队自防守区直接投球得分或执行自由球或重发球时直接投球得分。

④ 裁判员事先察觉进攻队取得不公平的利益时。

⑤ 球先从篮筐底部向上通过篮筐后再向下通过篮筐。

得分较多的一队为比赛的胜队。

## 三、换区与换边

每得两分后球员即改变攻守角色，进攻球员成为防守球员，而防守球员成为进攻球员，球员以交换场区的方式改变角色。中场休息后，球员的攻守角色不变，但必须交换进攻方向。

## 四、开球

比赛开始时由竞赛规程规定的先进攻队伍（掷硬币胜出的队伍）开球；下半时开始由后进攻球队开球；每次得分后由对方球队开球；由攻区球员在进攻区接近球场中线的位置执行开球。

## 五、违反规则

赛事主办单位可在竞赛规程中依据比赛水平及年龄，特别规定轻微犯规与严重犯规的区别。违反规则可分为防守方违规及进攻方违规。

**1. 防守方违规**

① 轻微违规，判重新发球。技术方面的违规（例如持球走、以腿或脚触球及延误比赛等）；身体接触违规（目的不在破坏对方进攻及不是蓄意的身体接触）。

②严重违规，判自由球。过度的身体接触违规（例如：击打对方手中的球、推人、抱人或阻碍对手等）；违规的目的在于破坏对方进攻或导致对方无法进攻；重复利用不公平的方式违规以阻碍进攻方进攻，判对方队罚球；非常严重的违规导致丧失得分机会，判对方球队罚球。

**2. 进攻方违**

轻微违规，判重新发球；非常严重的违规令对方丧失在另一场区的得分机会，判对方球队罚球。

**3. 比赛进行中禁止的事项**

① 以腿或脚触球。膝盖以下部分视为腿或脚，进攻方违规判重发球；防守方非故意违规时判重发球；防守方故意违规并获得利益或导致阻碍进攻时判自由球。

② 以拳击球。进攻方违规判重发球；防守方违规判自由球。

**4. 带球走**

只可以在下列3种情况下允许控球时改变位置。

① 球员站立接球，此种情况，倘若中枢足仍维持原地时，球员可任意移动另一足。中枢足亦可在原地做任意的旋转。若是球员原来中枢足站立的位置未改变，球员可换另一足为中枢足。从静止状态，不允许球员移动一足后，在球离手前抬起另一足，特别是在试图投篮得分时。用中枢足作为起跳足跳起属合法。起跳后落地时仍持球，假使落地的位置几乎与起跳的位置相同时，不被视为带球走违规。② 球员在跑动或跳跃中接球，并在传球或投篮前停下此条件是球员在接球后，应立刻并尽力在最短距离内停住。停住后，前述1项的规定同样适用。③ 球员在跑动或跳跃中接球，并在停下前传球或投篮。在这种情况下，不允许球员足部第3次着地时仍然持球。裁判员须注意球员行进中（跑或跳）接球的一瞬间，执行此规则时并不考虑球员移动的方向。违规时判重发球。

**5. 持球后运球移位**

指故意避开合作，如：球员持球时，意图在没有队友帮助的情况下通过运球改变位置。

当下列情况出现，不应被判罚：球员没有明显移动位置；不是刻意地避开合作，此项违规时判重发球。

**6. 递球**

将球直接递给另一同队球员，指第二位球员在接球前，球未经空中自由飞行或被放置在地面。此项违规时判重发球。

**7. 击打、拿走或抢夺对方球员手中的球**

判断的标准为对手已合法控球。控球指球员以单、双手持球或球停留在其手掌或手指上。进攻方违规判重发球。防守方轻微违规时判重发球，严重违规时判自由球。

**8. 推人、抱人或阻碍对手**

不论有意与无意地阻碍对手自由活动均应判罚。非法妨碍对手自由活动时，不论对手是否控球，或当球仍在另一场区时，均应判罚。本规则并不表示球员必须让路给对手（注：每位球员均可随意站位）。当某球员突然进入对手的移动路线并引起不可避免的碰撞时，才会被判罚。进攻方违规判重发球。防守方轻微违规时判重发球，严重犯规时判自由球。

**9. 过度阻碍对手**

允许防守者通过移动的方式封阻球欲传出去的方向，这可能导致进攻球员将球投掷到防守者的手或手臂上。进攻方违规判重发球；防守方轻微违规时判重发球，严重违规时判自由球。允许防守者封阻球员传球往期望的方向，此动作造成进攻球员将球投掷到防守者的手或手臂上以及导致他断球，属合法动作。防守球员可在球离手后用手封阻传球路线，以下动作违规：用躯干封阻对手的投掷手臂而非封阻球；击打球或对手的投掷手臂（即接触瞬间，封阻的手臂或手禁止迅速移向球，在离开对手的手或手臂之前，封堵手臂与球发生接触）。

**10. 协防**（封阻已经被另一球员防守的对方球员）

进攻方违规判重发球；防守方违规时判自由球。

## 11. 越区比赛

进攻方违规判重发球。当球员触及边界、中线或边界外的地面，或从边界、中线或边界外的地面上起跳视为超越比赛区域。越区跳起触球以及阻挡对手均属越区比赛。不违反本项规则情况下，下列动作可被允许：球员在自己的场区内接或拍拨超越界线的球；球员在自己的场区内起跳于空中拍拨球；球员在自己的场区内封阻另一场区内的对手。

## 12. 处于防守位置时投球

当防守球员同时符合以下各项条件时，投球球员则被视为处于防守位置时投球：防守者必须积极试图封阻球；积极试图封阻球时，防守者必须与进攻球员有一手臂长的距离内（一手臂长距离指防守球员伸手可以碰到对手胸部）；必须面向进攻球员；比进攻球员更接近篮柱；当进攻球员太接近篮柱致使防守球员未能站得比进攻球员靠近篮柱试图封阻球时，以及若进攻球员与防守球员位于篮柱两侧及符合其他条件时，皆可视为已符合"比进攻球员更接近篮柱"的要求。此项违规时判重发球。

## 13. 挡拆投球

挡拆是发生在原先已处于防守位置的防守球员，因其对手从另一名进攻球员的身旁切过，导致他因碰撞或可能碰撞另一名进攻球员而被迫放弃其防守位置。当防守球员在一手臂长距离范围内封阻对手时，因其对手从另一名进攻球员的身旁切过，导致他因碰撞或可能碰撞另一名进攻球员而被迫放弃其一手臂长距离范围内封阻对手，也视为挡拆。挡拆本身并非违规，挡拆后立刻投球才是违规。此项违规时判重发球。当一位通过挡拆获得自由位置的进攻球员，传球后再由队友身旁切过以争取更佳的位置并在接到回传的球后投球，亦可以被判罚。

## 14. 从防守区投球、执行自由球或重发球时，直接得分

此项违规时判重发球，在投进的球篮之下执行重发球。

## 15. 没有个人对手时投球

在防守区只有 3 名防守球员防守 4 名进攻球员时此现象才出现。此时进攻球队的教练应通知裁判员及对方球队教练，哪一位球员不具投球资格。比赛期间教练有权更改不具投球资格的球员，但只可在停表时通知裁判员及对方球队教练（如：裁判员鸣笛判决违规、得分时）。在每次换区期间只允许 2 次更改不具投球资格的球员。不具投球资格的球员可以执行罚球得分。此项违规时判重发球。攻方球员多于守方球员可能由于守方人数不足，或球员受伤离场，或球员被裁判员判罚退场而未被替换者。

## 16. 跳跃、跑动或为了迅速移动而握住篮柱

进攻方违规判重发球，防守方违规时判自由球。

## 17. 违反自由球或罚球的规定

进攻方违规判重发球，防守方违规时判自由球或再次罚球。

## 18. 以危险的方式比赛

进攻方违规判重发球。

例如：若进攻球员迫使处于防守位置的防守球员高速撞向另一进攻球员时，视为违反此规则。

## 19. 封阻执行重发球的球员

当下列情况出现时视为封阻执行重发球：球员封阻执行重发球的对方球员；任何球员在球飞行未超过 2.5 米时触球（从重发球位置丈量）；进攻违规判再执行重发球，重复违规可被视为不当行为。防守方违规判自由球，重复违规可被视为不当行为。

# 六、球出界

球接触到以下物体时视为球出界：比赛场区的界线；比赛场区以外的地面、人员或物

体；比赛场区上方的天花板或物体；球出界时，在球出界的位置执行重发球。比赛场区并非三维空间。

## 七、争球

当双方各一名球员同时持球时，裁判员将中断比赛并执行争球继续比赛。当比赛再开始时而不知由哪一队发球时，可执行争球。

## 八、重发球

### 1. 何时执行重发球

当进攻方违规或防守方轻微违规时，裁判员将指示由对方执行重发球。

### 2. 执行重发球的位置

重发球应于违规发生地点执行。若违规是针对球员时，应在该球员所站位置执行重发球。

### 3. 重发球的执行

裁判应在发球队员做好开球准备时即可鸣笛。裁判员鸣笛后，执行重发球的球员应在4秒钟的时间内传出球，对手不得封阻该球员。球必须飞行距离传球点2.5米以上时（地面距离）才视为比赛已开始。若执行重发球的球员无法在4秒内完成传球，裁判员将鸣笛判予对方重发球。执行重发球的球员不可直接投球得分。必须在比赛开始后由其他球员接触到球后才能投球得分。违规时判防守方在篮筐下执行重发球。执行重发球的球员若接触到边界或另一场区时，裁判员应于球离手之前鸣笛判对方球队重发球或球出界。若裁判员鸣笛前球已传出，必须重新执行。

## 九、自由球

当一方违反规则且不直接影响对方得分时，由对方发自由球，地点为犯规地点。裁判举起手后4秒钟内鸣笛，持球者必须在鸣笛后4秒钟内传球。攻守双方球员与持球者之间进攻球员彼此之间相距2.5米以上；当传球者移动球或有明显动作时，对队球员即可进入；当球离手飞离传球点2.5米以上或接触对队球员时，进攻者始得进入；当两队球员同时超过2.5米时，判最靠近传球者的球员或进攻者犯规。持球者必须在鸣笛后4秒钟内传球，且必须经过一次以上的传球才可将球投入篮内。

## 十、罚球

当犯规直接影响得分或反复非法阻碍进攻时。罚球自球场中心纵轴线上，距篮柱正前方2.5米处为罚球点。裁判鸣笛后，由被侵犯的进攻队员执行，罚中直接得分。只有攻队的球员才可执行罚球；没有时间限制，但不可故意拖延；其他所有运动员不得进入罚球区，不得有任何干扰的动作或语言；球到手后鸣哨，必须在4秒内将球离手。

## 十一、进攻区超过规定时限（25秒进攻时限）

进攻队必须在25秒内投球碰触篮筐或得分。由25秒计时器计时，超过规定时限，计时器响笛，此时比赛中断，裁判员必须判由防守方重发球。重发球的地点在超时声响起的同时或响起前，进攻方持球者所在位置，由对方球队任一球员在此处执行重发球。

① 当进攻队的进攻区球员获得控球权后，即开始25秒计时。
② 当球投出后碰触篮筐瞬间，计时钟停止并即重设25秒。
③ 当防守者已取得控球权、裁判判定得分时或是上下半时比赛结束时，计时钟停止并

重设 25 秒。

④ 下列任一情况下当裁判鸣笛时，计时钟停止并重设 25 秒：执行自由球时（在罚球点后执行）；执行重发球时；执行罚球时；当防守队有球员受伤时。在进攻方执行自由球、重发球或罚球时，当裁判员鸣笛时，开始 25 秒计时。因此获得控球权的瞬间即表示计时器开始计时。

⑤ 除以上 4 项规定外，当裁判员鸣笛停止比赛时，仅时间暂停，不重设 25 秒。例如：进攻队执行场外重发球（发界外球）；裁判员掷球；进攻球员受伤；获得不合理的利益时。在进攻区的球员取得控球权后，裁判员鸣笛开始比赛的同时，计时器即开始计时。在此情况下计时器自停止时所显示的时间开始计时。然而若是因防守方受伤而暂停比赛，计时器重设 25 秒并开始计时。进攻者获得控球权的瞬间计时器即开始计时。

⑥ 当进攻区的球员直接或间接通过防守者将球回传到防守区，再传回进攻区取得球权，此时计时器不停止计时亦不重设 25 秒。

⑦ 当 25 秒报时音响起的同时，处于自由位置的进攻球员已将球投出并飞向球筐，若投篮命中，仍视为进球得分有效。

## 第三节　裁判执法手势

### 一、换人

裁判员在头顶上举起双手，双手食指做来回相向动作，如图 3-1。

### 二、裁判暂停

裁判员举起戴表的手臂，并以另外一手指示他即将停表，也用同一手势指示他即将开表。如图 3-2。

图 3-1

图 3-2

### 三、暂停

裁判员以双手做"T 字"，表示时间暂停，如图 3-3。

### 四、得 2 分换区

裁判员伸出一手指在自己的头上方绕圆圈，如图 3-4。

### 五、以脚或足部击球

裁判员抬起一只脚，另外一只手触摸脚的内侧，如图 3-5。

图 3-3　　　　　　　图 3-4　　　　　　　图 3-5

## 六、以拳头击球

裁判员举起一只手臂，弯曲握拳，并做上下移动，如图 3-6。

## 七、单打独斗

一手臂上下移动做拍球动作，如图 3-7。

## 八、倒地扑球

裁判员蹲下并用手触摸地板，如图 3-8。

图 3-6　　　　　　　图 3-7　　　　　　　图 3-8

## 九、带球走

裁判员在胸前举起双手，并做滚转动作，如图 3-9。

## 十、延误比赛

裁判员一手指指向另一手臂的手表，如图 3-10。

## 十一、递球

裁判员将两手置于身体前方，上下旋转双手做出将球递给同伴的动作，如图 3-11。

## 十二、击打、拿走或抢夺对手手中的球

裁判员举起一只手，手心向上，并以另外一手由内向外，在手掌上面做扫除的动作。当队员跳起过程中违反此项规则时，可在肩以上做此手势，如图 3-12。

图 3-9

图 3-10

图 3-11

图 3-12

## 十三、推、挤或阻挡对手

裁判员举起双手，用双手手掌做向前推的动作，如图 3-13。阻挡：裁判员伸展手臂，双手侧斜指向地板，如图 3-14。

图 3-13

图 3-14

## 十四、过度妨碍对手

妨碍手臂的活动：裁判员一手臂前平举起，另外以手掌心贴放在该手臂上，如图 3-15。裁判员用双手做出抱人的动作，如图 3-16。击打对手的身体：裁判员以一手拍打胸部，另外一手指向犯规的队员，如图 3-17。

图 3-15

图 3-16

图 3-17

## 十五、越区比赛和界外球

裁判员伸手沿着虚拟的界限来回比划，如图 3-18。

## 十六、处于防守位置时投篮

裁判员举起手臂做出防守位置的手势，如图 3-19。

## 十七、紧密切过队友之后投篮

裁判员举双手在胸前，以前臂做交叉动作，如图 3-20。

图 3-18

图 3-19

图 3-20

## 十八、危险行为

裁判员举起一只手，手心张开与地面垂直，眼睛盯着犯规球员，同时，以另外一手握拳击打手掌心，如图 3-21。

## 十九、移动篮柱影响投篮、跳跃、跑步或为了快速地移动而握住篮柱

裁判员跑向并握住篮柱，如图 3-22。

## 二十、裁判员掷球

裁判员高举双手过头，拇指向上，如图 3-23。

图 3-21　　　　　　　图 3-22　　　　　　　图 3-23

## 二十一、重发球

裁判员一手指向重发球的位置，另一手指示发球的方向，如图 3-24。

## 二十二、4 秒钟规则

裁判员向上举起一手，伸出四个手指，并以同一种手势表示将于 4 秒钟之内鸣笛，如图 3-25。

## 二十三、自由传球

裁判员鸣笛在开始执行自由传球后提前进入 2.5 米范围内；裁判员举起双手在胸前，手心张开与地面垂直，双手同时向内移动。备注：此一种手势亦适用于罚球时，球员在球离手前进入罚球区；重发球时，球员在球未飞行 2.5 米时触球，如图 3-26。

图 3-24　　　　　　　图 3-25　　　　　　　图 3-26

## 二十四、自由球

裁判员举起一只手臂，将手掌张开，并指向罚球点。此信号须在上述犯规之前给出。注：罚球点不是用以传球的地方，裁判员保持此手势，并指向执行自由球处，如图 3-27。

## 二十五、罚球

直接发球：裁判员鸣笛的同时，伸手指向罚球点，如图 3-28。

## 二十六、重复犯规罚球

裁判员一手指向罚球点,另一手举起两个手指并注视犯规者,如图3-29。

图3-27

图3-28

图3-29

## 二十七、进攻时限信号

当无法明显确定球是否在规定时限内碰触篮筐时,裁判员举起一只手臂并握拳,以指示球已碰触篮筐,时间重设,如图3-30。

## 二十八、方向

裁判员举起手臂指示比赛进行的方向,如图3-31。

## 二十九、利益原则

裁判员举起双臂指向比赛进行的方向,如图3-32。

图3-30

图3-31

图3-32

### 思考题

1. 哪些情况下裁判可以判自由球?
2. 总结出裁判在荷球比赛中的职责?

## 参考文献

[1] 林志超. 高职体育与健康规划教程［M］. 北京：北京体育大学出版社，2008.
[2] 王永. 高职体育与健康教程［M］. 北京：北京体育大学出版社，2006.
[3] 大学体育与健康教程编委会. 大学体育健康教程［M］. 北京：人民出版社，2006.
[4] 季克异，孙麒麟. 高职高专体育［M］. 北京：高等教育出版社，2006.
[5] 孙雄华. 有氧运动与健康［M］. 西安：西安地图出版社，2008.
[6] 张瑞林. 体育与健康［M］. 济南：山东大学出版社，2006.
[7] 邹继豪，孙麒麟. 体育与健康教程［M］. 沈阳：辽宁大学出版社，2004.
[8] 邓全. 篮球基础与实战技巧［M］. 成都：成都时代出版社，2009.
[9] 王家宏. 球类运动［M］. 北京：高等教育出版社，2009.
[10] 孙民治. 现代篮球高级教程［M］. 北京：人民出版社，2004.
[11] 黄济湘. 世界排坛百年风云. 上海：上海教育出版社，1998.
[12] 黄汉升. 球类运动——排球.［M］. 北京：高等教育出版社，2001.
[13] 黄辅周. 排球运动科学探蹊.［M］. 北京：北京体育大学出版社，1995.
[14] 吴中量. 球类运动——排球.［M］. 北京：高等教育出版社，1997.
[15] 虞重干. 排球运动［M］. 北京：人民体育出版社，1999.
[16] 陈钢. 现代排球教程. 吉林：东北师范大学出版社，2004.
[17] 现代排球运动教程编写组. 现代排球运动教程. 青岛：青岛海洋大学出版社，1997.
[18] 中国排球协会审定. 排球竞赛规则（2001－2004版）. 北京：人民体育出版社，2006.
[19] 高子琦等. 排球裁判法图解. 北京：北京体育大学出版社，2002.
[20] 王崇喜. 球类运动——足球［M］. 第3版. 北京：高等教育出版社，2001.
[21] 曹镜鉴. 足球竞赛规则问答［M］. 北京：北京体育大学出版社，2003.
[22] 中国足协裁委会. 足球裁判长工作指南［M］. 北京：人民体育出版社，2001.
[23] 王伟，陈永亮. 最新足球规则图解［M］. 北京：学苑出版社，1998.
[24] 时卫东等. 现代足球教学与训练游戏［M］. 北京：中国科学技术出版社，2004.
[25] 毛振明. 体育教学科学化探索［M］. 北京：高等教育出版社，1999.
[26] 马尔科姆·库克. 足球训练与球队管理［M］. 北京：人民体育出版社，1999.
[27] 全国体育学院通用教材——现代足球［M］. 北京：人民体育出版社，2001.
[28] 麻雪田. 现代足球运动高级教程［M］. 北京：高等教育出版社，2002.
[29] 足球竞赛规则［M］. 北京：人民体育出版社，2003.
[30] 刘浩. 足球裁判法图解［M］. 北京：北京体育大学出版社，2002.
[31] 孟昭澄. 体育运动场地工艺. 北京：北京师范大学出版社，1993.
[32] 张学军. 现代网球运动手册［M］. 北京：人民体育出版社，2004.
[33] 陈小蓉主编. 大学生专项体育教程［M］. 北京：中国人民公安出版社，2006.
[34] 金其荣主编. 体育与健康实践教程［M］. 上海：华东理工大学出版社，2003.
[35] 王少华主编. 体育基础理论与实践教程［M］. 北京：北京体育大学出版社，2001.
[36] 聂锐新. 网球正手击球教学顺序的实验［J］. 成都体育学院学报，2004，30（3）：53-55.
[37] 马连弟，曾精雄. 网球基本技术与战术［M］. 广州：广东人民出版社，1991.
[38] 张忠秋等译. 网球心理训练［M］. 北京：中国轻工业出版社，2005.

[39] 李庆友. 如何做好国际网球比赛的主裁判 [J]. 网球天地，2000，7：65.

[40] 一丁. 不当网球裁判的 N 个理由 [J]. 网球天地，2004，10：76.

[41] 中华人民共和国国家体育运动委员会. 羽毛球 [M]. 北京：人民体育出版社，1995.

[42] 彭美丽. 羽毛球技巧图解 [M]. 北京：北京体育大学出版社，2001.

[43] 肖杰，骞子. 羽毛球实战技巧 [M]. 北京：北京体育大学出版社，2003.

[44] 中华人民共和国羽毛球协会. 羽毛球竞赛规则·2003 [M]. 北京：北京体育大学出版社，2003.

[45] 林传潮，任春晖，刘国珍. 羽毛球竞赛工作指南 [M]. 第 2 版. 北京：北京体育大学出版社，2007.

[46] 陈莉琳. 羽毛球 [M]. 福州：福建科学技术出版社，2008.

[47] 罗伯特·霍施. 乒乓球教学 [M]. 周瑾译. 北京：北京体育大学出版社，2007.

[48] 唐建军. 乒乓球运动教程 [M]. 北京：北京体育大学出版社，2005.

[49] 周林，陈作珺. 乒乓球 [M]. 北京：北京体育大学出版社，2009.

[50] 贾纯良. 跟我学乒乓球 [M]. 成都：成都时代出版社，2009.

[51] 唐建军. 乒乓球实战技巧 [M]. 北京：北京体育大学出版社，2003.

[52] 张博. 乒乓球步法的技巧 [M]. 北京：人民体育出版社，2002.

[53] 中国乒乓球协会编译. 乒乓球竞赛规则 [M]. 北京：人民体育出版社，2002.

[54] 唐建军，高志远. 世界乒乓球明星技术图解 [M]. 北京：北京体育大学出版社，2004.

[55] 王蒲，唐建军，魏力捷等. 削球 [M]. 北京：人民体育出版社，2002.